中华之源与嵩山文明研究系列丛书

鹿林 著

# 执中致和

## 中华传统生活哲学

商务印书馆
The Commercial Press

**图书在版编目 (CIP) 数据**

执中致和 : 中华传统生活哲学 / 鹿林著 . — 北京 : 商务印书馆 , 2023
（中华传统中文化研究丛书）
ISBN 978-7-100-23045-2

Ⅰ . ①执… Ⅱ . ①鹿… Ⅲ . ①人生哲学—研究—中国 Ⅳ . ① B821

中国国家版本馆 CIP 数据核字（2023）第 177872 号

中华传统中文化研究丛书
**执中致和**
中华传统生活哲学

鹿林　著

———————————————————

商 务 印 书 馆 出 版
（北京王府井大街 36 号　邮政编码 100710）
商 务 印 书 馆 发 行
上海盛通时代印刷有限公司印刷
ISBN 978-7-100-23045-2

———————————————————

2023 年 9 月第 1 版　　　　开本 889×1240　1/32
2023 年 9 月第 1 次印刷　　　印张 13¾

定价：118.00 元

郑州中华之源与嵩山文明研究会

郑州嵩山文明研究院

郑州市嵩山文明研究基金会

资助研究出版

# 序

中华文化源远流长,博大精深,是世界上唯一没有中断的文化。中华文化的核心和灵魂是中文化。中文化是指中华民族信中、尚中、求中、执中、用中的文化精神及其文化体系。其主要内涵和特质体现在以下五个方面。

## 一、中是中华民族传统的宇宙观

人生天地间,首先关注的是天地人之间的关系。古人通过对天地运行变化的长期观察,形成了以下观念:

其一是天地之中的观念。天在上,地在下,人在天地中间。北斗星"运乎天中",地中则在嵩洛地区。地中是"天地之所合也,四时之所交也,风雨之所会也,阴阳之所和也"。即地中自然环境条件最好,最适合人类繁衍生息。显而易见,这里的"中"既是描述空间方位的概念,也是表达价值的概念。"天地之中"观念的形成,标志着中华民族原初的宇宙观已经确立起来。

其二是"天圆地方"说。天是"圆"的,地是"方"的。随着时间的推移、知识的增加和思维能力的不断提升,人们逐渐认识到了天"大"、地"广",认识到了宇宙的无限性、事物的多样性。

其三是万物皆"易",都是恒变无常的。何谓易?生生不息之谓易。

宇宙的本质就是一个不断运动、变化、创新的过程。

其四是天人合一的观念。人与自然是对立的，又是统一的，天地与人是共生、共存的有机整体。

在这些观念形成的过程中，人们逐渐认识到"中"对于事物形成、发展、变化的极其重大的意义，从而提出了"中也者，天下之大本也"的论断。沿着这一思维路向，后世思想家则进一步强调："中者，天地之所终始也""人受天地之中以生"。并将"中"称为"天理"，认为"天下之理统一于中"。这样，以"天地之中"观念为基础，中华传统文化以"中"为核心的精神体系便逐步建立和不断完善起来。

## 二、中是中华民族认识事物、推动事物发展的方法论

在实际生活中，人们必然要面对各种各样的事物，处理各种各样的问题。通过长期的社会实践，人们逐渐总结、形成了以下认识事物、推动事物发展的方法。

首先，将构成天地万物的各种要素，归结为"阴""阳"两个方面。提出了"万物负阴而抱阳""一阴一阳之谓道""一物两体"等论断。强调任何具体事物内部都包含着"阴阳""两体"，这两个方面既对立又统一，是事物存在、变化和发展的基本法则。

其次，强调事物内部各要素之间的和谐、平衡，人和事物与外部环境的和谐、平衡，是人和事物存在、发展的前提。当某一事物内部各方面处于高度和谐、平衡状态时，即谓之"中"。反之，则为"不中"。"中"既是对事物良好状态的描述，又是对事物良好状态的评价、肯定。因此，"求中"也就成了人们认识事物、分析问题和价值选择的基本原则和方法。

再次,"执其两端,用其中于民"。即是说,在治理民众、处理各种政事时,要注意倾听各方面的意见,了解各方面的情况,兼顾各方面的利益,采取"适中"的方针措施。从而实现社会稳定,促进社会发展。这种思想对后世产生了极其深远的影响。

最后,执中致和。"中也者,天下之大本也,和也者,天下之达道也。致中和,天地位焉,万物育焉。"中为本,和为用,执中才能致和,致和才能够促使事物各适其位,遵循规律、繁衍生息。

# 三、中是中华民族传统的行为规范

人类社会要保持有序运行,就必须建立一套规范系统来约束、规范人们的行为。中华民族传统的行为规范涵盖了多个方面,是"中"的具体化。其中最主要的就是道德规范和礼仪规范。

首先是道德规范。早在五帝时期,执政者就强调执中修德,"顺天之意,知民之急,仁而威,惠而信,修身而天下服"。开始重视以德为政,以德教民。经夏、商、西周到春秋时期,道德规范趋于成熟。一是尚中、守中,以中为至高之德。二是以仁、义、礼、智、信五常为标准修身养性。三是坚守君子之道。敏而好学,文质彬彬,坦坦荡荡,成人之美,和而不同,己所不欲,勿施于人。四是做到"诚",从而达到"不勉而中,不思而得,从容中道"。

其次是礼仪规范。中华传统礼仪规范由来已久。西周时期,周公旦主持制定周礼。在夏、商礼制基础上,制定了一套系统的礼仪规范。其核心内容是:以中为本,以礼立序,以德治国,以乐致和,自强不息,忠诚无私,举贤任能,礼让为先,尊老爱幼。周礼涉及社会生活的方方面面,是礼仪规范、治国方案,也是一部法典,对后世产生了极其深远的影响。

# 四、中是中华民族的审美理想

审美是人认识、理解和评价外部事物的一种活动方式。与主体自身的宇宙观、道德观等密切相关。《国语》中提出了"和实生物"的命题。各种事物的生存、发展，正是构成事物的各要素高度"融和"的结果。而这种"融和"是以各要素的协调、平衡即"中"为前提和基础的。即由"中"致"和"。事物各要素"融和"的程度越高，事物的存续状态就越美好，就越能使主体得到愉悦。

《左传》载，晏子在论述"和"时曾谓"和如羹焉"。厨师做汤之所以要放入多种食材、佐料，目的正是在于"济其不及，以泄其过"。好喝的汤，是不同的食材、佐料由"中"致"和"的结果。同样道理，好听的音乐也是不同的乐声由"中"致"和"的结果。孔子在评论乐曲《韶》时曰："尽美矣，又尽善也。"孔子认为乐曲《韶》的表现形式与思想内容高度和谐，故称"尽善尽美"。

孔子曰："质胜文则野，文胜质则史。文质彬彬，然后君子。""质胜"则"文"不及，表现为粗野；"文胜"则"质"不及，表现为虚浮。"质""文"高度协调、和谐，无过无不及，这才是完美的"君子"形象。

一般来说，审美有三种境界：一是"时中"之美，也可称和时之美；二是中和之美，也可称和谐之美；三是和而不同之美，各美其美，美美与共，是最高理想境界。

# 五、中是中华民族传统治国理政之策

《尚书》载,舜传位禹时说,"人心惟危,道心惟微,惟精惟一,允执厥中"。舜要求禹要秉持"执中"的理念治国理政。舜这种治国理政的基本理念,承继于尧。尧、舜、禹一脉相承的这种治国理政的"执中"理念,为后世人们所继承和发扬,成为中华民族传统治国理政的基本理念。

秉持"执中"的理念治国理政,首先就是要"明于刑之中"。治理国家要"善刑","刑新国用轻典,刑平国用中典,刑乱国用重典"。要选择公正的贤人做刑官,犯罪依律惩治,凡有疑不符者,从轻发落。审慎施法,让当事者信服。

其次,"为政以德""宽猛相济"。"敬事而信,节用而爱人,使民以时。"当政者要忠诚守信,取信于民;要用财节俭,爱护百姓,薄赋轻徭,调用民力适时有度。

最后,要施行"仁政"。对民众要先"富之",然后"教之"。"制民之产",使民众具有一定的产业。要注重解决民众面临的实际问题。同时,"谨庠序之教,申之以孝悌之义";还要抓好农业生产,做好资源的利用与保护工作。特别是要注意把控贫富之间的差距,不能使之过于悬殊。"大富则骄,大贫则忧。忧则为盗,骄则为暴。"要对"大富"与"大贫"进行"调均之"。所谓"调均",就是在"大富"与"大贫"之间"求中"。

总之,秉持"执中"的理念治国理政,就是要求执政者做到公平、公正、无私,注意协调社会各方面的关系,注重教养民众,不要采取偏激措施,以避免激化矛盾,从而实现社会的和谐、稳定和发展。秉持"执中"的理念治国理政,就是"以德治国",就是"善政"。这种"执中"的执政理念,对于中国社会的发展产生了极其深刻而持久的影响。

中华文明的方方面面,都彰显着中文化的精神。正是中文化精神的滋养,使得中华民族具有自强不息、兼容并包、宽厚仁和、敦亲睦邻、天下为公、协和万邦的博大胸怀。中华民族的生命力、凝聚力、感召力日渐增强。

基于这样的认识,郑州中华之源与嵩山文明研究会设立了"中华传统中文化研究"重大课题。课题组先后邀请了中国社会科学院、中国科学院、北京大学、南开大学、中国传媒大学、首都经济贸易大学、上海科技大学、天津社会科学院、湖北大学、深圳大学、中南财经政法大学、中共河南省委党校、河南省社会科学院、郑州大学、河南大学、河南中医药大学、河南农业大学等单位的三十多位学者参与讨论和研究工作。确定了从资料收集梳理开始,然后设立子课题进行专题研究,最后进行综合研究的思路和步骤。中华传统中文化研究的任务是:探讨中文化形成、发展的历程;研究中文化在中华文化发展中所发挥的重大作用;明确中文化在中华文化体系中的地位;揭示中文化在新时代的意义和价值。

郑州市嵩山文明研究基金会为本课题的研究和成果的出版提供了资金支持;郑州嵩山文明研究院的同志为本课题的研究提供了非常周到的服务和保障工作。在此,特向为本课题研究做出贡献的各个单位、各位专家和工作人员,致以诚挚的敬意和衷心的感谢!

2022 年 6 月

# 目　录

# 导　　论

　　源远流长的中华文化既是中华民族区别于其他民族的精神标识，也是中华民族得以生存、繁衍和发展的精神血脉。中文化是中华文化的核心和灵魂，集中体现着中华民族独有的宇宙观、方法论，彰显着中华民族独特的价值理念、审美情趣和精神追求。"执中致和"是中华传统生活哲学的核心理念和根本精神，体现了中国传统生活哲学存在论、意识论、价值论和方法论的统一，全面塑造着中华民族的思维方式、生活方式、价值观念，对中华民族的形成、凝聚、发展具有广泛而深远的价值和意义。为全面、准确地阐明"执中致和"方法论的上述特征，我们不仅需要清楚界定"生活"概念，厘清"生活""生活哲学"和"生活智慧"之间的关系，而且需要为这种阐明确立必要的、科学的理论视域，即马克思主义生活哲学。缺乏马克思主义生活哲学这一视域，仅仅囿于中国传统哲学话语、思想框架和思想体系，不仅无法揭示中华传统生活哲学的实质、特征和问题，也无法真正地实现中华传统生活智慧的创造性转化和创新性发展，无法在更高的层次上实现马克思主义与中华优秀传统文化的深度融合，造就中华文化和中华文明新形态。

# 第一节　生活哲学的理论基础与概念的科学界定

"生活"是一个多义的概念,人们既可能在最狭隘的意义上来理解它,将它界定为单纯的物质生活或经济生活,界定为在生产、劳动或工作之外的衣食住行等各个方面的活动;也可能在最广泛的意义上来理解它,视它为无所不包的人类活动。我们认为,只有立足于马克思主义哲学,特别是近些年来已经越来越成熟和完善的马克思主义生活哲学,才能清楚地界定"生活"概念,并以此为基础清楚地界定"生活哲学"和"生活智慧"概念。

## 一、生活哲学的理论基础

要研究中国传统哲学和中华传统文化,尤其是实现中华优秀传统文化的创造性转化和创新性发展,必须从根本上牢牢坚持马克思主义哲学的立场、观点和方法。要想准确地理解中华传统生活哲学的实质和基本特征,就离不开马克思主义哲学,特别是马克思主义生活哲学这一科学眼光的观照,它是界定和诠释"生活""生活哲学"和"生活智慧"以及"中国传统生活智慧"的理论基础和理论视域。

马克思主义哲学的世界观、方法论之所以是科学的、先进的,之所以能成为中国马克思主义者用以分析国家命运、思考自身问题的先进理论工具,关键在于它具有鲜明的生活实践品格,而且以追求美好幸福生活为理论旨趣。马克思反对仅仅从"客体"或"直观的形式"去理解对象、现实、感性,他强调应该从"主体"去理解对象、现实、感性,并"把它

们当作感性的人的活动，当作实践去理解"，要"把人的活动本身理解为
对象性的[gegenständliche]活动"，把"实践"理解为革命的、批判的活
动。他不仅强调"人应该在实践中证明自己思维的真理性"，而且强调
"全部社会生活在本质上都是实践的"，"凡是把理论引向神秘主义的神
秘东西，都能在人的实践中以及对这种实践的理解中得到合理的解
决"，他由此强调人不仅要"解释世界"，而且要通过实践"改变世界"①。
马克思主义哲学所具有的这种品格和旨趣，为后来的马克思主义者所
欣赏、肯定和继承。列宁曾说过："生活、实践的观点，应该是认识论的
首要的和基本的观点。"②事实上，生活实践的观点，不但是马克思主义
认识论的首要的、基本的观点，而且是整个马克思主义哲学的首要的、
基本的观点，生活实践品格就是马克思主义根本性的、内在固有的品
格。习近平总书记说："马克思主义具有鲜明的实践品格，不仅致力于
科学'解释世界'，而且致力于积极'改造世界'。"③坚持马克思主义首先
要肯定马克思主义哲学所具有的这种立足生活实践、注重生活实践的
实践品格，对改造客观世界、追求美好生活抱有积极乐观的态度。在当
代中国，重新思考和阐明中华优秀传统文化，阐发中华文明所蕴含的传
统生活智慧，一刻也离不开马克思主义哲学的指导，因为它具有鲜明的
实践品格，是已被历史实践证明的科学理论。也只有如此，才能真正实
现中华优秀传统文化的创造性转化和创新性发展，实现马克思主义与

---

① 中共中央马克思恩格斯列宁斯大林著作编译局编译：《马克思恩格斯选集》第
一卷，人民出版社 2012 年版，第 133—136 页。
② 中共中央马克思恩格斯列宁斯大林著作编译局编：《列宁专题文集 论辩证唯物
主义和历史唯物主义》，人民出版社 2009 年版，第 49 页。
③ 习近平：《在哲学社会科学工作座谈会上的讲话》，人民出版社 2016 年版，第
9 页。

中华优秀传统文化在新的高度和境界上的贯通和融合,让马克思主义深深扎根于中国历史文化沃土,让马克思主义真理之树根深叶茂,从而推进马克思主义中国化、时代化,不断丰富和发展 21 世纪的中国马克思主义。

马克思主义哲学奠定在生活实践基础上,不仅具有鲜明的生活实践品格,而且也深刻地阐释了生活实践本身,形成了科学的生活实践观,形成了马克思主义生活哲学。生活是什么?生活哲学指什么?我们又在什么意义上谈论马克思主义生活哲学?这些问题密切相关,甚至相互规定。对"生活"的界定或对"生活是什么"这一问题的回答,本质上就是生活哲学最基本的任务,而缺乏生活哲学的理论高度和理论视角根本无法完成这一任务,同时,也只有真正立足马克思主义生活哲学立场才能深刻地把握"生活"的实质,才能界定生活哲学,由此进一步规范生活哲学的发展方向。实际上,我们既不能过于宽泛地将"生活"解释成无所不包的概念,视生活为人类的一切活动,也不能过于狭隘地将"生活"解释成单指某领域的概念,仅仅视生活为满足衣食住行或吃喝拉撒等需要的物质生活、经济生活,或者生产劳动或工作之余的活动。归根结底,哲学或生活哲学意义上的"生活",区别于日常话语中的"生活",不仅具有一定的抽象性,而且具有一定的规定性。在我们看来,所谓生活,是指现实的人作为生活主体为实现生存和发展而自觉进行的生命活动,它以满足肉体生存需要而从事的物质生产生活为基础,以实践为本质,实际上蕴含着物质生活、经济生活、社会生活、政治生活、文化生活、精神生活等各个领域或维度。而就"生活哲学"来说,也不能简单地将哲学统统归结为生活哲学,总之绝不能简单地用"生活哲学"这一概念涵盖人类哲学发展的所有领域和所有维度。特别是,绝不能将马克思主义哲学仅仅归结为生活哲学而忽视和否定了其丰富的维度和内容。事实上,我们既可以从整体精神气质上断定马克思主义哲学是一种生活哲学,即是说马克思主义哲学具有鲜明的生活实践品格,它指导人们思考和分析问题一定要立足于生活实践,而不能寄希望于抽象的思辨和虚幻的未来;也可以从研究对象、根本主题上将马克思主义生活哲学限定为人们基于生活实践对生活、生存和发展问题的解决以及对生活意义、生命价值追求和实现的哲学思考。

　　基于这种理解,我们认为,马克思主义哲学语境中的生活哲学,即马克思主义生活哲学,本质上是指以现实的人的生活实践为存在论基础,以解决人的生活、生存和发展问题为理论思考的根本出发点,旨在引导人们通过规范和协调各种生活关系,追求美好幸福生活,达到生命最高境界,塑造和谐生活世界,以实现生活意义和生命价值的哲学。这种基于生活实践追求和实现美好幸福生活的生活哲学,为人们的生活、生存和发展提供着实践智慧和力量。这种意义上的马克思主义生活哲学,既区别于单纯强调“主体性”或“人”的因素的人学,又区别于分别强调“实践”“生存”或“价值”的“实践哲学”“生存哲学”和“价值哲学”,也区别于仅仅从哲学与生活的关系角度出发将哲学视为哲学家的生活方式和生活过程的“生活哲学”①。应该说,马克思主义生活哲学既有自己坚实的存在论基础,即人的生活实践和生命活动,又有自己明确的对象,即生活,而现实生活主体或人的生活、生存和发展问题,则是其蕴含的核心问题;既有自己的方法论,能够为人们解决这一核心问题提供思路和方法,又有自己的价值论,通过确立科学的价值理念,最终引导人们追求和实现美好生活。在我们看来,这种意义上的马克思主义生活

---

① 李文阁:《复兴生活哲学——一种哲学观的阐释》,安徽人民出版社 2008 年版,第 59 页。

哲学,是科学地界定"生活""生活哲学"和"哲学智慧"概念,并由此诠释"中华传统生活哲学"和"中华传统生活智慧"的理论基础和理论视域。

## 二、哲学智慧概念的科学界定

　　既然马克思主义生活哲学归根结底在于引导人们通过自觉的生命活动来解决生活、生存和发展的问题,以追求美好幸福生活、达到生命的最高境界、塑造和谐的生活世界、实现生活意义和生命价值,那么,所谓"哲学智慧",也就是在这一过程中为达到目的而创造性地分析和解决现实生活问题所激发和表现出来的生活智慧。

　　"智慧"一词为人们津津乐道,然而智慧究竟是什么呢? 冯天瑜曾指出:"智慧是人类所具有的基于神经器官(智慧的生理基础)在社会实践中发展起来的高级综合能力,包含感知、知识、记忆、理解、联想、情感、辨别、判断、决定等多种机制。"①从马克思主义生活哲学视域来说,智慧总体上属于方法论问题。然而严格地说,任何方法都不能孤立地存在;而从哲学来说,方法也只是人如何存在和生存的方法,是人如何认识、思考、审美的方法,是人如何追求和实现价值的方法,归根结底是存在论意义上的方法、意识论意义上的方法和价值论意义上的方法。因此,从马克思主义生活哲学角度来说,方法论在哲学中是与存在论、意识论和价值论融为一体的,它不是孤立存在的,而马克思主义生活哲学本质上体现着存在论、意识论、价值论、方法论的统一。所谓"智慧",就是哲学上的方法论在现实生存和发展境遇中为思考和解决各种具体

---

① 冯天瑜编著:《中国传统智慧二十讲·前言》,湖北人民出版社 2019 年版,第 3 页。

矛盾和问题,推动事情发展而表现出来的方法、技巧、能力、策略、手段和诀窍,其核心基础是人的认识力、洞察力、思考力、分析力、综合力和抉择力。智慧总源自生活实践,具有鲜明的生活性、实践性,因此,智慧本质上都是生活智慧,而从马克思主义生活哲学角度上来说,所谓"生活智慧",就是作为生活主体的现实的人在自觉的生命活动和生活实践中为思考和解决生活、生存和发展问题,追求美好幸福生活,达到生命的最高境界,塑造和谐的生活世界,实现生活意义和生命价值所采取的方法、技巧、能力、策略、手段和诀窍。

真正说来,作为哲学方法论的具体体现,生活智慧总源于现实生活实践,都是作为生活主体的人在直面现实复杂的生活、生存和发展中的问题、困难、矛盾、冲突、风险和挑战时,为了尽快、尽好地解决问题,破解困难,消除矛盾和冲突,迎接和应对挑战,而激活和运用的方法、技巧、能力、策略、手段和诀窍。生活智慧是实践理性在生活实践中的表现。由于智慧源于当下的生存和发展境遇,需要直接用来思考、分析和解决当下直面的问题,它具有鲜明的时机性,是随机应变的产物,始终处于动态变化之中,始终需要根据客观形势、环境和条件的变化而变化,根据现实的趋势创造性地解决问题。善于根据事物的千变万化灵活地应变,积极地求变,不错失时机,才是真正领悟和拥有智慧的表现。尤其是,事物的变化可能造就了难得的形势和时机,给人提供了转瞬即逝的机遇,面对关键节点,人们更需要及时、勇敢、大胆的决策和行动。当此之时,智慧就在于临事勇敢决断、毫不迟疑。

真正意义上的智慧,从来不是单纯的知识,而是面对具体矛盾、问题和挑战时对知识的巧妙运用。知识是人们认识客观事物之后所获得的思想成果,是各种认识和经验的总和。知识是静态的,是认识活动事后的总结,因此其科学性、合理性或真理性本身也有待实践验证。与知识相比,智慧的重点不在于更加全面而翔实地描述和揭示纯粹客观世界里万物存在、发展、演变的规律,归根结底不在于形成关于客观事物的知识,它体现为对知识,特别是经过实践检验的真知、真理的最巧妙的运用,体现为人们创造性地控制和驾驭事物,推进事情变化和发展的方法、技巧、能力、策略、手段和诀窍。如果说知识能够传授、能够学习,智慧,特别是在具体的生存和发展境遇中面对各种复杂问题所激发出来的智慧,是无法轻易传授的,也是无法通过书本学习掌握的。我们通常所谓学习前人或他人的智慧,更多地指学习前人或他人总结和积累起来的经验和知识,事实上,"生活智慧是真正地直接源自人的生命活动和生活实践的智慧,是直接地指向当下现实生活问题解决和自身生活发展的智慧,是只有生活主体才能深刻感悟和体验的智慧,是任何其他人无法教导和传授的智慧"①。当然,前人或他人在他们的现实生活中总结和积累起来的经验和知识,对于我们来说依然具有极为重要的价值和意义,因为我们能够从中得到启发,或可激发出当下具体的智慧。

## 第二节　中华传统哲学智慧及执中致和方法论原则

　　尽管中国传统哲学还不具备现代哲学的精神气质,但它从总体上来说深深扎根于中国传统现实生活世界之中,在于教导人们追求尘世的美好幸福生活,实现生活意义和生命价值,具有鲜活的生活气息和鲜

————————

① 鹿林:《生命的超越与体验——马克思主义人生哲学新阐释》,河南人民出版社2020年版,第222页。

明的生活品格，本质上就是一种生活哲学。中国传统生活哲学为中华民族的生存和发展提供着丰富的、独特的生活智慧，执中致和是中华传统生活哲学的方法论原则，它体现着中华传统哲学智慧独有的旨趣和特征。

# 一、中国人心目中的中华传统哲学智慧

如果说西方人更多地强调智慧在于对外界事物的认知，那么，中国人视野中的智慧究竟是什么呢？概要说来，在中国人看来，智慧不仅是人们在现实生活实践、生产劳动以及具体的政治活动、经济活动乃至战争中为了解决具体问题而提出的方法、技巧、能力、策略和手段，还是关涉整个生命存在和生活意义的人生大智慧，是实现生命自由解放的人生艺术，最终在于为人提供安身立命之本。

首先，中国人高度注重生活现实，智慧体现为实践理性。孔子强调"知者动"（《论语·雍也》），就是认识到"智"本质上呈现出动态的特征，它表现为人在直面生活矛盾、问题和挑战并试图去应对时采用的针对性的方法、技巧、策略和诀窍。李泽厚称这种实践理性为"实用理性"或"历史理性"。他强调："理性本来只是合理性，它并无先验的普遍必然性质；它首先是从人的感性实践（技艺）的合度运动的长期经验（即历史）中所积累沉淀的产物"，"不是先验的、僵硬不变的绝对的理性（rationality），而是历史建立起来的、与经验相关系的合理性（reasonableness），这就是中国传统的'实用理性'，它即是历史理性。因为这个理性依附于人类历史（亦即人类群体的现实生存、生活、生命的时间过程)而产生,而成长,而演变推移,具有足够的灵活的'度'"①。中国人的智慧所体现的正是这种依附于人类历史或人们现实的生存、生活、生命的时间过程而产生、成长、演变推移的实用理性。实践理性重点不在于认知外部世界或外在事物的规律,不在于形成纯粹的知识,中国人对世界或事物的认识所形成的知识本身蕴含着如何改造世界或事物的价值追求。因此,智慧体现着知识与价值的统一,体现着当下解决问题的知与行的统一。张汝伦指出:"那么在各种具体的情况下我们如何应对事情? 中国的哲学思想特别要求每一时代、每一时刻、每一件事,都不是在考验你的理论修养,而是在考验你知行合一'实践理性'的强度和你的实际智慧。"②因此,虽然中国人并不特别重视理论修养,也没有精确分析客观事物的素养和习惯,却从解决现实生活、生存和发展问题出发,强调将理性和价值直接融合在一起,因而更加注重实践理性和实践智慧。

其次,中华传统哲学智慧所体现的是人生大智慧,是实现自由解放的人生艺术。在中国人看来,"智慧"本质上包括两个层面,即"智"和"慧"。"盖大而知之之谓智,小而察之之谓慧。"(《孟子注疏·公孙丑上》)中国人的智慧不仅指向人们的日常生活,指导人们分析和处理日常事务,解决生活、生存和发展的现实问题,还超越日常生活,指导人们自觉地将全部生命活动融入宇宙整体生命体之中。因此,它不仅为人的生活、生存和发展提供启迪和方法,使人拥有高超的生活艺术,而且是一种大智慧,使人拥有至高的人生艺术。林语堂指出:"中国人之心

---

① 李泽厚:《历史本体论·己卯五说(增订本)》,生活·读书·新知三联书店 2006
  年版,第 13、43 页。
② 张汝伦:《哲学是什么》,北京出版社 2021 年版,第 53 页。

灵何以不适于科学方法之发育,其理甚显。因为科学方法除了分析之外,常包含愚拙而顽强的苦役的钻研。而中国人则信赖普通感性与内省的微妙之旨,故疏于分析。至于归纳法的论理,在中国常被应用于人类的相互关系(人伦为中国人最感兴趣之题目),在西方往往有流为呆笨之结果,此例在美国大学中尤数见不鲜。"①中国人不屑深究细微事物,多从抽象思辨的角度模糊具体的细节,因而从烦琐事务中超越和解放出来,将生命融入无穷宇宙之中,在与整个宇宙共融中享有最高的生命境界。方东美说:"中国人的宇宙观,不像哥白尼天文学以后的宇宙观,把宇宙当作是无穷的境界,再拿科学上无穷的理论体系去描绘。中国人是站在生命的立场,从感觉器官,亦即见闻的知识里面肯定这个世界。然后再把这个有限的系统设法点化了,成为无穷。不管是儒家也好,道家也好,或者是先秦的墨家也好,都是透过中国人共同的才情来点化宇宙,这个共同的才情是什么呢? 就是艺术的才能。以艺术的才情,把有限的宇宙点化成无穷的境界。"②在他看来,中国人这种不寄托于科学理性思想和宗教情绪热忱的艺术才能和才情,所体现的就是"一种超脱解放的艺术精神",它"把形象上面有阻碍的东西统统铲除,然后展开一种开放的自由精神境界"③。张岱年更明确地强调,"哲学所追求的最高智慧是关于宇宙人生的根本问题的解答"④。中国传统哲学中的这种智慧,使中国人不再局限于任何狭隘、有限的世界,不再纠缠于烦琐、无聊的日常事务,而是将自己的生命和人生彻底融入无穷的宇宙之中。因此,中国人的心灵富有创造力,中国人的人生大智慧旨在实现心

---

① 林语堂:《中国人的智慧》,陕西师范大学出版社 2007 年版,第 51 页。
② 方东美:《原始儒家道家哲学》,中华书局 2012 年版,第 170 页。
③ 方东美:《原始儒家道家哲学》,中华书局 2012 年版,第 170 页。
④ 张岱年主编:《中华的智慧·序言》,中华书局 2017 年版,第 3 页。

灵自由和解放,旨在将自身的生命活动和人生追求以更高远的境界融入宇宙之中。

最后,中华传统哲学智慧旨在为人提供安身立命之本。中国人这种既指向日常生活又超越日常生活的哲学智慧,实际上为自身终生的发展提供了至高无上的价值理念和精神支柱,提供了安身立命之本。任何真正的大智慧归根结底都是贯穿整个生活,指导整个人生的智慧,而这种意义上的大智慧,本质上都在为人提供至高无上的价值理念和精神支柱,提供安身立命之本。智慧最终高明与否,关键在于其能否为人提供一种真正实现最终生活目标或人生目的的价值理念,一种支撑人更自信、更积极地生活下去的精神支柱。针对孔子所谓"敬鬼神而远之"(《论语·雍也》),张岱年指出:"孔子这句话表现了一种重要倾向,即不从宗教信仰来引出道德,而认为道德与鬼神无关。这是中国古代哲学的基本倾向之一。这确实表现出很高的智慧。"①中国人不迷信宗教信仰中的鬼神,在安身立命问题上体现出高明的智慧:一方面,中国人将自己的生活、生命置于整个宇宙之中,将生活意义、人生意义或生命价值的实现融入宇宙演化或大化流行之中,在最高的境界上达到与宇宙的一体同在;另一方面,中国人将自己的生活、生命置于族类的繁衍发展和前途命运演进之中,每个人在族类的生命中评判自己。可以说,在中国人看来,正是宇宙天地的存在和族类生命的延续,为自己提供了安身立命之本,而自己只有彻底地融入宇宙之中,融入族类生命之中,内心才能得到宁静与安顿。

当然,中国传统哲学智慧也并不是完美无缺的。中国人不尚分析,普遍不重精确辩论,诸子百家中,孟子多诡辩,也自称不得已,而惠施和

---

① 张岱年主编:《中华的智慧·序言》,中华书局2017年版,第5页。

公孙龙的雄辩,多为诡辩,并不为世人所欣赏和接受。汉代重训诂注经,魏晋复兴老庄思想尚玄谈,更强调直观,以解决宇宙人生问题。中国人略过了以精确分析探索客观世界万事万物的本质和规律的阶段,以普遍性的模糊形成了自己独特的生存智慧。中国人没有经历更充分的改造世界的阶段而直接进入了天人合一的境界,在宇宙浑然一体的融合中体验宇宙人生的最高境界。当近代西方各国通过科学技术和工业全面地改造自然界,创造巨大的物质财富,奔走于世界各地到处推销商品、开垦殖民地时,中国人却没有发展出近代科学和工业,而是在无穷无尽的日常生活方面,创造了无比丰富的、令人叹为观止的生活艺术品和礼仪规范,充分地表现了自己的聪明才智;但另一方面,中国人直接将自己的生命融入天人合一的最高境界,恰恰忽略和缺失了改造客观世界的中间环节。这正如林语堂所指出的:"因为中国人的智巧好像只知道悦服道德的'自明之理',而他们的抽象用语像'仁'、'义'、'忠'、'礼',已属十分普通,他们的精密意义自然而然已丧失在模糊的普遍性里。"[①]无疑,创造真正的美好幸福生活,不仅要深刻地认识客观世界,遵循自然规律以创造充裕的物质生活,而且需要领悟宇宙人生的大道理,实现精神生活的富足。因此,进入新时代,对中国人来说,创造美好幸福生活,既需要日常生活中的实践智慧、实用智慧,又需要超越日常生活的人生大智慧、哲学智慧。

## 二、中华传统哲学智慧的方法论原则

中华传统生活智慧内容丰富、无所不包、数不胜数,"中"是中国传

① 林语堂:《中国人的智慧》,陕西师范大学出版社2007年版,第51页。

统生活哲学中的方法论,是人们思考和分析问题,推动事物发展的根本方法。"执中致和"是"中"这一方法论的集中体现,是中国传统生活哲学方法论的灵魂,是所有中华传统生活智慧的方法论原则,集中概括了中国人在认识和处理复杂生活事务和宇宙人生大事时的主体地位、自觉意识、价值取向和核心做法,体现了中国传统生活哲学存在论、意识论、价值论和方法论的统一。

"执中致和"包括"执中"和"致和"两个方面。"执中"源自《尚书》。据记载,舜让位给禹时,告诫他说:

> 天之历数在汝躬,汝终陟元后。人心惟危,道心惟微,惟精惟一,允执厥中。无稽之言勿听,弗询之谋勿庸。可爱非君?可畏非民?众非元后,何戴?后非众,罔与守邦?钦哉!慎乃有位,敬修其可愿。四海困穷,天禄永终。(《尚书·大禹谟》)

在这里,舜实际上强调,执政者必须具有高度的自觉意识和谨慎态度,对危险难安的"人心"和微妙难明的"道心"有精心的体察,做到专心持守,才能不偏不倚。所谓的"执中"就源于此,指秉承或坚持不偏不倚的中道。"执中"本质上已经体现了存在论、意识论和方法论的统一,因为"执"是作为主体的人在执,要亲躬,执中必须以高度自觉的意识为前提,要做到专心持守,要"慎",要"敬",要始终如一,而"中"则是根本的方法论。

在"执中"的基础上,中国人更强调"致中和"。

> 喜怒哀乐之未发,谓之中;发而皆中节,谓之和。中也者,

天下之大本也；和也者，天下之达道也。致中和，天地位焉，万
物育焉。（《中庸·第一章》）

在这里，"中"指不偏不倚，无过无不及，即事物处于恰到好处、事情达到
恰如其分的状态。而"和"指万物之间或事物内部各要素之间达到协
调、有序、统一的状态。因此，"中"与"和"都具有价值论意义，是值得追
求的价值。

"执中致和"将"执中"与"致和"高度统一起来，彻底实现了中国传
统生活哲学存在论、意识论、价值论和方法论的统一，具有特有的旨趣
和特征。

首先，"执中致和"体现了中国传统生活哲学特有的以人的生活、生
存和发展为基础的存在论特征。如何活着，如何活得更好，是任何人都
必须考虑的问题，也是考验人的智慧的问题。中华民族是最热爱生命
的民族，也是最热爱生活的民族。中华民族没有纯粹的宗教信仰，非常
重视尘世的生命，对日常生活中的各个细节无比讲究，创造了无数令西
方人赞叹不已的奇迹。这种对现实生命和日常生活的执着与热爱，是
世界上那些对彼岸世界无比向往的民族所无法理解的。中华民族对生
命、生活的这种热爱与执着，从哲学存在论高度来说就是非常重视人自
身的生命存在，始终将人的生命存在而非神或上帝的存在视为整个存
在论的基础。"执中致和"绝非站在上帝或神的立场上的生活智慧，只
有人才需要"执中"，也只有人才想着"致和"。只有人面对生活中层出
不穷的问题、困难、矛盾、冲突、风险和挑战，才会有烦恼、痛苦和麻烦，
才考虑着如何认识和应对它们。"执"是人在"执"，"和"也是人在追求
"和"，这既反映了人的主体性，又反映了人的追求和理想。"执中致和"
指导人们彻底地抛弃了对神或上帝的依赖和信仰，自觉地承担起人的

使命、权利和责任。因此,始终站在人的立场上,始终坚持从人的生活、生存和发展来考虑每天所遇到的现实问题,就是中华传统"执中致和"生活智慧最为首要的特征。

其次,"执中致和"体现了中国传统生活哲学特有的彰显中国人谦虚、谨慎、主动的自觉意识的意识论特征。"执中致和"不仅表明人的立场、反映着当事人的生活主体性,而且始终彰显着人应对生活问题、困难、矛盾、冲突、风险和挑战的自觉意识和主动性。从总体上说,中华民族遇事向来不喜欢逃避,而是始终对生活中遇到的问题抱有积极主动的态度,总是想着如何去解决、解答。"执中"要求"惟精惟一",要求"慎"与"敬",这深刻地反映了中国人作为生活主体的积极性、自觉性以及高度的谨慎意识和敬畏态度。显然,人只有高度地自觉,时刻集中心思,才能洞察事物发展变化的趋势和规律,捕捉事物转瞬即逝的细微变化,找到更好地控制和驾驭事物发展变化的契机,而且也只有高度谨慎,对事情抱有高度的敬畏态度,才能避免出现盲目、差错和混乱。"执中"之"中",就是人根据自身的条件、素质和能力在与事物相互作用的过程中,在深刻地认识事物运动和发展的规律以及准确地预测其发展趋势的前提下,通过捕捉事物转瞬即逝的细微变化,实现人与事物之间的最佳协调,从而化解生活矛盾和问题。因此,"执中致和"深刻地体现了人的全方位的、系统性的、连贯性的意识活动,体现了中国传统生活哲学特有的意识论特征。

最后,"执中致和"体现了中国传统生活哲学特有的以"和"为根本价值取向的价值论特征。这种始终立足人的立场、高度凝聚着人的意识的"执中致和"生活智慧,以人的生活、生存和发展问题的解决为最终归宿,始终追求着以"和"为价值目标和根本原则的美好幸福生活,因而始终贯穿着人的价值追求,实现了存在论、意识论和价值论的统一。

"和"作为事物存在和发展的最佳状态和境界,有自然之"和"和人为之"和"的区别。从先秦至今,最早在哲学意义上提出"和"的是西周末期太史伯阳父(后人简称为"史伯")。他说:

> 夫和实生物,同则不继。以它平它谓之和,故能丰长而物生(归)之;若以同裨同,尽乃弃矣。(《国语·郑语》)

赵汀阳指出:"'和'是多样配合,'同'是普遍同一。'同'之所以不可取,就在于'同'消除了事物的多样性和丰富性,使生活失去意义和生机,而且没有一种生物能够独活;'和'则是万物之生机所在,多样性和丰富性的互补配合使万物得以成长。因此,和是万物存在和生长的条件。"[①]因此,所谓"和实生物",就是事物只有在多样性基础上实现协调、融合、统一、和谐,才能实现自身的发展和彼此的发展。而"以同裨同"和"同则不继"则意味着完全相同的东西看似相互搭配,实则因为同质而没法继续发展下去,只能导致最终的死亡或毁灭。史伯所揭示的道理,既是对纯粹自然界生物发展规律的深刻认识,也是对人们在现实生活中自觉改造和驾驭客观事物的深刻洞察。就是说,"以他平他"之"平"和"以同裨同"之"裨",既可能是纯粹的自然现象,也可能是人的有意行为。自然界里的生物只有生存、活着的问题,而没有生活的问题和意义的问题,这两个领域都需要生机,而生机恰恰在于"和",即"和"是万物之生机源泉所在,是万物存在和生长的条件。如果说自然界万物在演化的过程中自然而然地造就和形成着彼此间的"和",那么,人则在现实生活中主动地追求和创造出"和"。这种主动的追求和创造所反映

---

① 赵汀阳:《天下的当代性》,中信出版社 2015 年版,第 90—91 页。

的就是人的价值追求和价值创造。严格地说，"执中致和"之"致和"，就是人主动地追求和实现"和"，就是人的价值追求和价值创造，更深刻地将中国人对美好幸福生活的热切向往、执着追求和辛苦努力充分地体现了出来。

当然，"执中致和"不仅体现了中国传统生活哲学存在论、意识论和价值论的统一，而且集中体现了中国传统生活哲学重视实践理性的方法论特征，彰显了中国人善于根据客观形势、条件和环境具体地分析和解决问题的方法论精神。实际上，"执中致和"本身是非常深刻、高妙的智慧，能够指导人们始终根据客观形势、条件和环境，根据事情发展的具体趋势和状况来采取行为，而不是严格地就表面形式达到"中"，本质上在于灵活地选择和改变策略，而不是机会主义。"中"实际上是非常严格和精确的标准，是高境界，是人根据客观形势、条件和环境把握事情，协调一切生活关系，促进事情发展，以采取下一步行动的最佳状态。能否清醒地认识这一客观形势、条件和环境，能否准确地理解和把握自己所面对的任务、事情及其性质，从而能否准确地认识它们之间的内在联系，以及如何科学有效地采取行动，调动一切有利的因素，为完成任务而服务，并最终达到理想的效果，实现预期的目的，这本身是一个极为复杂的实践过程。做到"中"实在是一件非常艰难的事情。如果想要在日常生活中，即在平常状态下，不显山不露水地做到"中"，即通常所说的"中庸"状态，就更为艰难，更为不易。"执中"在于"致和"，"和"才是人所追求的价值目标，欲达到"和"这一目标和境界的"中"，本身只能是变动不已的。一旦僵化地去理解、去套用，一味地追求形式上、表面上的"中"，而不去深究这种"中"究竟是否为行动所必然要求的最佳状态和最好契机，那么，势必会出现"折中调和""和稀泥"。因此，"执中"本身涉及究竟坚持什么样的态度、怎样"执中"、达到什么样的境界等问题,涉及与"中和""中庸""折中"等如何区分的问题。问题一多就变得复杂,过分简单的思考就容易导致偏见和误解。一些人僵化地、表面地、形而上学地理解这些方法,结果造成庸俗化。事实上,相当一部分人将"执中""中庸"庸俗化,他们心目中的"中庸"就是简单化、粗俗化的"折中"而已,就是将不同的观点毫无原则地调和而已。简单化、粗俗化的"折中",不仅远远偏离了中庸的根本精神,而且本质上就是在回避问题,就是典型的机会主义。甚至一些人以"中庸",即不偏不倚来求得自安,实在是将"中庸"庸俗化的奴隶。实际上,放弃原则而一味地折中调和,就是在复杂的问题或矛盾面前软弱无能的表现。将"执中致和"或"中庸"庸俗化的做法,削弱了这种思想方法的科学性和意义。辛鸣指出:"解决问题的方式方法不是非此即彼、你死我活走极端,而是'从容中道''允执厥中',在协调平衡中坚毅前行。"[1]将"执中致和"庸俗化因而简单套公式的人,实际上是没有真正原则的人,他们执着地折中求和,不是为了正确地处理问题,而是将如何照顾周围人的情面、如何讨好人视为天大的事情。可以说,这些人是十足的庸人。总之,"执中致和"直接源于人的现实生活,指导人们直接面对生活中层出不穷的问题、困难、矛盾、冲突、风险和挑战,分析和统筹着各种因素和各方利益,在化解、破除、应对问题、困难、矛盾、冲突、风险和挑战的过程中追求着和谐的、美好幸福的生活。无疑,脱离现实生活,"执中致和"就会变得抽象不可捉摸,成为无的之矢。相反,究竟是否做到了执中,尤其是"中"到底是何种意义上的"中",需要由生活主体,即人在实践活动、客观形势、具体条件和环境下根据具体的事来判定,而不可能预先规定。

---

[1]　辛鸣:《中华文化的"讲清楚"与"发扬好"——兼论伟大复兴中的"精神独立性"问题》,载张岂之主编:《中华文化的底气》,中华书局 2017 年版,第 243 页。

因此,"执中致和"是一种具有鲜明实践品格的方法论原则。作为方法论原则,它并非单纯思想运行机制和方法的抽象原则,而是与现实生活实践紧密关联着的,进一步说,它是一种必须面对实践才有意义的指导原则,而且是能够切实地指导生活、改变实践或现状的原则,是必须在生活实践之中体现和检验的原则。

总之,"执中致和"作为中华传统生活哲学的方法论原则和根本精神,也是指导人们思想和行动的指南,它是中国传统生活哲学存在论、意识论、价值论与方法论高度统一在现实生活中的最高体现。准确地理解和领悟包括"执中致和"这一方法论原则和灵魂在内的所有中华传统生活智慧,是我们当代中国人不可推卸的历史使命。为了尽早实现中华民族和中华文化的伟大复兴,需要更多人更自觉地投身中华优秀传统生活智慧研究,为实现中华传统生活智慧在新时代的创造性转化和创新性发展贡献自己的力量。

# 第一章　中国人的生命观与价值诉求

中华文化绵延五千多年，博大精深，辉煌灿烂，在人类文明史上成为耀眼的明珠，为人类事业的发展和进步做出了不朽的贡献。如今，中华优秀传统文化依然涵养着中华民族的心智，为人类文明发展贡献着自己独有的智慧和力量，发挥着不可替代的作用。多少年来，特别是近代受西方文化冲击以来，无数中国有识之士试图从多个视角总结和概括中华传统文化的基本特征和核心旨趣，并参照西方文化分析和弥补其不足，改变和消除其劣势，渴望在新的时代实现中华优秀传统文化的传承、弘扬、创新和发展。要想理解中华传统文化和智慧，首先要从根本上懂得中国人是如何理解和表现自己的生命的，要弄明白中国人在对自身生命的理解基础上到底追求什么样的生命价值。中国人如何生活，如何表现自己的生命以及追求什么样的生命价值，这是中国传统生活哲学存在论、价值论关注的核心问题，阐明这一核心问题是阐释中国传统生活哲学方法论和中华传统生活智慧的前提。概括说来，中国人生活在现实世界之中，却追求着天人合一的至高境界，没有严格意义上的宗教信仰，但渴望超越肉体生命，在中华民族乃至人类的繁衍生息中实现自身的生命价值和意义。

# 第一节　中国人的生命观

从马克思主义生活哲学角度来看,存在论的问题本质上是人的生命究竟如何存在和表现的问题,它实际上反映了人们的生命观,即看待生命的态度和观点。马克思、恩格斯强调,人总是通过一定的生活方式表现自己的生命,而"个人怎样表现自己的生命,他们自己就是怎样"①。马克思主义生活哲学对人的生命存在和表现问题的解读始终诉诸人的现实生活实践和生活世界。从这一理论视域来看,任何人都诞生在现实世界之中,并现实地生活着,通过具体而感性的生活方式表现自己的生命。人在一生中所经历的酸甜苦辣、快乐烦恼,无不源自现实生存、生活实践,人也只能在现实世界里追求和实现自己的美好幸福生活。尽管中华民族在早期也相信鬼神天命,但没有形成西方严格意义上的宗教信仰,更没有将美好幸福生活寄希望于理想天国。纵使道教也强调肉体成仙,但更倾向于在现实生活之中、在现实世界里追求和实现自己的最高人生目标。可以说,现实世界就是中华传统文化的现实境域,是中国人实现自己美好幸福生活目的的唯一真实的世界。

## 一、生活于现实世界

现实世界是最真实的世界,它直接呈现在人们面前,没有丝毫的隐

---

① 中共中央马克思恩格斯列宁斯大林著作编译局编译:《马克思恩格斯选集》第一卷,人民出版社 2012 年版,第 147 页。

蔽性。尽管中华传统文化在早期发展中存在着鬼神观念,特别是殷商时期的鬼神思想还比较鲜明,对鬼神的崇拜和敬畏心理还比较强,历史上鬼神观念也不曾完全绝迹,但真正说来,中华民族缺乏纯正的宗教信仰,中国人受儒家人文思想的影响,非常重视现实世界,倾向于生活在现实世界之中。

客观而言,世界上任何民族几乎毫无例外都有自己的神话传说,各个民族幻想了不仅创造世界、创造人,而且还解决无数人类根本无法解决的矛盾和问题的存在,这在中国亦是如此。中国古人创造了大量的神话,像屈原的《离骚》《九歌》《天问》《远游》等诗篇,像《墨子》《庄子》《韩非子》《吕氏春秋》《淮南子》《列子》等著作,都保存了不少神话资料,而《山海经》则是"现存的惟一的保存中国古代神话资料最多的著作"[①]。但种种神话思想,乃至后来的各种传说,都不过反映了各民族的祖先们在认识和改造客观世界的过程中对无数神秘现象不能理解,对无数生活、生存和发展问题无法解决而又渴望解决的美好愿望。归根结底,神话是祖先认识和改造自然界艰辛历程的曲折反映,它们表达着各民族的祖先对美好幸福生活的追求和向往。

殷商统治者将祭祀鬼神与祭祀祖先紧密地联系起来,有时用祭祀上帝之礼祭祀自己的祖先。虽然殷商中后期依然盛行鬼神文化,但因为现实生活和管理的需要而越来越重视人事。《尚书·洪范》除宣扬神学世界观,还强调人应当追求的"五福":"一曰寿,二曰富,三曰康宁,四曰攸好德,五曰考终命。"即长寿、富贵、健康、好德、善终。王处辉等强调:"商族的族群文化特征尽管'尚鬼',但出于维护王朝统一的理性需

---

① 　袁珂:《中国古代神话》,华夏出版社 2013 年版,第 8 页。

要,到商代中后期重人事的'人本'理性得以延续和发展。"①

进入周朝之后,鬼神文化开始淡化,祭祀文化越来越具有世俗政治统治的意义,同时礼乐文化越来越占有主导地位。

> 道德仁义,非礼不成;教训正俗,非礼不备;分争辨讼,非礼不决;君臣、上下、父子、兄弟,非礼不定;宦学事师,非礼不亲;班朝治军,莅官行法,非礼威严不行;祷祠祭祀,供给鬼神,非礼不诚不庄。(《礼记·曲礼上》)

春秋时期,孔子所创立的儒家思想学派,以周公旦为思想远祖,传承的是周公旦的人文精神,可以说,这深刻地影响了中国人文主义文化的形成和发展。对鬼神是什么,儒家所给出的解释基本上都立足于人。孔子的弟子称"子不语怪、力、乱、神"(《论语·述而》)。这是说,孔子并不谈论怪异、暴力、叛乱和鬼神。从弟子对孔子日常言谈的描述和记载中可以看出,作为周公人文思想的继承和弘扬者,孔子根本不迷信怪异、崇尚鬼神,甚至对现实世界中为一些人所崇尚的暴力和叛乱,他也不看好。弟子又说"子罕言利与命与仁"(《论语·子罕》),即孔子很少谈论"命运"。但不可否认,孔子在一定程度上仍相信人有命运。孔子曾强调自己"五十而知天命"(《论语·为政》),并感叹说:

> 道之将行也与,命也;道之将废也与,命也。(《论语·宪问》)

---

① 王处辉主编:《中国社会思想史(第二版)》,中国人民大学出版社 2009 年版,第53 页。

即在他看来,自己的学说或道究竟推行到什么程度,完全取决于命。他甚至强调君子有"三畏",首先要"畏天命",而"小人不知天命而不畏也,狎大人,侮圣人之言"(《论语·季氏》)。但对于孔子话语中的"天命",不应该做过度的神秘化解读。在孔子生活的年代,无论是"鬼神"还是"天命",都不过是人们传承和沿袭下来的话语而已。社会上几乎所有人都在运用这些话语来表达自己的思想。事实上,鬼神是不存在的,但命运也不是脱离现实世界的纯粹外在的神秘力量,相反,它是各种因素基于人的现实生活、生存和发展的客观规律和趋势而形成的综合状态。

从大体上说,中国古人置神秘的世界于不顾,对现实世界之外究竟是否还存在着超越的彼岸世界漠不关心,对未知的世界基本上持存而不论的态度:

> 六合之外,圣人存而不论。(《庄子·齐物论》)

"六合"指上下和四方。称宇宙为"六合",所反映的不过是人总是从自身立足之处认识和观察世界。一些对中华传统文化不熟悉的人,习惯上按照西方观念,特别是近代自然科学意义上的观念,认为"六合"泛指自然界,或者泛指自然意义上的宇宙,实际上这是很不精确的认识。张载说:"尘芥六合,谓天地为有穷也。"(《正蒙·大心》)意思是说,人所生活的天地是一个相对概念。邵雍说:

> 人或告我曰:"天地之外,别有天地万物异乎此天地万物。"则吾不得而知之也。非唯吾不得而知之也,圣人亦不得而知之也。凡言知者,谓其心得而知之也;言言者,谓其口得而言之也。既心尚不得而知之,口又恶得而言之乎? 以心不

可得知而知之，是谓妄知也。以口不可得言而言之，是谓妄言也。吾又安能从妄人而行妄知妄言乎？（《皇极经世·观物篇之五十二》）

人对自身所处的世界或宇宙的认识是不断拓展的，今天我们的认识相对历史上的认识已经有巨大的突破，知晓了许多以往所谓"圣人"不曾知道的宇宙奥秘。林语堂说："中国人爱好此生命，爱好此尘世，无意舍弃此现实的生命而追求渺茫的天堂。"①王蒙也强调："中华文化的优胜还在于它的务实性与此岸性。"②因此，中华文化确实具有很多的特征和优胜之处，但最基本的特征和优胜之处，在于重视现实世界，注重现实生活，具有务实性和此岸性。

自先秦起，中国古人对六合之外存而不论，因而并不特别相信超越的彼岸世界。在中国人看来，耳目所见闻不应束缚其无所不能达的思维，应当充分而自由地发挥思维的作用。在此基础上，中国人对"鬼神"的认识甚至可以说倾向于朴素的唯物主义。

精气为物，游魂为变，是故知鬼神之情状。（《易传·系辞上》）

阴阳不测之谓神。（《易传·系辞上》）

这里主要是从"精气"来解释鬼神的，而"神"不过是阴阳变化难以揣度、

---

① 林语堂：《中国人的智慧》，陕西师范大学出版社 2007 年版，第 64 页。

② 王蒙：《文化复兴的历史机遇》，载张岂之主编：《中华文化的底气》，中华书局 2017 年版，第 167 页。

预测和控制的性状而已。管子更具有唯物主义倾向,针对人思考问题长时不解但豁然开朗的现象解释说:

> 思之思之,又重思之。思之而不通,鬼神将通之。非鬼神
> 之力也,精气之极也。(《管子·内业》)

即一般所谓反复思考而不得其解时,就会有鬼神帮助开窍,但这并非真的是靠鬼神的力量,而是精气结聚已达至极致的结果[1]。荀子具有朴素而清醒的人文精神:

> 雩而雨,何也? 曰:无何也,犹不雩而雨也。日月食而救
> 之,天旱而雩,卜筮然后决大事,非以为得求也,以文之也。故
> 君子以为文,而百姓以为神。以为文则吉,以为神则凶也。
> (《荀子·天论》)

"雩"(yú),古代求雨的祭祀。在荀子看来,人们卜筮、祭祀求雨不过是一种人文仪式而已,有文化的君子能够理解这一点,而普通老百姓却信以为有神。可以看出,荀子是否定神的。东汉谶纬思想盛行之际,王充为批判当时这种不良思潮,从客观现实立场上强调说:

> 人之所以生者,精气也,死而精气灭。能为精气者,血脉
> 也。人死血脉竭,竭而精气灭,灭而形体朽,朽而成灰土,何用
> 为鬼? 人无耳目则无所知,故聋盲之人比于草木。夫精气去

---

① 陈鼓应注译:《管子四篇诠释》,商务印书馆 2016 年版,第 121 页。

> 人，岂徒与无耳目同哉？朽则消亡，荒忽不见，故谓之鬼神。人见鬼神之形，故非死人之精也。何则？鬼神，荒忽不见之名也。人死，精神升天，骸骨归土，故谓之鬼。鬼者，归也；神者，荒忽无形者也。（《论衡·论死》）

在此，王充从气化论肯定了人之所生源自精气，精气源自血脉，而人死缘自血脉枯竭。血脉枯竭导致精气消亡，精气消亡导致形体腐朽，形体腐朽最终变成灰土。王充并不相信有所谓神，他坚信，神不过是对"荒忽不见"不得已的说法，而鬼则是死去的人。周敦颐亦强调说："大顺大化，不见其迹，莫知其然之谓神。"（《通书·顺化第十一》）后来张载更明确说："鬼神者，二气之良能也。"（《正蒙·太和》）将阴阳二气变化不测谓之鬼神，视为二气的良能，那么，鬼神就并不是操纵和主宰变化的有意志的神秘力量。

鬼神为"二气之良能"，因而在中国古人看来，人死之后势必魂飞魄散。正如金克木所指出的，既然人死"可以说'魂飞魄散'"，这"又从根本上否定了不灭的灵魂"[1]。因此，中国纵使有神仙，也往往是非常世俗的，甚至原本都是人而已，如对中国人影响深远的道教中所谓的"八仙"以及佛教中所谓的"佛"，都是传说中得道的现实中的有血有肉的活人。李泽厚指出："对人格神，许多士大夫知识分子经常处于似信非信之间，采取的似乎仍然是孔老夫子'敬鬼神而远之'、'祭如在，祭神如神在'的态度。在民间，则表现为某种多元而浮浅的信仰和崇拜。其对象，可以是关公、妈祖、观音菩萨、玉皇大帝等等，不仅因人因地不同，常常改变；

---

[1] 金克木：《文化三型·中国四学》，载金克木著，黄德海编选：《文化三书》，东方出版中心 2008 年版，第 139 页。

而且大都是为了求福避祸，去灾治病，有着非常现实的世间目的。重要的是，即使在这种多元而浮浅的民间宗教中，奇迹宣讲也并不突出，主要的部分仍然是在倡导儒学的人伦秩序和道德理念。"①因此，正如陈来指出："中国哲学的主流看法虽然认为天地万物不是永恒存在着的，而是有其发生历史的，但天地万物的发生不是由一个外在于宇宙的人格力量所创造的，在中国哲学家看来，天地万物如果有一个开始，这个开始也是自生、自然的。的确，在中国思想中，一般来说，不认为天地是被创造出来的，不认为人是被创造出来的，不认为宇宙时空是被创造出来的，尤其不认为存在着外在于宇宙的创造者——上帝。"②这种在哲学上不承认宇宙或天地由外在于宇宙的人格神或上帝所创造的观念，从根本上否定了任何外在神秘权威或力量的存在。

对外在权威或力量的否认，特别是对上帝、鬼神的否定，从根本上又否定了宗教，因此中华传统文化是一种非常注重世俗生活的文化，归根结底是人的文化，具有丰富的人文精神和强烈的人文情怀。张岱年强调："孔子不愿谈论鬼神和死后的问题，显示了对于宗教的冷淡态度。孔子以后，孟荀以至宋儒都继承了孔子的这种观点，从而形成了中国传统文化的一个特点。"③中国人的人生理想在于朴实地享受现实生活，执着于在现实生活中达到至善至美的最高理想境界。据《论语》记载，叶公向子路问孔子是什么样的人，子路没有回答他，孔子则提醒子路说：

---

① 李泽厚：《论语今读》，天津社会科学院出版社 2007 年版，第 2 页。
② 陈来：《中华文明的核心价值：国学流变与传统价值观》，生活·读书·新知三联书店 2015 年版，第 24 页。
③ 张岱年：《文化与哲学》，中国人民大学出版社 2009 年版，第 20—21 页。

汝奚不曰:其为人也,发愤忘食,乐以忘忧,不知老之将至云尔。(《论语·述而》)

即孔子注重现实生活,活在当下,积极乐观地追求现实事业,快乐得将一切忧虑、烦恼都忘记了,更将老死置之度外。林语堂指出:"吾人诚不解欧美人何以竟不能明了人生目的即在纯洁而健全地享受人生。中西本质之不同好像是这样的:西方人较长于进取与工作而拙于享受,中国人则善于享受有限之少量物质。这一个特性,吾们的集中于尘俗享乐的意识,即为宗教不能存在之原因,也就是不存在的结果。因为你倘使不相信现世此一生命的终结系于下一世的生命的开始,天然要在这一出现世人生趣剧末了以前享受所有的一切。宗教之不存在,使此等意识之凝集尤为可能。"①因此,中国人注重的是现实世界中的生活,纵使物质生活还比较贫乏,也没有将生命延伸到宗教的彼岸世界里,而是希望活在现实世界之中,活在当下。德国学者埃里希·蒂斯指出:"在中国人的时间图像中,并没有时间尽头一说。西方人因基督教而熟悉的、代表时间尽头的末日论,于中国人而言则相当陌生。永恒变化和时间轮回的图像中不可能有运动的尽头,只有产生和逝去的自然循环。人的生活和命运蕴藏其中,与此对抗或是刻意推动均没有什么效果。这就是说,将自己托付给循环,但并不是消极地交付,而是在此岸的当下去经营一段受道德限制的人生,一段遵循这一观点的人生。"②韩翃有诗说:

---

① 林语堂:《中国人的智慧》,陕西师范大学出版社 2007 年版,第 62 页。
② 埃里希·蒂斯:《中国人的时间图像》,马绎、刘媛译,同济大学出版社 2018 年版,第 71 页。

何用别寻方外去，人间亦自有丹丘。（《同题仙游观》）

本指不必再到别处寻找仙境，人间景色就像仙境一样美好。言外之意则指立足当下就能够找到自己需要的东西。活在此岸、活在当下、遵循自然规律好好地经营自己有限的一生，就是中国人的生活观念。因此，林语堂感叹说："中国的男女是这样生活着，这个生命是太充实了，它不复有余地以容纳不灭的神的思想了。"①中国人既然如此现实地生活着，活得太充实，对于神的宗教信仰就缺乏基础。张岱年说："在中国传统文化中，宗教意识比较淡薄，对于神的信仰在中国哲学中不占重要地位，无神论者更否认神的存在。多数思想家都以人的问题作为理论研究的中心问题，而不重视关于神的问题。"②不依赖于神，而是依赖人的伦理道德自觉，是中国人维持社会秩序的重要特征。楼宇烈强调："中国文化中没有一个外在的神或造物主，中国家庭、社会秩序的维护都是靠道德的自觉自律。中国传统文化强调人的主体性、独立性、能动性。"③中国人否定了超越人的现实世界因而绝对外在的、具有创造力的神的存在，实际所确立起来的是以人为本的人文精神。针对人文精神，楼宇烈说："以人为本的人文精神的根本特点就是看一切问题都和人联系在一起，都要思考它对人有何教益。"④因此，在中国人所生活的世界里，一切事物归根结底都是从人的角度来认识和观察的，始终带有人的思维底色和人文精神。

　　客观而言，纵使在世俗大众中依然存在着一定程度的鬼神迷信，这

---

① 　林语堂：《中国人的智慧》，陕西师范大学出版社 2007 年版，第 65 页。
② 　张岱年：《文化与哲学》，中国人民大学出版社 2009 年版，第 172 页。
③ 　楼宇烈：《中国文化的根本精神》，中华书局 2016 年版，第 46 页。
④ 　楼宇烈：《中国文化的根本精神》，中华书局 2016 年版，第 78—79 页。

种迷信却没有构成中国人思维的基底。中国人对于"鬼神"的迷信,更多是出于实用主义的目的。也就是说,中国人大多为了自身现实的目的和利益而运用鬼神。墨子明确提出"明鬼"思想:

> 逮至昔三代圣王既没,天下失义,诸侯力正。是以存夫为人君臣上下者之不惠忠也,父子弟兄不慈孝弟长贞良也。正长之不强于听治,贱人之不强于从事也。民之为淫暴寇乱盗贼,以兵刃毒药水火退无罪人乎道路率径,夺人车马衣裘以自利者并作由此始,是以天下乱。此其故何以然也?则皆以疑惑鬼神之有无之别,不明乎鬼神之能赏贤而罚暴也。今若使天下之人偕若信鬼神之能赏贤而罚暴也,则夫天下岂乱哉?
> (《墨子·明鬼下》)

也就是说,墨子是从维护天下秩序出发强调鬼神赏贤罚暴的价值和意义的。尽管墨子相信不仅存在着天地鬼神,还存在着山水鬼神,人死亦为鬼,相信鬼神无所不知,能够协助天来赏贤罚暴,但他更多地还是出于维护社会秩序的目的来肯定鬼神存在的。他之所以特别强调鬼神的存在及其赏贤罚暴的价值和意义,只在于维护小生产者的利益而已。一方面,他借助鬼神来限制贵族的特权,希望天子、贵族能够维护和保障广大庶民的利益,实行公平的赏罚,从而改变由生而来的命运;另一方面,他肯定天子为天所命,肯定社会等级制度,麻痹劳动人民意志,幻想天子、贵族能够维护庶民利益。实际上,任何意义上的鬼神不过是人的意识的虚幻产物而已,都是借助一种幻想来平衡现实世界里博弈双方的力量,内涵是实用主义。

与鬼神信仰或鬼神迷信具有实用主义的特征相仿,尽管释与儒、道共同构成了中国传统文化的主体,佛教文化构成了人们精神生活的重要组成部分,但中国本土化的佛教尤其重视世间生活。大乘佛教《维摩诘经》专门有一品《不二法门》,强调"世、出世不二",即强调不离开世间来求出世,出世其实就是在世间生活中。而等大乘佛教传入中国,在此基础上,作为佛教中国化的代表,禅宗六祖慧能则强调:

> 佛法在世间,不离世间觉;离世觅菩提,恰如求兔角。

(《坛经·般若品》)

这就是说,无论是佛法还是对佛法的觉悟、对菩提的追求,都只能在世间完成,而离开世间去追求,就如同寻找兔子的"角",是纯粹的幻想,根本无法实现。因此,正如楼宇烈所说:"在印度出世性格比较强烈的佛教到了中国后就变得不那么极端了,更强调只有入世才能够真正出世。中国佛教的入世精神是非常强的,或者说世俗性格非常强。"[1]进而他指出:"那怎样去解决入世后面临的污染呢? 如何保持出世的品格,做到既入世又不跟世俗同流合污呢? 中国佛教的宗旨是:以出世法做入世事。这样就把二者调和了。"[2]因此,在中国,人们的追求是高远的、纯粹的,但又总是通过入世做现实的事情来实现自己的精神追求。

　　归根结底,中国古人虽然对世界上的各种外在力量还存在着认识上的有限性,在一定意义上还保持着对鬼神的信仰,但从总体上说缺乏严格而纯粹的宗教意识,并不坚信有什么彼岸世界,而更注重活在现实世界之中,更注重通过伦理道德的自觉自律来维护社会生活秩序。

---

① 楼宇烈:《中国的品格》,南海出版公司 2011 年版,第 163 页。
② 楼宇烈:《中国的品格》,南海出版公司 2011 年版,第 163 页。

# 二、演化于无穷宇宙

中国人很早就认识到了人类生命在宇宙生命演化过程中的性质和地位，从来没有刻意追求超越宇宙的幻想；相反，人们把自己的全部生命自觉地融入宇宙生命演化的宏大运动中，自觉而坦然地参与宇宙生命演化，从而完善人道所必然。

如前所述，中华民族的祖先们没有形成系统而纯粹的超越现实世界的宗教意识，后世儒释道并存的思想文化体系也更倾向于世俗的世界，具有强烈的入世精神。中国古人形成了气化论宇宙观，坚信天地万物归根结底不过是气的充盈、聚散、流动的结果，万物处于永不停息的生成与化育之中，而人则是体现着这种本性和特征的特殊存在。荀子强调这种气"充盈大宇而不窕"（《荀子·赋》）。"窕"，即空隙。意思是说，气充盈宇宙而不留空隙。

> 天高地迥，觉宇宙之无穷；兴尽悲来，识盈虚之有数。
> （《滕王阁序》）

王勃在此认识到宇宙演化自身无穷无尽，但亦存在着"数"，即规律，而所谓"盈虚"实质上就是气。罗钦顺则指出：

> 盖通天地，亘古今，无非一气而已。气本一也，而一动一静，一往一来，一阖一辟，一升一降，循环无已。（《困知记·卷上》）

这种由气作为最终构成基础的宇宙，本质上也由气始终具有动静、往来、阖辟、升降变化的本性决定而处于生生不息的化育过程。《易传》强调"天地之大德曰生"(《易传·系辞下》),又说"生生之谓易"(《易传·系辞上》)。吴国盛指出:"生即生成,即创造。一切皆在变易之中,一切皆有成毁盈虚,而宇宙是生生不已的变化大流。中国思想对宇宙流变大化有充分的体认。"[1]实际上,《易传》给中国人提供了一个生生不息、变动不止的宇宙观。因此,在中国人看来,宇宙就是一个气运动、变化的过程,从未僵化和凝固,天地也不是完全固定的空间,天地间的万物无不始终处于运动、变化之中。吴国盛强调:"万物乃天地化育所得,生成、生长、演化、循环等生命的概念,是中国宇宙论的基本概念。"[2]中国人并没有将人区别于宇宙、天地间的万物,而是自觉地承认人本质上亦是物,特别是承认自己就是气的凝聚与化育的产物。对人自身构成基础的这种认识,客观地决定了中国人对待自己在整个宇宙间的生成、演化的态度,这就是中国人自己特殊的生死观。

中国人深刻地认识到人的生死本质上是天地间一切有生命之物普遍发生的现象,认识到生老病死本身是自然规律或"自然之道"。

　　　生,人之始也;死,人之终也:终始俱善,人道毕矣。(《荀子·礼论》)

在此,荀子承认人有生死,生死本质上就是人之生命的始终。其学生韩非子则强调:

---

[1]　吴国盛:《时间的观念》,北京大学出版社 2006 年版,第 40 页。
[2]　吴国盛:《时间的观念》,北京大学出版社 2006 年版,第 40 页。

> 人始于生而卒于死。始之谓出，卒之谓入。故曰："出生
> 入死。"(《韩非子·解老》)

这是说，在韩非子看来，所谓"出生入死"，不过是指人在自然界诞生、出现并最终死亡、回归自然界而已。在荀子、韩非子对人之生死这种朴素认识的基础上，王充从生命有机体具有生死或始终这一普遍规律出发，认识到对人而言生死是必然的现象。

> 有血脉之类，无有不生，生无不死。以其生，故知其死也。
> 天地不生，故不死；阴阳不生，故不死。死者，生之效；生者，死
> 之验也。夫有始者必有终，有终者必有始。唯无始终者，乃长
> 生不死。(《论衡·道虚》)

在此，王充对人的生死问题的认识已经立足于动物——"血脉之类"这一高度，虽然他还没有将思考范围扩展到植物上，站在整个生命有机体的高度来思考生死问题，但他实际上已经揭示了生命有机体(至少动物或"有血脉之类")所具有的普遍必然性，即"无有不生，生无不死"。王充坚信"生"与"死"本质上是彼此验证的现象，"始"与"终"本身是辩证统一的，而只有完全无始无终者才超越了"生死"，真正做到"长生不死"。因此，中国人并没有将人视为超越生命有机体生死必然性的特殊存在。

> 觉而若昧，以生而若死；终则反本未生之时，而与化为一
> 体，死之舆(与)生，一体也。(《淮南子·精神训》)

即生与死是辩证统一的,是生命有机体自身内在的两个规定。身为一代帝王,汉文帝亦形成了这种生而必死的生死观。他说:

> 盖天下万物之萌生,靡不有死。死者天地之理,物之自然,奚可甚哀!(《汉书·文帝纪》)

生而必死的普遍必然性实质上就是自然规律、自然之道,就是中国人所谓的"命"。庄子是从"命"来理解人的生死问题的。

> 死生,命也。其有夜旦之常,天也。人之有所不得与,皆物之情也。(《庄子·大宗师》)

从庄子的语境中可以看出,"命"并不是神秘的东西,实指自然赋予而不可逃避的必然性或规律,都是客观事物自身的性状而已。"其有夜旦之常"之"有",为"犹",即死生正像日夜交替那样运行不止,纯属自然规律,不是人力所能够干预的,这些都是自然而然的现象。扬雄明确指出:

> 有生者,必有死;有始者,必有终。自然之道也。(《法言·君子》)

即"生死"只是"自然之道",没有什么神秘的。程颐说:

> 生生之理,自然不息。如复言七日来复,其间元不断续,阳已复生,物极必返,其理须如此。有生便有死,有始便有终。(《二程集·河南程氏遗书》第十五)

程颐在此亦是从自然生生不息来看待人的生死的,认为这是纯粹的自然现象。

中国人不仅承认生死、始终乃自然之道,源于宇宙、天地之间气的聚散、流变,还坚信生死不过是气的变化而已。这种生死观体现在庄子身上。

> 庄子妻死,惠子吊之,庄子则方箕踞鼓盆而歌。惠子曰:"与人居,长子、老、身死,不哭,亦足矣,又鼓盆而歌,不亦甚乎!"庄子曰:"不然。是其始死也,我独何能无概然!察其始而本无生,非徒无生也而本无形,非徒无形也而本无气。杂乎芒芴之间,变而有气,气变而有形,形变而有生,今又变而之死,是相与为春秋冬夏四时行也。人且偃然寝于巨室,而我嗷嗷然随而哭之,自以为不通乎命,故止也。"(《庄子·至乐》)

在此,庄子并没有像世俗之人那样因妻子的死亡而号啕大哭,既不伤心,也不做作,而是"箕踞鼓盆而歌",即两腿伸直岔开坐着敲打瓦缶而歌唱。庄子的做法显得态度傲慢、冷淡,不合乎人之常情和世俗礼仪。但庄子不同寻常的做法,不过是不拘礼节,这种态度实际上取决于他超乎寻常的生死观。庄子深究人的生死问题,将人的生与死看成了宇宙间气的变化,甚至认为阴阳二气本身也是无的。所谓"芒芴",用以描述无法辨认、不可捉摸、浑然一团的元气状态。在他看来,"芒芴之间"的变化生成了气,气进而生成有形之物,才有了生的问题和死的问题,而这一切无不与自然界里的春夏秋冬四时变化一样。因此,庄子相信,人实际上就仿佛休息在一个巨大的房屋里,自己如果号啕大哭,不过是"不通乎命"的表现。在此,"通乎命"就是认识到人的生死本质上就是"命"的问题,而"命"归根结底就是像自然界春夏秋冬四时变化的内在规律的东西,因此,人的命就是人的生命存在或生老病死的规律而已。庄子的上述故事为庄子后学所记载,未必真确,但其所反映的精神本质上是符合庄子的思想和性情的。庄子曾说:

> 夫大块载我以形,劳我以生,佚我以老,息我以死。故善吾生者,乃所以善吾死也。(《庄子·大宗师》)

即在庄子看来,人的生老病死本质上就是一个自然而然的过程。所谓"通乎命"就是充分地认识人的生老病死的规律,以最超然的态度对待生死。

> 人生天地之间,若白驹之过郤,忽然而已。注然勃然,莫不出焉;油然漻然,莫不入焉。已化而生,又化而死……乃大归乎!(《庄子·知北游》)

这就是说,生死本身是天地之间气运动、变化的结果,人随着气的运化而死,最终又复归于太虚。从更超越的境界来看,生死为气之聚散,生死相依,如果换一个视角,生即死,死即生,因此,庄子甚至强调:"生也死之徒,死也生之始,孰知其纪!人之生,气之聚也;聚则为生,散则为死。若死生为徒,吾又何患!"(《庄子·知北游》)不再对生死有所忧患,就超然成为真人。

> 古之真人,不知说生,不知恶死;其出不诉,其入不距;翛然而往,翛然而来而已矣。(《庄子·大宗师》)

在此,"翛(xiāo)然",即神态自然超脱的样子。庄子又强调:"今一以天地为大炉,以造化为大冶,恶乎往而不可哉!"(《庄子·大宗师》)就是说,把天地当作大熔炉,把造化看作大铁匠,人无论到哪里都可以,是无所谓的。总之,庄子(包括其后学)彻底地参悟了生死问题,将生死看成气运化的结果,认为这一切是与春夏秋冬四时演化更替一样的自然现象,是整个宇宙元气演化的必然规律,而只有超越生死,达到真人的境界,才能不再对生死有任何的忧患、好恶与烦恼。庄子从气化论对生死的阐释对后世影响深远,基本上塑造了中国人特有的生死观。

东汉时期,在反驳鬼神思想的斗争中,王充进一步深化和发展了前人在人的生死问题上的气化论思想。如前所述,王充是从气化论来阐释鬼神问题的,但他对鬼神问题的思考实质上也揭示了人的生死问题,阐明了气化论意义上的生命观。

> 人之所以生者,精气也,死而精气灭。能为精气者,血脉也。人死血脉竭,竭而精气灭,灭而形体朽,朽而成灰土,何用为鬼?人无耳目则无所知,故聋盲之人比于草木。夫精气去人,岂徒与无耳目同哉?朽则消亡,荒忽不见,故谓之鬼神。人见鬼神之形,故非死人之精也。何则?鬼神,荒忽不见之名也。人死,精神升天,骸骨归土,故谓之鬼。鬼者,归也;神者,荒忽无形者也。(《论衡·论死》)

对此,楼宇烈解释说:"生必然有死,生是因为气聚,死是因为气散,气散了以后浊气下降,清气上升,我们的肉体就死掉了,然后就埋了,腐烂了。而我们的魂呢?魂就是精神,其实是一种清气,它上升了,在空中散掉,也就没有了。中国人对于生死就是这样一种观念,没有个体在生死中轮回的说法。"①何承天亦强调：

> 人非天地不生，天地非人不灵……至于生必有死，形毙神
> 散，犹春荣秋落，四时代换，奚有于更受形哉？（《达性论》）

在此，"奚有于更受形哉"就是说哪有来生再投胎的事呢？因此，中国人实际上形成了气化论意义上的生死观，并没有将生死神秘化，而是认为生必有死，死归灰土，归根结底都是气的聚散、运化而已，一切都是纯粹的自然现象，遵循着自然规律、自然之道或命。这种生死观既否定了生死轮回，也否定了超自然的鬼神，使人更加重视和珍惜现实的生活，注重对现实生命过程的感受和体验，引导人活在当下。因此，正如吴国盛所概括的："无论如何，由儒道两家共同铸造的中国文化主体，对待死亡的态度十分平静，或者语焉不详，或者视死如归。对死的淡漠，使古代中国人不信宗教，不信彼岸的真理，缺乏热情似火的宗教精神。相反，肯定此生，重视现实的生活，对世界充满乐观态度，是真正的中国精神。"②

中国古代气化论的生死观使人更坦然、超脱地面对生死、看待生死。客观而言，人生而必有死，这是生命有机体演变的客观规律，是在中国人看来不可违背的"自然之道"或"命"。但是，任何活着的人并不能直接地看到未来，不可能清楚地预知和观察自己的死亡。墨子强调"以往知来"（《墨子·非攻中》），即人们完全可以根据以往的认识来预知未来。

---

① 楼宇烈：《中国的品格》，南海出版公司 2011 年版，第 156 页。
② 吴国盛：《时间的观念》，北京大学出版社 2006 年版，第 42 页。

> 　　审知生，圣人之要也；审知死，圣人之极也。知生也者，不
> 以害生，养生之谓也；知死也者，不以害死，安死之谓也。此二
> 者，圣人之所独决也。凡生于天地之间，其必有死，所不免也。
> （《吕氏春秋·节丧》）

在此，《吕氏春秋》作者将对生死本质的认识和把握提高到圣人的要务
高度上，并强调真正审知或洞察生死本质的最终目的在于养生和安死，
而不是害生、害死。也就是说，只有像圣人那样洞察生死的本质，才能
顺其自然地活着，并顺其自然地死去，不做任何违背自然的害生、害死
的事。既一切顺从自然，不害生不害死，又自觉努力养生、安死，是彻底
地认识和遵循自然规律的表现。

> 　　不识天下之以我备其物与？且惟无我而物无不备者乎？
> 然则我亦物也，物亦物也，物之与物也，有何以相物也？虽然，
> 其生我也，将以何益？其杀我也，将以何损？夫造化者既以我
> 为坯矣，将无所违之矣。吾安知夫刺灸而欲生者之非或（惑）
> 也？又安知夫绞经而求死者之非福也？或者生乃徭役也，而
> 死乃休息也。天下茫茫，孰知（之哉）？其生我也，不强求已；
> 其杀我也，不强求止。欲生而不事，憎死而不辞。贱之而弗
> 憎，贵之而弗喜，随其天资而安之不极。吾生也有七尺之形，
> 吾死也有一棺之土。吾[生]之比于有形之类，犹吾死之沦于
> 无形之中也。然则吾生也物不以益众，吾死也土不以加厚，吾
> 又安知所喜憎利害其间者乎？（《淮南子·精神训》）

在此，《精神训》的作者从宇宙演化的高度进一步将人与物加以等同，认

为"我亦物""物亦物",宇宙生我、杀我,本身都无所损益,因此,"造化者""生我""不强求已",而"杀我"亦"不强求止",不必有所喜憎,因为喜憎利害都不知有什么意义。

然而,对于中国人来说,彻底地认识和遵循自然规律,特别是认识和完成自我,就在于"尽性"。所谓"尽性",就是人彻底将自身作为生命有机体所蕴含的所有可能性或潜力、潜能充分地发挥出来,因此既不害生也不害死,而是养生、安死。

> 尽性,然后知生无所得,则死无所丧。(《正蒙·诚明》)

可以说,也只有彻底地"尽性",才可能充分地认识到"生无所得"而"死无所丧",即真正达到"养生"和"安死"的效果或境界。王夫之说:"盖其生也异于禽兽之生,则其死也异于禽兽之死,全健顺太和之理以还造化,存顺而没亦宁。"(《张子正蒙注·卷一·太和》)在这里,王夫之将人的生死区别于禽兽,因为在他看来,人实际上遵循了"全健顺太和之理"而参与天地造化,彻底达到了"顺存"而"没宁"的效果。所谓"顺存",就是活得自然顺畅,而所谓"没宁",就是死得其所,悄无声息地安死。

当然,人的生死绝非个人的事,还客观地存在着复杂的社会因素,本身是一种社会现象或社会伦理道德事件,具有深远的社会影响和文化意义。如前所述,当子路问鬼神之事时,孔子不仅强调"未知生,焉知死"这一认识论问题,还特别强调"未能事人,焉能事鬼"的伦理道德问题。也就是说,孔子实际上更强调人的现实生活,强调人要履行伦理道德职责,他对生死问题的思考蕴含着强烈的伦理道德考量。孔子的这一思想宗旨影响深远。刘向《说苑》记载说:

　　子贡问孔子:"死人有知无知也?"孔子曰:"吾欲言死者有
知也,恐孝子顺孙妨生以送死也;欲言无知,恐不孝子孙弃不
葬也。赐,欲知死人有知,将无知也? 死徐自知之,犹未晚
也!"(《说苑·辨物》)

　　吴国盛指出:"从这些言论可以看出,孔子对待死的问题采取回避
的态度,认为要紧的是生的问题,死的问题可以存而不论。"①实际上,上
述《说苑》记载的故事,说明孔子不仅重视生而对死采取回避的态度,还
考虑了武断地承认死人是否有知对子孙孝敬父母或老人的客观影响,
即可能导致"妨生以送死"或"弃而不葬"现象的发生。显然,"妨生以送
死",即危害应有的生命而干脆早早送死,"弃而不葬",即把父母或老人
干脆抛尸荒野不予埋葬,都是违背儒家孝道的做法。孔子对生死问题
的伦理道德考量,不是一个科学认知的问题,所体现的是伦理道德上的
实用理性。
　　因此,中国人强调对待生死,特别是父母或老人的死亡,必须符合
孝道或礼义规范。李贽说:

　　生之必有死也,犹昼之必有夜也。死之不可复生,犹逝之
不可复返也。人莫不欲生,然卒不能使之久生;人莫不伤逝,
然卒不能止之使勿逝。既不能使之久生,则生可以不欲矣。
既不能使之勿逝,则逝可以无伤矣。故吾直谓死不必伤,唯有
生乃可伤耳。勿伤逝,愿伤生也!(《焚书·伤逝》)

---

① 　吴国盛:《时间的观念》,北京大学出版社 2006 年版,第 41—42 页。

李贽在此阐明了生死纯粹是一种自然现象,死不能复生,虽然人从主观愿望上渴望生但并不能阻止死,人更应该坦然地保重生命。王夫之指出:

> 哀戚哭踊,所以留阴阳之生,靳其离而惜其合,则人所以绍天地之生理而依依不舍于其常者也。然而以之为哀而不以之为患,何也?哀者必真,而患者必妄也。且天地之生也,则人以为贵。草木任生而恤其死,禽兽患死而不知哀死,人知哀死而不必患死。哀以延天地之生,患以废天地之化。故哀与患,人禽之大别也。(《周易外传·无妄》)

因此,在中国人看来,对于死亡,人实际上区别于禽兽,对于逝去的父母或亲人哀戚痛哭,是人之常情,符合孝道和礼义规范。当然,如上所述,能不拘礼义而超然对待死亡,像庄子那样,是对死亡认识的更高境界,一般人很难有这样的认识高度和超然态度。

总之,中国人是活在当下的人,更坚信生死本身都是宇宙演化的结果和表现,而气化论的宇宙观更相信生死不过是气的聚与散,因此没有形成生死轮回的观念,并不相信彼岸世界,缺乏热情似火的宗教精神。

# 三、不朽于族类历史

追求实现人生价值的不朽和永恒是具有自觉意识的人的最崇高愿望,中国人在历史中追求不朽和永恒,客观上将族类历史上升到了精神信仰的高度。对于每一位中国人来说,实际上只有当他真正地将自己的生命存在升华、融入中华民族乃至全人类发展和延续的高度,进而当他的生命价值和意义得到不断阐释从而构成了后人继续构建、开拓和延续精神世界的必要素材时,他才能使自己的生命获得彻底意义上的不朽与永恒。五千多年的中华民族历史是每个中国人安身立命的根基,而其未来发展,寄托着每个人的荣誉和梦想,赋予每个人成就其生命价值和意义的可能。中国文化中有很多优秀传统,其中,"以史为鉴"对中华民族精神和道德人格的形成具有极为重要的意义。

五千多年的中华文明史记载着中华民族祖先们的艰辛创造和伟大功绩,铸就了中华民族特有的精神世界和精神支柱,延续着中华民族的文化血脉和精神传统,给后人解读历史提供了丰富的资源和空间。陈来指出:"中国自古以来就有注重历史的传统,很早以来历史的记述从未中断,而且受到珍视。历史的记述起着承载民族历史记忆,建构民族文化认同的重要作用。"[1]殷商之前,由于缺乏考古证据和文字记载,无法准确地领悟早期中华民族祖先们创造民族历史和文化的具体过程。殷商时代,中华民族严格说来还没有形成以历史意识为主导的精神传统。李泽厚强调:"新石器时代考古发现,中国文化无可争辩的重大原始现象之一,是祖先崇拜。真可说源远流长,材料极多。其他文化也多有祖先崇拜,中国的特征在于:1. 从远古到殷周,祖先崇拜与上帝崇拜的合一性或一致性。……2. 更为重要的是,这种'相连'、'相关'和'一体',在远古有其非常具体、实在的实现途径,这就是'巫'(Shaman)。"[2]在他看来,殷周在以血缘宗法家庭为纽带的氏族体制内,形成了"巫君

---

① 陈来:《儒家文化与民族复兴》,中华书局 2020 年版,第 106 页。

② 李泽厚:《历史本体论·己卯五说(增订本)》,生活·读书·新知三联书店 2006 年版,第 157—159 页。

合一"（政教合一）与"祖先-天神崇拜合一"（神人合一）的传统，而尽管在漫长的历史演变中存在着王权日益压倒、取代神权的趋势，但"巫君合一"和"祖先-天神崇拜合一"的一致与结合却始终未曾解体。由此，他总结说："从远古时代的大巫师到尧、舜、禹、汤、文、武、周公，所有这些著名的远古和上古政治大人物，还包括伊尹、巫咸、伯益等人在内，都是集政治统治权（王权）与精神统治权（神权）于一身的大巫。"[1]基于这种认识，对比中西，李泽厚强调，西方由"巫"脱魅走向科学和宗教，而中国由"巫"而"史"直接过渡到"礼"和"仁"，从而形成了不同的思想文化传统。"由巫而史"的转变，具有关键性意义，而周朝取代殷商，就经历了这种转变，由此逐渐形成和确立了中国人特有的以历史意识为主导的精神文化传统。

历史意识的形成与成熟使历史获得了对中国人的生命存在和精神世界的解释权。对历史的解释构成了中国人特有的文化传统。在哲学存在论意义上，赵汀阳区别了"是"与"存在"以及"作"与"述"的关系，指出："以人类之事而论，'是'（being）在'作'（making）中才得以成为存在（existence），而'作'在'述'中得以继续存在。"[2]由此他强调："在历史取得了对存在的解释权以来，中国关于存在的反思形式就是历史性的，存在（being）被理解为变在（becoming）。……中国的精神世界以历史为刻度，一切存在的意义都在历史性中展开，所谓'六经皆史'便是此意。"[3]中国人在诠释历史中阐明一切事物或存在的意义，历史是一切事

---

[1]　李泽厚：《历史本体论·己卯五说（增订本）》，生活·读书·新知三联书店 2006年版，第 160 页。

[2]　赵汀阳：《惠此中国：作为一个神性概念的中国》，中信出版社 2016 年版，第 162 页。

[3]　赵汀阳：《天下的当代性》，中信出版社 2015 年版，第 108—109 页。

物获得意义的根源,它使一切事物构成意义链条,使时间获得意义,变成历史的刻度。赵汀阳强调:"历史是时间之灵,如果没有历史,时间就只是流逝,有了历史,时间就变成一切价值的证书。"[①]实际上,中国人历史意识的觉醒和强化,使历史成为延续中华文明的重要方式。针对司马迁在《史记》中说孔子"作春秋",赵汀阳强调:"我愿意将其理解为:孔子'作'春秋,确定了历史意识和史学在中国精神世界中至上不移的地位,几将历史化为信仰。由此,中国以历史为精神依据,以历史去解释生活的理由和意义,史书成为中国的圣'经',故曰'六经皆史'。"[②]中华民族是重历史的民族,历代王朝都注重编纂前朝历史,总结得失,以史为鉴。因此,只有深刻地理解历史在中华民族精神世界里的地位和价值,才能深刻地领悟中华传统文化的核心密码。

历史意识是贯穿古今的意识,它使人立足当下而将目光投向历史的深渊,进而从历史的深渊审视和联系自己当下的生存状况,去思考和开启未来。正是历史意识使中国人早早地形成了"以史为鉴"的思想原则。早在《诗经》之中,中国人就已形成这种历史意识:

殷鉴不远,在夏后之世。(《诗经·大雅·荡》)

这是说,夏桀亡国的史实并不遥远,殷商子孙应引为借鉴。在此方面最具有代表性的是唐太宗的比喻:

---

① 赵汀阳:《历史·山水·渔樵》,生活·读书·新知三联书店 2019 年版,第 29 页。
② 赵汀阳:《惠此中国:作为一个神性概念的中国》,中信出版社 2016 年版,第 164 页。

以铜为鉴,可正衣冠;以古为鉴,可知兴替。(《新唐书·魏征传》)

相比《诗经》,唐太宗明确提出了具有方法论意义的"以古为鉴",而"以古为鉴"本质上就是"以史为鉴",即历史成为人们评判一切得失、成败的重要参考。众所周知,贾谊在著名的《过秦论》中曾说:

鄙谚曰:"前事之不忘,后之师也。"是以君子为国,观之上古,验之当世,参之人事,察盛衰之理,审权势之宜,去就有序,变化因时,故旷日长久,而社稷安矣。

"前事不忘,后事之师",是中国人家喻户晓的成语,深刻地反映着人们"以史为鉴"的历史意识和方法论。楼宇烈指出:"中国历代的统治者,当政局稍微稳定以后,一定会修订礼乐,另外也一定会修前朝的历史。为什么?是为了总结前朝兴亡成败的经验教训,这就是以史为鉴。这是中国的一大特色,中国的历史学在世界上来讲也是最发达的。"[1]

因此,每个中国人既重视历史经验的积累,又注重从历史文化传承中寻找自己生命的定位、价值和意义。赵汀阳指出:"如果是过去所做的事情,那么历史的主体是人;如果是所说的过去事情,历史的主体是语言——被说的历史已经转化为一个文明甚至人类共享的精神世界,不再属于个人行为或记忆。"[2]毫无疑问,对于新统治者来说,积极地借

---

[1]　楼宇烈:《中国的品格》,南海出版公司 2011 年版,第 111 页。
[2]　赵汀阳:《历史·山水·渔樵》,生活·读书·新知三联书店 2019 年版,第 31—32 页。

鉴历史上治乱兴替的经验与教训,是他们能够做好自己的统治事业,达到治国安邦目的的明智选择。当然,伴随着历史意识的普遍形成,"以史为鉴"亦是每个普通人掌握自己的生命活动以实现最高人生理想的重要做法。林语堂强调:"引证史实常能解决争论,这是出于民族特性。因为中国人之思考是具体的类比的,此观念多少能把当前的情形纳入一般人民所能全体了解的范型。"①对此,林语堂还基于文化的性质阐明了历史意识或"以史为鉴"思想在中国普通人日常文化生活中的表现。他指出:"文化也者,盖为闲暇之产物,而中国人固富有闲暇,富有三千年长期之闲暇以发展其文化。在此长长三千年中,他们固饶有闲暇时间以清坐而喝香茗,悄然冷眼的观察人生;茶坊雅座,便是纵谈天地古今之所,捧着一把茶壶,他们把人生煎熬到最本质的精髓,他们还有许多闲暇时间来谈论列祖列宗,深思熟虑前代俊彦之功业,批评他们的文艺体裁和生活风度之变迁,参照历史上之因果,藉期理解当代人生的意义。由于这样的闲谈熟虑,历史的意义乃始见伟大,它被称为人生之'镜台',它反映出人类生活的经验,俾资现代人民之借鉴,它好像汇萃的川河,不可阻遏,不尽长流。"②中国历史著作最发达,中华民族的文化传承最久远,与中国人善于在历史文化传承中寻找自己、定位自己密不可分。邵雍说:

> 夫古今者,在天地之间犹旦暮也。以今观今则谓之今矣,以后观今则今亦谓之古矣,以今观古则谓之古矣,以古自观则古亦谓之今矣。是知古亦未必为古,今亦未必为今,皆自我而

---

① 林语堂:《中国人的智慧》,陕西师范大学出版社 2007 年版,第 46 页。
② 林语堂:《中国人的智慧》,陕西师范大学出版社 2007 年版,第 86 页。

观之也。安知千古之前，万古之后，其人不自我而观之也。
（《皇极经世·观物篇之五十五》）

因此，每一代人都有自己立足于其时代的古今，也都立足在其时代评判历史上的人物，都在根据历史来审视和评判自己当下的行动，思忖着自己未来流传于后世的名声。孔子曾说："君子疾没世而名不称焉。"（《论语·卫灵公》）这就是说，君子应当成就自己的名声，而不能到死还没有被世人称颂，没有做到这一点就要引以为耻。孔子谈到齐景公时对比了伯表、叔齐：

> 齐景公有马千驷，死之日，民无德而称焉。伯夷、叔齐饿
> 于首阳之下，民到于今称之。（《论语·季氏》）

在孔子看来，齐景公虽然在活着的时候拥有良马千匹，但由于并没有留下什么功绩和美德，因而死的时候就没有人称颂他，伯夷、叔齐虽然饿死在首阳山下，却留存了美名。孔子的弟子曾子说：

> 士不可以不弘毅，任重而道远。仁以为己任，不亦重乎？
> 死而后已，不亦远乎？（《论语·泰伯》）

即在曾子看来，只有士或君子能够自觉地追求仁德，纵使死了也能够将美名传承千秋万代。陆贾甚至刻画了这种善于反思历史从而成就自己的高人形象。

> 善言古者合之于今，能述远者考之于近。故说事者上陈

五帝之功,而思之于身,下列桀、纣之败,而戒之于己,则德可以配日月,行可以合神灵,登高及远,达幽洞冥,听之无声,视之无形,世人莫睹其兆,莫知其情,……而不见其人。(《新语·术事》)

反思开启了历史,使发生在时间里的事件和人物变成了历史性的事和人,从而在历史中生成价值和意义。事实上,中国人正像孔子一样在不断评判历史人物的过程中反思和审视自己的生命价值和意义。吴国盛指出:"发思古之幽情,是中国文人一个永恒的情结,在其背后有一个令人敬畏而又负载着价值和意义体系的时间实体存在。"[①]因此,中国人正是通过这种"发思古之幽情",通过"以史为鉴"而将自己的生命存在融入历史长河之中,使历史文化价值和意义得以不断地传承和发展,从而创造了中华民族独特的历史文化传统、精神谱系和精神世界。

中国人代代延续不断的历史文化和精神谱系,塑造了中华民族独特的、超越个体的族类生命观念。尽管每个民族都是由无数身为个体的人组成的,每个人的肉体生命只能由自己拥有,中国人却超越肉体生命的狭隘意义培育出了社会历史文化意义上的文化生命。楼宇烈指出:"中国人的生命观念不是个体的生命观念,而是一个族类的生命观念。"[②]族类生命并不是单个人肉体生命的总和,它以族类为主体,以族类的整体存在为前提,尽管族类中无数个体经历着各自生命的毁灭,但只要还有一个人活着,族类就依然存在。就中华民族这种族类生命观念之所以特殊,楼宇烈指出:"中国传统的生命观是一个完整的体系。

---

① 吴国盛:《时间的观念》,北京大学出版社 2006 年版,第 43 页。
② 楼宇烈:《中国的品格》,南海出版公司 2011 年版,第 71 页。

从小家到大家，从小家庭到大家族，从大家族到家乡，再从家乡到国家都是一个整体。"①每个个体的肉体生命都会随着肉体的衰亡而终结，归根结底每个人都会死掉，都会从世上彻底消亡，但每个个体的生命通过子女得到延续，而整个族类的生命通过无数个体生命的存在而得以存在，通过无数个体生命的延续而得到延续。这种不间断延续着的族类生命构成了族类发展的历史。

中国人非常重视族类生命的延续，尤其重视作为个体的自我生命在族类生命延续中的贡献、地位和意义。塑造中国人族类生命历史的文化典籍《春秋》，据传是孔子所"作"、所删订，并对每一个字都进行了推敲，使每一个字都准确地表达一种价值判断，表明对历史事件和人物的评判和态度。

> 孔子成《春秋》而乱臣贼子惧。(《孟子·滕文公下》)

周敦颐指出：

> 《春秋》，正王道，明大法也，孔子为后世王者而修也。乱臣贼子诛死者于前，所以惧生者于后也。(《通书·孔子上第三十八》)

孔子这种蕴含着价值评判的述说历史方式被后人称为"春秋笔法"。楼宇烈指出："春秋笔法的特点就是不避讳历史上的事件，该怎么样就怎

---

① 　楼宇烈：《中国文化的根本精神》，中华书局 2018 年版，第 15—16 页。

么样,该肯定的就肯定,该批评的就批评。"①因此,对于乱臣贼子畏惧"春秋笔法"的原因,他解释道:"因为春秋笔法就是给他们在历史上定了位,从这个意义上说,《春秋》这部经实际上是给人一种价值观的判断,告诉人们该怎样来评判历史事件和历史人物,强调一种公正而不妥协的态度。"②如果说"春秋笔法"鲜明地表达了历史学家评判历史事件、历史人物时那种公正而不妥协的态度,那么,中国人还从《春秋》的价值评判中延伸出一种"春秋断狱"。"汉代人在断狱的时候,都要参考《春秋》里记载的类似事件,看它在《春秋》里面是怎样被解决的,怎样被判断的,然后再按照这个来判断。"③事实上,参考《春秋》里的典型案例对当下的事件或人物做出价值判断的这种"春秋断狱"方法,并不只是汉代官吏遵循的惯例,中国人迄今依然沿用。而很多人正是通过与历史事件或历史人物的比较,一次又一次地重新返回民族历史已经确立起来的公共精神价值坐标体系,来定位自己的存在,来衡量自己的价值,来塑造自己的形象,进而为整个中华民族的精神世界增添更多的价值和魅力。

特别是,中华民族具有重气节、刚正不阿的高贵品质,并在英勇抗击强权、邪恶势力以及外来侵略的斗争中鲜明地表现出来。每个真正具有这种高贵品质的人都自觉将自己的生命融合到整个中华民族的精神文化历史谱系之中,在那里找到自己的志同道合者。在谈到中国儒家创始人孔子确立了以道德教育代替宗教的传统后,张岱年指出:"在这个优良传统的影响之下,在士大夫和劳动人民之中,又形成了一个重

① 楼宇烈:《中国的品格》,南海出版公司 2011 年版,第 74 页。
② 楼宇烈:《中国的品格》,南海出版公司 2011 年版,第 74 页。
③ 楼宇烈:《中国的品格》,南海出版公司 2011 年版,第 74 页。

视气节、操守的传统,敢于和不良势力进行坚决斗争,决不屈服于祸国殃民的恶劣势力,坚持抵抗外来的侵略,排斥一切奴颜婢膝的可耻行为。"[1]重气节本质上就是对自己的人格和整个民族的集体人格的尊重。因高度重气节而成为历史典范的文天祥曾说:

> 时穷节乃见,一一垂丹青。(《吟啸集·正气歌》)

事实上,中国历代不乏忧国忧民的仁人志士在反压迫、反奴役、反侵略的斗争中,不畏险阻、敢于牺牲,以可歌可泣的英雄事迹,树立了崇高卓越的民族典范。这些人无论何时被后人谈起,都会令人肃然起敬、无限仰慕。而无数后人在身处自己时代的困境和危险之中时,总是自觉地将自己与各个历史时代身处相同境遇的人物联系起来,从而判定自己当下的选择。这诚如京房所说:"后之视今,犹今之视前也。"(《汉书·京房传》)族类的历史通过一代代的人延续着,每代人都沿用着前人观察和评判历史人物、历史事件的观念和方法,延续着整个族类共同的精神传统和价值观念。南朝荀悦说:

> 得失一朝,而荣辱千载。善人劝焉,淫人惧焉。(《后汉书·荀淑传附荀悦传》)

因此,每个人都在家族或族类的历史传承脉络里理解和定位自己的存在,获得和形成相应的自我认知,寻找自己生命的价值和意义。

自觉地将自身的生命定位到中华民族生命的传承之中,定位到民

---

[1]　张岱年:《文化与哲学》,中国人民大学出版社2009年版,第276页。

族文化的生命之中，就是试图超越肉体生命的生死矛盾而实现生命价值的不朽和永恒。这是高度自觉的中国人最看重的事情。

> 身与草木俱朽，声与日月并彰，行与孔子比穷，文与扬雄为双，吾荣之。身通而知困，官大而德细，于彼为荣，于我为累。偶合容说，身尊体佚，百载之后，与物俱殁，名不流于一嗣，文不遗于一札，官虽倾仓，文德不丰，非吾所臧。……体列于一世，名传于千载，乃吾所谓异也。（《论衡·自纪》）

在王充看来，人的肉体终究与草木一样会腐朽，而名声却能够像日月一样光明。与历史上的孔子、扬雄为伍，是值得引以为荣的，而如果德才不行，纵使像世俗之人追求高官厚禄，百载之后依然与物俱毁，因此不如加强自己的知识和德才，最终使自己"体列于一世，名传于千载"。归根结底，王充是站在历史发展的高度来看待自己当下的追求和行为的，他能够预期自己在族类历史中应有的地位、声誉和价值。事实上，王充也实现了自己的目的，彻底超越了自己肉体生命的限制，获得了社会历史文化意义上的文化生命，从而实现了自身生命价值的不朽与永恒。然而，并非任何人都像王充这样有高度的自觉意识，普通人究竟如何超越生死矛盾而实现生命价值的不朽呢？吴国盛指出："对普通老百姓而言，自觉繁衍后代，让子子孙孙绵延下去，是'历史'意识的高度体现，所谓'不孝有三，无后为大'，便充分表现了普通人的这种历史使命感。个体生命的有限和易逝，将通过传宗接代的方式得以超越，达到永恒。"[1]关于死与不朽的问题，《左传》记载的春秋时期叔孙豹所谓的"三不朽"

---

① 吴国盛：《时间的观念》，北京大学出版社 2006 年版，第 42 页。

最为著名。晋国大臣范宣子家族祖祖辈辈为官受禄，自认为就是死而不朽，叔孙豹却不以为然。

> 以豹所闻，此之谓世禄，非不朽也。鲁有先大夫曰臧文仲，既没，其言立，其是之谓乎！豹闻之，大上有立德，其次有立功，其次有立言，虽久不废，此之谓不朽。若夫保姓受氏，以守宗祊，世不绝祀，无国无之。禄之大者，不可谓不朽。（《左传·襄公二十四年》）

显然，范宣子家族祖祖辈辈为官受禄，不仅意味着家族血脉得到传承，而且享受到很高的社会待遇，从某种意义上说，这是其家族的不朽。然而这种仅仅对家族有意义的不朽，价值有限，叔孙豹所推崇的"立德""立功""立言"却对整个族类或人类的历史发展和文明进步具有价值和意义，是真正的不朽。如果说家族的传承靠血脉，那么，族类或人类的传承却不仅仅靠生物学意义上的血脉，更靠人类创造的社会文明，"立德""立功""立言"恰恰能够融入族类或人类的文化血脉之中。事实上，在人类文明的创新和发展过程中，以自己有限的生命和渺小的肉体确立新的道德模范，创立新的丰功伟绩，创造新的思想观念，为后人所传承和弘扬，其所产生的价值和意义，就远远突破了家族发展的有限范围。对中国人来说，钱穆强调："人不是在此世界中一死就完了。此世界有过去、有未来，但仍是一体而相通。人死而为神，则是直通此世界之去、来、今三世，而有其长久之存在。纵使人死不能成神，但我有父母，则我之生便与前代相通；我有子女，则我之死又与后代相通。世界各民族所创建之宗教，都信人死则到另一世界去。中国人观念中这一个'自然界'，与人类所创立之'人文界'，交凝相通，合而为一。故在我们的人文界中乃到处有神。抗战期间,我到成都灌县看二王庙,那是秦代治水有功的。治水是件大事,有大功德,二王庙便是封那治水有功的为神。甚至如唱京戏,也崇奉一神,五代时的梁庄宗便是他们的神。做木匠的也有一神,战国时的公输般便是他们的神。"①中国文化中的这种人文意义上的"神",显然与西方宗教中的神有别,实质是因在某个领域做出了巨大的贡献而在社会历史文化意义上实现了生命的不朽与永恒的人。

中国人实际上非常看重自己在整个族类或人类的历史发展和文明进步中的价值和意义,因此追求彻底突破生死矛盾而实现生命价值的不朽和永恒。刘向曾说:

> 士、君子之有勇而果于行者,不以立节行义,而以妄死非名,岂不痛哉?士有杀身以成仁,触害以立义,倚于节理,而不议死地,故能身死名流于来世,非有勇断,孰能行之?(《说苑·立节》)

正是因为对真正"死而不朽"认识的深化,中国人勇敢地将自己的不朽寄托于族类的历史之中。文天祥的著名诗句"自古英雄谁无死,留取丹心照汗青"(《过零丁洋》),就典型地表现了中国人对生死本质和不朽价值的认识。像文天祥那样不肯向敌人或邪恶势力投降的中国人数不胜数,而中国的文人、诗人们更是创作了无数歌颂这种生死价值观的优秀作品。吴国盛指出:"作为一个中国诗人,睹物思古,感从中来,几乎是他们的共同性格。无论他们感悟到了什么,存在的历史性总是他们潜意识中一个根深蒂固的信念。个体的忧伤最终融汇入历史总体之中,

---

① 钱穆:《中华文化十二讲》,九州出版社 2011 年版,第 104—105 页。

化成整个民族文化心理结构的一部分。"①因此,真正具有高尚人格和精神诉求的中国人,从来不害怕死亡,而是能够勇敢地面对死亡;他们也没有将自己的幸福寄托于来世,幻想着进入理想的天国,而是更期望自己的生命价值在族类生命的传承和发展中获得不朽与永恒,最起码不受后人诟病、唾弃与臭骂,不被钉死在历史的耻辱柱上。

# 第二节　中国人的核心生命价值诉求

人一生究竟应该追求什么样的价值,应该达到什么样的目的,实际上是人的生命价值诉求问题。不同的人或民族,由于对人自身的起源、生命本质的认识和理解存在着根本性的分歧,其生命价值诉求势必存在着极大的差异。中华民族在自己的神话故事里,想象人是女娲抟土而作,因而普遍相信自己来自泥土,最终又复归于泥土。这一点与《圣经》里上帝用土造亚当并没有实质的区别。但中华民族并没有相信自己来自天国,也没有企盼着回归天国;相反,如前所述,中国古人很早就形成了气化论的宇宙观,相信人的生死本质上源自气的聚散,人的肉体如同草木一样会腐朽,因而更坚信自己死后必然复归于土,回归大自然。特别是,在中国传统文化的形成中,由于道家更多地关注人与自然之间的关系,而儒家、法家等学派更注重社会人事,因此,中华民族从总体上并不热衷于追求彼岸虚幻的天国世界,而是更倾向于在现实世界里实现安身立命,渴望在社会关系里做到修己安人,在政治生活中做到内圣外王,以最终达到天人合一的境界。

---

① 吴国盛:《时间的观念》,北京大学出版社 2006 年版,第 45—46 页。

# 一、安身立命

中国传统哲学本质上是一种生活哲学、生命哲学,对现实生活的热爱和对自身生命价值的追求成为这种哲学最基本的特征。注重和热爱现实生活,关注和思考现实生命价值,本质上直接在解决如何安身立命这一根本问题。侯才指出:"我国古代的哲学家们实际上是把哲学当作安身立命之学的。"[1]人作为生命有机体,肉体生命的存在是全部生命活动的前提。中国人热爱生命,更珍惜生命,形成了养生、贵生的思想,活着是其最现实的生存诉求。

肉体生命的存在是人作为生命有机体在现实世界里得以生活、生存和发展的客观前提,是与周围世界、万事万物、所有其他人发生关系或打交道的重要基础。

> 其人存,则其政举;其人亡,则其政息。人道敏政,地道敏树。夫政也者,蒲卢也。故为政在人,取人以身,修身以道,修道以仁。(《中庸·第二十章》)

显然,"人亡政息"是最朴素的道理,没有人的存在,何谈家国问题? 而"取人以身",正说明人取决于身体的存在,只有先拥有身体,才能拥有可以统治和领导的人民。对于个人而言,身体的存在是实现个人成长和发展的前提。

---

[1]　侯才:《让哲学成为安身立命之学》,《光明日报》,2017 年 1 月 2 日。

龙蛇之蛰,以存身也。(《易传·系辞下》)

即蛇冬天潜藏是为了保全身体。身体的存在对人来说也具有极为重要的意义,中国人很早就形成了担心肉体生命可能遭受各种危险和伤害的深刻的忧患意识。

《易》之兴也,其于中古乎?作《易》者,其有忧患乎?(《易传·系辞下》)

《易传》作为中华传统文化的重要著作,其中蕴含的忧患意识构成了中国人最基本的文化心理。中国人的忧患意识蕴含着丰富的内容,然而最能够激发人忧患意识的正是人自身的生命存在。《易传·系辞下》记载:"子曰:'君子安其身而后动,易其心而后语,定其交而后求。君子修此三者,故全也。'"在此,"安身""易心""定交"是君子保全自己应当遵守的三条基本原则。正如郭沂指出的:"中国哲学始于忧患,从一开始就关注人生的价值和生命的意义,其出发点是人。"[1]这实质上就是中国人始终强调安身立命的思想渊源。人的生存和忧患意识构成了中国人思考一切问题的逻辑基点,而如何实现安身立命,进而追求美好幸福的人生就成为中国人最基本的思想主题。严格地说,由于中国传统文化中"身"这一概念根本上区别于西方单纯实体意义上的肉体,因而对中国人来说,安身立命本质上蕴含着多重意义。无论是"安身"还是"立命",都不能简单地局限于生物学意义来讨论,相反,必须着眼于社会历

---

[1] 郭沂:《从儒学发展路径看道统观的重新调整》,载陈来、刘爱军主编:《中华智慧的当代启示》,山东人民出版社 2019 年版,第 231 页。

史文化意义来看待。其中,既包含担心现实肉体生命遭受不测的忧患意识,又包含旨在超越危机和困境而不断增强生命力的保护意识;既包含在现实社会生活中不断巩固和壮大自身生命的意图,也包含超越现实肉体生存以赢得社会伦理道德生活中的独立存在,乃至获得更高的社会历史文化意义的文化生命的渴望。

对肉体生命的忧患意识,最终转化为更自觉的生命安全意识,如何维护和保障肉体生命的安全,是中国人考虑的首要的、基本的人生问题。

> 圣人深虑天下,莫贵于生。夫耳目鼻口,生之役也。耳虽欲声,目虽欲色,鼻虽欲芬香,口虽欲滋味,害于生则止。在四官者不欲,利于生者则弗为。(《吕氏春秋·贵生》)

这一最简单的道理深刻地体现于中国古代医学家的思想里。孙思邈强调:"安身之本,必资于食。"(《备急千金要方·食治·序论》)当然,这是医学家立足生物学意义上肉体生命养护而提出的安身原则。保持科学的饮食习惯和节律,实在是养身、安身的最基本原则。当然,中国人并没有将安身问题简单地局限于纯粹生物学意义上的保养与维护,而是将其延伸到社会伦理道德生活中,赋予其更多的伦理道德意蕴。儒家将对肉体生命的珍惜和爱护纳入孝道思考之中,使自己的身体与父母的身体紧密地联系起来。传说曾子记述孔子之言的《孝经》,比较详细地阐述了这一观念。其中,孔子告诫曾子说:

> 身体发肤,受之父母,不敢毁伤,孝之始也。(《孝经·开宗明义章》)

即自己身上的一切归根结底都是从父母那里得到的,必须以高度敬畏之心加以爱护,不敢使之受到任何损坏。《礼记·祭义》记载,曾子说:"身也者,父母之遗体也。"这就是说,身体发肤虽然存在于自己身上,但可以看成是父母遗留的肉体。《礼记》还记载了曾子弟子乐正子春的故事。乐正子春下堂崴伤了脚,数月不出,其弟子质疑何故,他则回答:

> 吾闻诸曾子,曾子闻诸夫子曰:"天之所生,地之所养,无人为大。"父母全而生之,子全而归之,可谓孝矣。不亏其体,不辱其身,可谓全矣。故君子顷步而弗敢忘孝也,今予忘孝之道,予是以有忧色也。壹举足而不敢忘父母,壹出言而不敢忘父母。壹举足而不敢忘父母,是故道而不径,舟而不游,不敢以先父母之遗体行殆。壹出言而不敢忘父母,是故恶言不出于口,忿言不反于身。不辱其身,不羞其亲,可谓孝矣。(《礼记·祭义》)

也就是说,全面地保全父母遗留的肉体,不使其受到伤害和侮辱,就是对父母的孝。客观而言,中国传统孝道将自己的身体视为父母遗留的肉体,并不完全科学,但体现着人们对身体的爱护和对生命的珍视。事实上,无论以何种观念最终保护了身体,都客观地为人的生命存在奠定了最坚实的现实基础,使人的所有生活、生存和发展获得了保障和可能。中国人将自己的身体视为父母生命在自身之上的延续,因而对身体持有高度的尊敬和敬畏心理。曾子说:

> 行父母之遗体,敢不敬乎?(《礼记·祭义》)

在他看来,无论是生活、事君、做官、交友还是作战,处处都能反映人是
否孝,因此他要求人始终要慎行其身,做到不给父母带来骂名。这种思
想对中国人影响深远。许衡指出:

> 序引孔子言"君子无不敬也,敬身为大"。身也者,亲之枝
> 也,敢不敬乎? 不能敬其身,是伤其亲;伤其亲,是伤其本;伤
> 其本,枝从而亡。圣人以此垂戒,则知凡为人者,不可一日离
> 乎敬也。况人之一身,实万事万物之所本,于此有差,则万事
> 万物亦从而差焉。岂可不敬乎! 敬身之目,其则有四:心术、
> 威仪、衣服、饮食。(《许文正公遗书·小学大义》)

在此,许衡将亲视为"本",将身视为亲之"枝",由此逻辑而得出伤其亲
就是伤其本,进而将身视为万事万物之本,而伤身等同于伤本,万事万
物亦出现问题。显然,这就已经将敬身提升到关联万事万物的形而上
层面。而就具体如何敬身,他提出了四个方面,即心术、威仪、衣服和饮
食,涉及思想、行为、衣着与饮食,由物质而精神,由内在而外在,由生活
而养生。许衡的这种观点,比较全面地反映了中国人对敬身的认识和
理解,实际上是对曾子以来所形成的敬身孝亲思想的深化。

中国人在心理情感上对身体的敬畏,现实地体现为不使身体受到
伤害,自觉地爱护和保护身体,守护身体。身体是生命的载体,对人来
说,如果身体受到伤害或毁灭而不复存在,个人所拥有的任何身外之
物,如财富、权力、地位乃至荣誉,都将失去意义。因此,中国人非常注
重对作为生命载体的身体的爱护和守护。

> 守,孰为大? 守身为大。不失其身而能事其亲者,吾闻之

矣；失其身而能事其亲者，吾未之闻也。……守身，守之本也。
（《孟子·离娄上》）

在此，孟子所谓"守身"或"失身"具有双重意义，既包含保护和守卫肉体，也包含在道德人格和声誉上对自身的保护和守卫。显然，只有保护好身体，才能使自己更好地立足现实社会，成为独立自主的人。

相比对肉体的守护，中国人历来更注重对自己独立人格的保护。对此有形象的比喻：

> 正人如松柏，特立不倚；邪人如藤萝，非附他物不能自起。
> （《朱子大全·行状·少师保信军节度使魏国公致仕赠太保张公行状上》引唐人李德裕语）
> 世衰道微，人欲横流，不是刚劲有脚跟底人，定立不住。
> （《朱子语类》卷九十三）

保持独立的人格，在社会上站稳脚跟，在世道衰微、社会混乱的时代尤其难能可贵。所谓"有脚跟底人"就是能够坚守自己的立场和原则的人。在世道衰微、人欲横流的时代，整个社会丧失了规则和秩序，在社会的激流和浊水之中，很多人往往丧失了自己的原则、信仰和追求，甘愿随波逐流，立不住自己的脚跟，迷失了自己。然而，正如柳宗元所告诫的："立身一败，万事瓦解。"（《寄许京兆孟容书》）当此之际，朱熹警示说：

> 人常须收敛个身心，使精神常在这里，似担百十斤担相似，须硬着筋骨担。（《朱子语类》卷十二）

事实上,中国历代都不乏这样的人物,正是他们的刚正不阿和凛然正气,感召着后人,塑造了中华民族特有的精神文化。此外,在中国传统文化中"身"具有多重意义,中国人还特别强调"洁身"和"美身"的重要意义。

中国人从外到内、从内到外全方位对身的重视,既体现了对生命的呵护和珍惜,也体现了对自身生命价值最大化的执着追求和努力实现。李泽厚强调:"所谓'命',我以为不应解释为'必然性'、'命定性',如许多传统的解说那样。恰恰相反,应释为偶然性,即每一个体要努力去了解和掌握专属自己的偶然性的生存和命运,从而建立自己,这就是'知命'和'立命'。这样才可能使自己在这个偶然存在、生存的人生道路和生活境遇中,去实现自己的超感性的实存;使自己这个感性生命不再是动物性的生存,同时也不是那种玄奥而实枯槁的道德理性,而是真正融理欲于一炉的情感本体:即在日常生活中,在道德义务中,以及在大自然中,在艺术中,所可把握、体认到的人生境界,也就是人生的价值、意义和归宿所在。"①显然,在此,李泽厚更看重每个人作为特殊的生命存在都应当"知命"和"立命",彻底地实现个体生命独有的自我价值和意义。楼宇烈指出:"儒家修养身心的目的,就是为了能够让人安身立命。所谓的安身立命就是,使人能够在社会上自由自在地生活,真正实现自我价值,达到孔子讲的'从心所欲,不逾矩'的境界。"②因此,安身的目的最终在于立命,而立命就在于实现自我价值。

尽管中国传统文化没有严格意义的宗教,但依然能够给人以终极关怀。无论是儒家还是道家,实际上都追求天人合一的天地境界,对这

---

① 　李泽厚:《论语今读》,天津社会科学院出版社 2007 年版,第 14—15 页。
② 　楼宇烈:《中国的品格》,南海出版公司 2011 年版,第 109 页。

种天地境界的体认和追求,对现实生活中的人们来说起着安身立命的作用,因为天地境界成了人们精神皈依之所在。

## 二、立己达人

　　中国人意识到只有将自己的生命融入社会群体或整个民族的生命之中才能实现自身生命的最高价值和最大意义。从根本上说,儒家文化构成了中国传统文化的主体,儒家所提供的价值观念实际支配着中国人的价值追求。在人与他人的关系问题上,孔子提出了一个根本性的原则:"夫仁者,己欲立而立人,己欲达而达人。"(《论语·雍也》)《说文解字》释"仁"为:"亲也。从人从二。"因此,"仁"本质上指"二人"之间的亲善、仁爱,所揭示的正是人与人之间最朴实的伦理关系。孔子强调不能将"立己"与"达人"割裂开来,而应当自觉地将两者紧密联系起来,不仅明确地强调了主观的态度和追求,而且隐含地强调了客观的结果和效果。通过修身养性确立自己、成就自己,进而确立他人、成就他人,全面地塑造和谐的人际关系,归根结底做到"立己"而"达人",是中国人继安身立命所思考的重心。"立己达人"的价值追求,旨在科学地规范和协调与他人、与社会的关系,旨在更好地实现自我价值与社会价值的统一。

　　中国人对生命的特殊理解,不仅蕴含着对肉体生命、自然生命①的

---

①　在此需要说明的是,狭义上的"肉体生命",指纯粹生命有机体意义上的生命,是整个人存在的必要基础和前提,其消亡或毁灭意味着人无法再作为一个现实的人而存在和生活。广义上的"自然生命"涵盖"肉体生命",但不等同于"肉体生命",而狭义上的"自然生命"指以生命有机体为基础处于自然而然状态的生命。

客观承认,而且蕴含着对德性生命或文化生命的执着追求。所谓"德性生命",就是因人参与社会生活,为他人、社会、国家、民族或人类做出贡献而历史地生成的文化生命。如前所述,肉体生命是整个人存在的必要基础和前提,中国人对生命的高度重视和尊重,首先体现在对肉体的珍视和保护上。在肉体生命终结之后,中国人强调人都活在族类或人类的历史文化传承之中,这种超越肉体生命而发展出来的生命,即为"德性生命"。实际上,中国人正是在生命存在的多重维度或境界上思考自己的问题,进而去规范和协调与周围其他人之间的关系,从而立己达人。

对中国人来说,一旦安身立命得到保障,立身、立己就成为在社会伦理道德生活中追求自我实现的根本任务。什么是立身呢?立身本质上不同于安身。安身重在身之安,即确保身体或性命的安全,立身则重在使身挺立起来,即站直身子、挺直腰板。但站直身子、挺直腰板,绝非个人单纯的肉身活动,而是社会伦理道德生活中的文化概念,是指在社会群体中具有独立的道德地位、形象和人格。因此,立身最终就是确立自己独立的道德人格。一个人只有在社会道德生活中拥有自己独立的道德人格,能够作为自己而独立存在,他才谈得上独立地做人做事。因为他能否确立起自己独立的道德人格,直接关系着他能否获得社会上其他人的认可和接受。一个人不可能孤立地生活,他要想获得认可和接受,就得看他是否具有值得他人尊重和接受的独立的道德人格。对于立身问题,中国人更强调这种事情本质上只能由人自己来完成,无法由父母或其他人包办或代替。孔子曾说:"为仁由己,而由人乎哉?"(《论语·颜渊》)同样的道理,确立自己的道德人格,树立自己的道德形象,完全在于自己而不在于其他人。

针对如何在社会上立身,中国古代思想家注重人对社会礼义或伦理道德规范的遵循。孔子特别强调"立于礼"(《论语·泰伯》),即通过学习和遵循礼义规范制度而在社会上赢得独立的道德人格。在众多的礼义规范中,中国人更强调诚信、诚敬、廉耻、正身。就诚信之于立身,孔子曾说:

> 人而无信,不知其可也。大车无輗,小车无軏,其何以行之哉?(《论语·为政》)

"輗"(ní)与"軏"(yuè)分别为大车小车车辕前面横木上的木销子,这一关键的设置连接了车辕与横木,便于牛马驾驭,孔子正是借此比喻人无信不能立身做人做事。古人深刻认识到言、信、道三者存在着紧密的关系:

> 人之所以为人者,言也。人而不能言,何以为人? 言之所以为言者,信也。言而不信,何以为言? 信之所以为信者,道也。信而不道,何以为道?(《春秋穀梁传·僖公二十二年》)

即作为人,必须言而有信,信而载道。要想做到这一点,必须做到"诚",要诚信、诚敬。诚信与诚敬虽有些微区别,但具有内在的一致性。朱熹说:

> 凡人所以立身行己,应事接物,莫大乎诚敬。诚者何? 不自欺不妄之谓也。敬者何? 不怠慢不放荡之谓也。(《朱子语类》卷一百一十九)

朱熹在此主要强调"诚"在于不自欺,而"敬"在于不怠慢、不放荡。就廉耻之于立身,欧阳修《新五代史·杂传》指出:"廉耻,立人之大节。"当然,在中国人看来,人能否在社会上立身,最终依赖于能否在整个社会伦理道德生活中得到认可和接受。但社会或天下本身是否处于清明的状态,对此具有极为重要的影响。荀子就强调:

> 天下有中,敢直其身;先王有道,敢行其意。(《荀子·性恶》)

这就是说,整个社会奉行正道、充满正气,一个人就敢于挺直身子,积极地表达自己的意见和态度。而对于君子、君王,中国人更注重正身的重要性,认为这是施政的德性基础,己身正则令行。据《论语》记载:"季康子问政于孔子,孔子对曰:'政者,正也。子帅以正,孰敢不正?'"(《论语·颜渊》)孔子还指出:"其身正,不令而行;其身不正,虽令不从。……苟正其身矣,于从政乎何有? 不能正其身,如正人何?"(《论语·子路》)顺着这一思路,诸葛亮亦强调:

> 非法不言,非道不行,上之所为,人之所瞻也。夫释己教人,是谓逆政,正己教人,是谓顺政。故人君先正其身,然后乃行其令。身不正则令不从,令不从则生变乱。(《诸葛亮集·便宜十六策·教令》)

因此,中国人在为人处世、治国理政上,总是自觉地从自身出发,以严格要求自己、端正自己为前提,从而达到身正令行的目的。可以说,重诚信、诚敬、廉耻、正身,是中国人在社会上真正能够立身的道德自觉。

中国人不仅讲究立身或道德人格的独立问题,还追求人生至高的通达境界。对于中国人来说,"通达"存在着很多的境界和维度。

> 达士者,达乎死生之分。达乎死生之分,则利害存亡弗能惑矣。(《吕氏春秋·知分》)

在这里,"达"本质上是通晓、理解、洞察。中国人不仅要求通达事理,而且要求在现实中能够具体地帮助和推进其他人的成长和发展,即使其他人发达起来。孔子强调:

> 君子成人之美,不成人之恶。小人反是。(《论语·颜渊》)

所谓"成人之美",就是成全别人的好事,促进他人的发展和成长。特别是,中国人总是强调"与人方便,自己方便"(《名贤集》)。这就是说,能够实际地帮助其他人,也最终会有助于自己的发展和成长。中国人看到,帮助别人,成人之美,不仅不会有损于自己,而且能够回馈自己,本身是一件互利互惠、彼此有益的事情。当然,中国人追求达的境界,特别强调一定要遵循、尊重道,而不是有悖于道。

> 故士穷不失义,达不离道。……古之人,得志,泽加于民;不得志,修身见于世。穷则独善其身,达则兼善天下。(《孟子·尽心上》)

也就是说,尽管穷困潦倒,真正的士并不会为了决意摆脱这种状况而失去义、违背义,追求通达而叛离道;对他来说,得志就泽被百姓,否则就加强自身修养,因此能够做到穷困时独善其身,通达时兼善天下,造福于民。而在最危难的状况下,人完全可以为了自己的高贵品质和精神追求,为了自己的信仰而勇敢地、心甘情愿地抛弃生命。但是,正如《淮南子》所说:

> 彼非轻身而乐死,务在于前,遗利于后。故名立而不堕。此自强而成功者也。(《淮南子·脩务训》)

这些人并不是真的喜欢死,而是不得已,特别是他们清楚地认识到自己当下的死能够实际地造福于后人。这样的人尽管没有在当时活得自然通达,却在历史上留下了美好的声誉。因此,在另一种意义上,这些人依然是通过自己的努力而获得成功的人,特别是,他们成就了自己具有不朽意义的德性生命、文化生命。

值得强调的是,修己安人对中国人来说是一个实实在在的活动,中国人并不只是在内心世界里幻想自己的生活。中国人注重现实、现世,因而其修行过程是具体的、真实的,每个人不仅在现实中使自己不断得到提升,还使周围其他人各自成就自己的梦想,最终实现立己而达人的目的。

# 三、内圣外王

中国人追求安身立命,进而立己达人,以实现自身和周围其他人的和谐与统一。而要想实现这一境界,还必须不断提高自身的道德修养,丰厚自己的内在德性，并在此基础上充分地做好自己的事情，为整个社会、国家和民族，为周围其他人，创造和贡献更多的价值。加强和提升内在的德性修养是在社会上做好事情、成就事功的德性前提，而做好事情、成就事功是一个人具有高度的内在德性修养的现实体现，两者相辅相成，不可分割。这就是历代中国人非常强调的"内圣外王"。"内圣外王"思想不仅体现在治国理政的君王身上，而且对中国广大士人产生了深远的影响，是他们积极超越有限个人、家庭、家族，参与天下事务的重要价值诉求。

"内圣外王"命题最早出现于《庄子》。

> 判天地之美，析万物之理，察古人之全，寡能备于天地之美，称神明之容。是故内圣外王之道，暗而不明，郁而不发，天下之人各为其所欲焉以自为方。（《庄子·天下》）

在这里，要想充分理解这句话的意思，就需要把握"圣"为何意。在此《天下》篇中，对不同层次和境界的人实际上有具体的描述和规定：

> 不离于宗，谓之天人；不离于精，谓之神人；不离于真，谓之至人。以天为宗，以德为本，以道为门，兆于变化，谓之圣人；以仁为恩，以义为理，以礼为行，以乐为和，薰然慈仁，谓之君子；以法为分，以名为表，以参为验，以稽为决，其数一二三四是也，百官以此相齿；以事为常，以衣食为主，蕃息畜藏，老弱孤寡为意，皆有以养，民之理也。

《天下》篇实际上具体区分了"天人""神人""至人""圣人""君子"

"百官""民",而区分的标准在于这些人对天地万物及其道的认识、把握、驾驭的程度和境界不同。天人自始至终都与道同在,完全遵循着道而生存;神人能够深刻地洞察天地万物或道的精微奥妙;至人能够始终做到对天地万物的真实认识和把握,然而还尚未与道同在,尚未觉察道的精微奥妙。相比而言,圣人则能够自觉地以追求和遵从道为宗旨,以加强自身的德性修养为根本,自觉地认识和探索道,以道为门径,能够预测和判断天地万物的变化;而君子则只是以仁爱恩泽万物,用正义调理事物,以礼义节制行动,用音乐调和性情,表现得温和仁慈。相比圣人和君子,百官则以法度为分守,以名号为标准,以比较为征验,以考稽作决定,如同数数清晰明确地排列位次;普通百姓则只以农事为常务,把衣食放在首位,圈养牲畜,储藏粮食,考虑着照顾老弱孤寡,使之皆有所养。因此,根据对天地万物及其存在和发展规律(即道)的认识、把握、驾驭的程度和境界,人实际上能够客观地区别出不同的生命境界。

客观而言,这里所描述的天人和神人是很难企及的,而能够做到始终不离于真,达到对事物充分、全面、真诚的认识和把握,即达到至人的境界,已经是一个极致。相比而言,圣人则是人们可以企及的,因为圣人认识到天地万物本身存在着道或客观规律,通过不断加强自己的德性修养可以把握道、遵循道,以科学地预测天地万物的变化,最终达到自然而然的状态和境界。在此,《天下》篇似乎没有特别强调人们改造外在自然界的、为普通百姓所操心的农耕事务、牲畜繁殖、粮食储藏等问题,但实际上其已经内在地蕴含着这些事情。只不过,圣人比普通百姓做得高明,因为他们完全能够根据道或规律,通过预测万事万物的变化而改造、利用和驾驭它们,使之更好地满足自己的生存和发展需要,以最终达到自然而然的境界。也就是说,圣人既实际地遵循道或规律改造了客观的自然界,也达到了看似没有改造的自然而然状态,这种境界充分地体现了合目的性与合规律性的高度统一。因此,这无疑是人理应追求和达到的至高境界,而这种境界就是圣人的境界。

"内圣外王"思想并不只是中国古代哪一家哪一派的思想追求,而是儒释道融合为一的中国传统文化的精神诉求。楼宇烈指出:"'内圣'就是自己的修养要高。那么,怎么提高修养呢? 就是以君子为榜样来要求自己。但是,仅仅提高内在的道德、修养是不够的,还必须强调'外王'。'外王'就是所谓的'事功',即不仅要有内心高明的修养,还要把它运用到现实的生活中去,并做出成绩来。"①概括说来,人既要成为道德高尚的人,又要成为能够做出事功的人,要让内在德性修养与外在客观事功相互佐证,相得益彰。"内圣外王"就在于既充分地加强自身内在的德性修养,使自己具有高尚的品质,又充分地发挥自己的现实作用,客观地创造物质财富,实际地造福于天下百姓。

这种由内而外的"内圣外王"思想旨趣实际上体现于整个中国传统文化之中。张汝伦指出:"中国传统哲学家有一个思想根深蒂固,这就是世界是由人组成的,而人是受自己内心(知、情、意)支配的。只有好人才能办好事,才有好社会。无论是内圣外王还是成己成物,说的无非是这个道理。"②实际上,正如"立己而达人"本质上由自己出发再拓展到其他人一样,中国人考虑问题的思维路径总是由己及人、由内及外,"内圣外王"就更好地体现了这一点。最能够表达这一点的,就如孟子所谓:"君子之守,修其身而天下平。"(《孟子·尽心下》)客观而言,儒家与道家思路存在着差异,相比而言,道家更强调无为而治。

---

① 楼宇烈:《中国的品格》,南海出版公司 2011 年版,第 112 页。
② 张汝伦:《哲学是什么》,北京出版社 2021 年版,第 110 页。

> 是以圣人处无为之事，行不言之教。(《道德经·第二章》)

当然，道家的圣人处无为之事，却最终希望达到无为而无不为、无不治的结果。尤其是，道家强调无为而治，并非真的无为，只是不强为而已。

> 为无为，事无事，味无味。大小多少，抱怨以德。图难于其易，为大于其细；天下难事，必作于易，天下大事，必作于细。是以圣人终不为大，故能成其大。夫轻诺必寡信，多易必多难。是以圣人犹难之，故终无难矣。(《道德经·第六十三章》)

在这里，尽管老子首先强调"为无为，事无事"，实际上却接着详细地讨论了做事由易到难、由小到大的辩证法，目的仍然在于成就大事、难事，以最终达到"终无难"的自然而然状态。为此他特别强调："以辅万物之自然，而不敢为。"(《道德经·第六十四章》)客观而言，相比儒家来说，这只是策略不同而已，道家的根本目的还在于实现治天下的目的。庄子继承老子的道家思想，尽管一定程度上改变了老子的致思旨趣，但实际上同样追求着实现天下大治、万物和谐有序的目的。郭象指出：

> 然庄生虽未体之，言则至矣。通天地之统，序万物之性，达死生之变，而明内圣外王之道；上知造物无物，下知有物之自造也。(《庄子序》)

此外，正如楼宇烈所指出的："佛教之所以能在中国生根，很好地融入中国的本土文化,就是因为它提倡内省,反求诸己,这和中国文化的向内精神正好契合。"①因此,在中国传统文化中,儒释道实际上都具有向内追求精神上的至高境界、崇高品质的特征,而这正体现了内圣外王的总体旨趣。

# 四、天人合一

中国人的"天人合一"的思想,旨在解决有限与无限、暂时与永恒、朽与不朽的矛盾问题,天人合一既是人与天地万物融为一体的最高境界、最佳状态,也是中国人现实地感受到的与天地万物融为一体时的特殊体验。

中国人高度重视生命,这种价值理念体现为高度重视养生。养生是自觉保护自己生命的明智之举,而真正重视养生的智者则是最善于遵循自然四时寒暑演化规律、调节自身阴阳的人。

> 故智者之养生也,必顺四时而适寒暑,和喜怒而安居处,节阴阳而调刚柔。如是则僻邪不至,长生久视。(《黄帝内经·灵枢·本神第八》)

当然,除养生之外,《易传》从另一个角度阐明了人所达到的至高境界。

> 夫大人者,与天地合其德,与日月合其明,与四时合其序,与鬼神合其吉凶。先天而天弗违,后天而奉天时。(《易传·

---

① 楼宇烈:《中国的品格·再版赘言》,南海出版公司 2011 年版,第 2 页。

乾·文言》)

所谓"大人",指具有天地大德之人,亦即"圣人",与上述所谓"智者",虽
内涵各有侧重,但本质上都是指具有仁德和智慧的人。张岱年指出:
"所谓'先天'即为天之前导,在自然变化未发生以前加以引导;所谓'后
天'即遵循天的变化,尊重自然规律。"①他还指出:"在中国文化里,认为
人与自然不是敌对的关系,而是亲密的关系,人离不开自然,自然也离
不开人。"②因此,从自然与人这一关系维度来说,人与天是统一的。就
什么是"天",《庄子》外篇指出:

> 牛马四足,是谓天;落马首,穿牛鼻,是谓人。故曰:无以
> 人灭天,无以故灭命,无以得殉名。谨守而勿失,是谓反其真。
> (《庄子·秋水》)

在此,所谓"天"指天然。庄子学派在追求天然纯真的意义上,亦在思想
之中实现了天人合一的状态。

> 天地与我并生,而万物与我为一。(《庄子·齐物论》)

即在庄子看来,天地虽久,可谓与我并生;万物虽多,可谓与我为一。然
而,恰如张岱年所说:"庄子从诡辩达到了物我一体的神秘主义。"③实际

---

① 张岱年:《文化与哲学》,中国人民大学出版社 2009 年版,第 145 页。
② 张岱年:《文化与哲学》,中国人民大学出版社 2009 年版,第 36 页。
③ 张岱年:《文化与哲学》,中国人民大学出版社 2009 年版,第 121 页。

上，人与天是能够实现合一的，通过这种神秘主义方式所达到的物我一体、天人合一状态，并没有实现人作为人所应有的积极存在意义。

儒家董仲舒通过"天人感应"学说所阐述的天人合一状态，亦显得难以服人。

> 天亦有喜怒之气、哀乐之心，与人相副。以类合之，天人一也。（《春秋繁露·阴阳义》）

张岱年强调，董仲舒的"天人感应""人副天数"思想"是天人合一的粗陋形式"，其结论实则论证不足，思想复杂而含混①。然而，正如楼宇烈所指出的："无论是道家还是儒家，都告诉我们天人合一的核心是顺自然、顺万物的自然之性。"②他强调："人与自然之天'合一'的中心是'顺自然'，这里'自然'一词的含义，不是指'自然界'，而是指自然界的'本然'法则与状态。"③天人合一究竟应该达到什么境界？对此，张岱年强调："天人合一的最高原则是：'先天而天弗违，后天而奉天时'，'裁成天地之道，辅相天地之宜'（《周易大传》），使人与自然达到协调的境界。"④在另一处他还强调："《周易大传》主张'裁成天地之道，辅相天地之宜'，'范围天地之化而不过，曲成万物而不遗'，是一种全面的观点，既要改造自然，也要顺应自然，应调整自然使其符合人类的愿望，既不屈服于自然，也不破坏自然。以天人相互协调为理想。应该肯定，这种

---

① 张岱年：《文化与哲学》，中国人民大学出版社 2009 年版，第 13、146 页。
② 楼宇烈：《中国的品格》，南海出版公司 2011 年版，第 55 页。
③ 楼宇烈：《中国文化的根本精神》，中华书局 2016 年版，第 231 页。
④ 张岱年：《文化与哲学》，中国人民大学出版社 2009 年版，第 61 页。

学说确实有其很高的价值。"①

中国人强调天人合一或人与自然之间的统一性,深刻地反映了中国人对人与自然关系的认识,而这种认识本质上源于中国人身为农耕民族在生产劳作过程中对大自然生养万物、人依赖自然而生活的体验。例如,张岱年指出:"所谓天人合一,就是讲天人有统一的关系。这种观点有其现实基础——它是农业社会的反映。靠天吃饭、不把天人看成是敌对的关系。"②人在自然面前并不是消极无为的,哪怕是道家也没有主张在自然面前绝对无为,而是要求顺自然本性而为,因此,中国人对天人合一的认识实际上蕴含着人与自然之间相互作用而各得其益的内容。例如,饶宗颐说:"我认为'天人合一'不妨说成'天人互益'。一切的事业,要从益人而不损人的原则出发,并以此为归宿。当今时代,'人'的学问比'物'的学问更关键,也更费思量。"③事实上,主张"天人合一",本身反映了中国人已经深刻地认识到人区别于天地万物,因此已经实现了天人之分、物我之分,超越了原始天人不分、物我一体的混融状态,但中国人并没有停留于此,而是认识到天与人之间还存在着更高境界上的统一性。因此,正如张岱年所指出的:"应该注意,如果把中国哲学中所谓天人合一与原始社会的物我不分混为一谈,就大错特错了。中国哲学所谓天人合一是经过区分物我之后的重新肯定人与自然的统一,也就是在承认人与自然的区别之后重新肯定人与自然的统一。原始的物我不分是原始的肯定,承认人与自然界的区分是对于原始思想的否定;在承认人与自然的相对区别的基础上重新肯定人与自然的统

① 张岱年:《文化与哲学》,中国人民大学出版社 2009 年版,第 154—155 页。
② 张岱年:《文化与哲学》,中国人民大学出版社 2009 年版,第 46 页。
③ 饶宗颐:《中国梦当有文化作为》,载张岂之主编:《中华文化的底气》,中华书局 2017 年版,第 226 页。

一,应是否定之否定。"①当然,中国古代的"天人合一"还存在着时代局限性,因为古代的科学和技术并不发达,人们实际上既没有深刻地认识自然,也没有通过实践来科学地改造自然,只是基于最朴素的经验认识和情感体验,在比较笼统的整体意识之中实现了自然与人的合一。尽管如此,赵汀阳强调:"天地不仁因此只能追求天人合一,中国古典思想的这个基本态度可能是对待外部世界的最合理态度了,除此之外,很难想象还有什么更为理性的态度。"②

中国人所追求和向往的天人合一境界,除蕴含着人与自然在自然意义上的和谐统一外,还蕴含着人与自然在道德意义上的统一。严格地说,人类最初所认识的天只能是头顶上的自然之天,即清清朗朗之天。然而,中国人正是从这种自然之天中逐渐地体悟到一定的道德属性、品质或境界。从根本上说,将头顶上的清清朗朗的自然之天赋予道德属性或品质,无疑是拟人化的结果。《论语·阳货》记载,孔子说:"予欲无言。"子贡感到好奇,质问说:"子如不言,则小子何述焉?"孔子提醒道:"天何言哉? 四时行焉,百物生焉,天何言哉?"显然,孔子在此已经将天拟人化了,强调天并没有言说,而四时运行、百物生长。然而,将自然之天道德化,乃至完全摆脱掉其自然属性而使之成为纯粹的道德之天,毕竟有一个过程,其中也有作为中介的事物。

> 尽其心者,知其性也。知其性,则知天矣。(《孟子·尽心上》)

---

① 张岱年:《文化与哲学》,中国人民大学出版社 2009 年版,第 4—5 页。
② 赵汀阳:《到底有哪些东西是超越的?》,《哲学分析》,2011 年第 6 期。

在此,孟子将天与人的心性统一了起来,初步提出了"天人合一"的观点。在中国哲学史上,张载是明确提出"天人合一"这一命题的哲学家。

> 儒者则因明致诚,因诚致明,故天人合一,致学而可以成圣,得天而未始遗人。(《正蒙·乾称》)

按照《中庸》,"诚"指真诚笃信,"明"指明白事理。相比而言,道德信念上的真诚笃信是人的道德意识,而事理更在于客观事物自身的内在规律。如果能够因为明白事理而变得真诚笃信,因为真诚笃信而明白事理,归根结底能够实现道德信念与客观事理的统一,就实现了天人合一。

> 合内外,平物我,自见道之大端。(《经学理窟·义理》)

所谓"合内外",就是人的内在的道德信念与外在的事物及其道理的统一,而"平物我"则意味着作为人的"我"与外在的"物"之间实现了平衡。归根结底,张载所说的"天人合一",无非就是人与外在的事物实现和谐与平衡。针对张载《西铭》所谓的"民胞物与",陈来解释说:"他人都是自己的同胞,万物都是自己的朋友,人与人,人与万物,人与自然,应成为共生和谐的整体。"[①]他强调:《西铭》的这种思想可以说就是'万物一体'的思想。在古代思想中可以明显看到,一定的宇宙观倾向于一定的价值观,或者一定的宇宙观基于一定的价值观,二者往往是相互联系

---

① 陈来:《中华文明的核心价值:国学流变与传统价值观》,生活·读书·新知三联书店2015年版,第31页。

的。"①因此,无论是"天人合一"还是"万物一体",在中国古代思想家那里实际上都包含着宇宙观与价值观,体现为两者的统一。对于"天人合一"问题,程颢程颐兄弟坚持了这种宇宙观与价值观相统一的基本原则,但有不同的看法。

> 仁者,浑然与物同体……天地之用皆我之用。(《二程集·河南程氏遗书》第二上)
>
> 仁者,以天地万物为一体,莫非己也。认得为己,何所不至?若不有诸己,自不与己相干。如手足不仁,气已不贯,皆不属己。故"博施济众",乃圣之功用。(《二程集·河南程氏遗书》第二上)

也就是说,在二程看来,当"天地万物为一体"时,实际上"天地万物"莫不"属己","莫非己",而这又是"仁者"所能够达到的境界,而"博施济众"则恰恰是具有"仁"德的圣者之"功用"。由于坚持人与天地万物为一体,程颢并不赞同"天人合一"的说法,而是强调"天人本无二,不必言合"(《二程集·河南程氏遗书》第六)。程颐说:"道未始有天人之别,但在天则为天道,在地则为地道,在人则为人道。"(《二程集·河南程氏遗书》第二十二上)从根本上说,二程坚持"天人无间"是从道的内在统一性上说的,而不是着眼于天、地、人各自的具体的形态与规律。王夫之说:

---

① 陈来:《中华文明的核心价值:国学流变与传统价值观》,生活·读书·新知三联书店 2015 年版,第 32 页。

> 天地之化，与君子之德，原无异理。天地有川流之德，有
> 敦化之德，德一而大小殊，内外具别，则君子亦无不然。天地
> 之化、天地之德本无垠鄂，唯人显之。(《读四书大全说》卷五)

在此，"鄂"指边界、边际。显然，王夫之与二程的思路基本相同，坚信天地与君子具有相同的"理"，君子只要将天地之"化"、之"德"的各种情形显现出来，就能够贯通天地之理。总之，尽管在"天人合一"问题上存在着是否应当主张"合"的细微分别，但中国古代思想家总体上都承认天人本质上具有内在的统一性，或者说具有同一的道或理，天与人并非截然分别的存在。

"天人合一"既表达了中国古人对宇宙间天地万物的整体思考，又蕴含着中国古人最高的价值追求，是中国古代思想的最高体现。首先，"天人合一"思想体现了中国人的系统整体性思维。张岱年强调："'合'有符合、统一之义。古代所谓'合一'，与现代语言中所谓'统一'可以说是同义语。合一并不否认区别，合一是指对立的两方彼此又有密切相连、不可分离的关系。"①陈来指出："这种哲学与绝对二分的形上学不同，人与自然、天道的一致，表达了统一整体的智慧，在这种智慧中，天地万物共同构成一个不可分割的统一整体。同时，在这种思想支配下，哲学不认为本体与现象世界是割裂的，不认为本体和生活世界是割裂的，本体即在现象中显现，不离开生活现象。"②总之，中国古人没有将天地万物与人割裂开来，而是视为统一的整体。

---

① 张岱年：《文化与哲学》，中国人民大学出版社 2009 年版，第 142 页。
② 陈来：《中华文明的核心价值：国学流变与传统价值观》，生活·读书·新知三联书店 2015 年版，第 31 页。

其次，"天人合一"思想体现了人对宇宙万物之道或天地万物之理统一性的自觉能动追求。中国古人强调要通过"格物致知"，"推极吾心之知"，"以贯通天地之理"，最终达到与天地万物为一体，本质上就是以人的生命存在和人生追求为统一的天人之学。赵汀阳强调："如果没有设定天人合一的原则，就不可能以人应天，无法将'天'的问题纳入'人'的问题之中，就无法将天的原则转译为人的原则，就不可能以历史应对时间，也不可能以有限包含无限。"①从人到天，从有限到无限，中国古人渴望达到最高的境界。最后，"天人合一"思想体现了中国古人对自身道德德性的追求，德性成为实现天人合一的必要条件。楼宇烈指出："天人合一，其实讲的就是天人之间德的合一，也可以说是一种德行的天人感应。你的德行跟天一样了，天就保佑你，你德行达不到天的要求，天就不保佑你，所以人的品行跟天的品行是互相感应的。人道应该向天道学习，天之道讲诚，人之道也要讲诚，以人道的诚之德去配天道的诚。"②因此，对于中国人，正如贺麟所说："由知天而希天，由希天而与天为一。不仅是圣人才能希天，人人皆能希天，人人皆在希天。"③总之，中国人强调掌握天地之道或理，既要自觉地效法天地，顺从自然规律，乐天知命，又要积极地发挥自身的德性修养，努力成为圣人。

除天人在德性上的要求外，楼宇烈还指出："中国人不仅讲'天人合一'，也强调'真善美'的统一。道德的追求和艺术的追求在极致点上是完全汇通、合二为一的。不仅如此，中国人还把艺术精神贯彻到日常生

---

① 赵汀阳：《历史·山水·渔樵》，生活·读书·新知三联书店2019年版，第28页。

② 楼宇烈：《中国的品格》，南海出版公司2011年版，第86页。

③ 贺麟：《文化与人生》，商务印书馆2005年版，第84页。

活之中。有人说，中国人的生活是艺术的生活。总之，中国文化中渗透了一种追求艺术境界的艺术精神。"①中国人所推崇的这种"天人合一"的价值理想，对中国乃至整个东方社会产生了深远的影响。方东美指出："古代的三大哲学传统，儒、道、墨三家，可说都是致力于人和自然的合一。这种我国民族天才所孕育的智慧力量，到了汉唐时期更发挥了它的影响，使以后好几个世纪中，从咸海到太平洋沿岸的广阔土地，成为一优美的文化区，表彰在艺术创造史里。接着，又注入了外来的印度佛学，使得中国文化更臻于完美，也使得中国人很自然地负起了领导东亚各民族去接受高度文化洗礼的神圣任务。这点，不仅见之于中国历史，而且可见之于韩国、日本、安南、缅甸、泰国的历史，他们都陶醉于中国优美和谐的文化里，享受生命美妙的乐章。"②楼宇烈则指出："从目前的趋势看，东方（尤其是中国）传统文化中天地万物一体的整体自然观，正越来越被世界有见识的哲学家和科学家所重视和接受，它很可能会深刻地影响到整个科学观念的变化。"③

当然，我们也应当认识到，"天人合一"思想也存在着自身的问题和不足。张岱年指出："中国哲学中天人合一观点有复杂的含义，主要包含两层意义。第一层意义是，人是天地生成的，人的生活服从自然界的普遍规律。第二层意义是，自然界的普遍规律和人类道德的最高原则是一而二、二而一的。这第一层意义是正确的，而第二层意义混淆了事物的层次区别，是不正确的。"④因此，与楼宇烈的观点有别，张岱年认识到自然界及自然规律与人类社会及道德原则本质上是两个不同层面上

---

① 楼宇烈：《中国的品格》，南海出版公司 2011 年版，第 179 页。
② 方东美：《生生之德：哲学论文集》，中华书局 2013 年版，第 214 页。
③ 楼宇烈：《中国文化的根本精神》，中华书局 2016 年版，第 292—293 页。
④ 张岱年：《文化与哲学》，中国人民大学出版社 2009 年版，第 15 页。

的问题,不能简单地通过"一而二、二而一"的方式混淆起来。当然,从整体上看,张岱年也肯定了"天人合一"的价值和意义,即尽管"在改造自然方面效果不大",但"在保持生态平衡上却有重要意义"①。

---

① 张岱年:《文化与哲学》,中国人民大学出版社 2009 年版,第 5 页。

# 第二章　中华民族的生活智慧探索
# 与生活智慧的基本特征

　　世界上几乎没有哪个民族像中华民族这样热爱生活，热衷探索生活智慧。这些生活智慧高度凝聚在中国传统生活哲学之中，凝结着中华民族在规范和协调人与自然、人与社会、人与他人以及人与自身之间关系的实践经验，具有独特的中国风格和中国气派。它们以人的现实生活和生命活动为存在论境遇，具有遵循客观规律、尊重生活事实、直面现实问题、处理生活事务、驾驭事态发展、追求生活美满、提升生命境界、参赞天地化育等基本特征。中华传统生活智慧的这些基本特征是紧密联系着的，充分地反映了中国传统生活哲学存在论、意识论、价值论、方法论的统一，反映了中国人务实而不尚虚的价值取向。

## 第一节　中华民族对生活智慧的热爱与探索

　　中华文化，作为世界上唯一没有间断过且迄今辉煌灿烂的民族文化，犹如一棵参天大树，古老而长青，蕴含着中华民族的祖先们积累起来的无穷的生存经验和生活智慧。这归于五千多年的风雨征程，太多的困难、风险、挑战和斗争考验着中华民族祖先们的意志和毅力，磨砺着历代仁人志士的思维和心智。这些生存经验和生活智慧涵盖了生活的各个维度、各个层次和各个领域,充分反映了中华民族对生活智慧的无限热爱和执着探索。

# 一、中华民族:一个热爱生活智慧的民族

中华民族具有悠久的历史,五千多年的历史实际上就是中华民族开创、形成和发展自己独有的民族文化和文明的过程,同时也是中华民族不断地追求和实现美好幸福生活的过程。对美好幸福生活的向往和追求使中华民族成为一个热爱生活、热爱智慧的民族。中华民族正是在解决和应对现实生活中遇到的困难、风险和挑战的过程中,在化解和克服各个具体的矛盾、冲突和问题的过程中,归根结底是在追求和实现美好幸福生活的过程中,深刻地揭示了智慧的性质、价值和意义。

那么,对中国古人来说,智慧是什么呢? 为什么需要智慧呢? 智慧总是人类各个民族的祖先们在生产生活中为化解矛盾、冲突和问题而激发出来的,最初体现在生产工具的发明和使用上。实际上,中国古人很早就认识到工具、方法和外部条件在生产劳动过程中的作用。孔子非常重视工具的积极作用:"工欲善其事,必先利其器。"(《论语·卫灵公》)这是认识到"器"(工具)对生产劳动或做事所具有的积极意义。

> 欲知平直,则必准绳;欲知方圆,则必规矩。(《吕氏春
> 秋·自知》)

即木工用的绳墨和规矩,是测平直、画方圆的必要工具。当然,这里指直接的工具。刘安亦强调:"矩不正,不可以为方;规不正,不可以为员(圆)。"(《淮南子·诠言训》)进一步指明了良好的工具或标准的必要

性。实际上,人们在生产劳动或生活过程中往往还借助其他的环境和条件来达到自己的目的,其性质与借助工具的意义是相同的。荀子对此有深刻的感悟和论述:

> 吾尝跂而望矣,不如登高之博见也。登高而招,臂非加长也,而见者远;顺风而呼,声非加疾也,而闻者彰。假舆马者,非利足也,而致千里;假舟楫(楫)者,非能水也,而绝江河。君子生非异者,善假于物也。(《荀子·劝学》)

陆机也阐述过同样的道理:

> 臣闻因云洒润,则芬泽易流;乘风载响,则音徽自远。是以德教俟物而济,荣名缘时而显。(《演连珠·十七》)

在此,"假"为假借、凭借,"俟"为"等待",实际上意思相近,"善假于物""俟物而济"以及"缘时而显",就是善于利用外部事物、工具或条件而达到理想效果,这与孔子的思想是一致的。可以说,正是通过使用和制造工具的劳动,人类开始运用自己的头脑和语言来思考和解决问题,进而形成了对人类而言才会有的智慧问题。

智慧是更高意义上的工具问题。柳宗元强调说:

> 彼其初与万物皆生,草木榛榛,鹿豕狉狉,人不能搏噬,而且无毛羽,莫克自奉自卫,荀卿有言"必将假物以为用"者也。夫假物者必争,争而不已,必就其能断曲直者而听命焉。其智而明者,所伏必众。(《封建论》)

也就是说，柳宗元认识到，"善假于物"还不足以更好地解决现实中的矛盾和问题，他认为，人还必须借助自身的智慧这一更重要的因素，因为智慧能够判断曲直，从而能够化解纷争使众人听命、服从。由此，柳宗元得出结论"其智而明者，所伏必众"，即智慧高明的人能够使更多的人听命、服从。这就从对单纯的工具、外部事物、环境和条件的重视过渡到对人的智慧的重视。王夫之强调：

> 禽兽有天明而无己明，去天近，而其明较现。人则有天道而抑有人道，去天道远，而人道始持权也。（《读四书大全说·〈论语·季氏〉》）

在此，王夫之不仅区别了人与禽兽在智力上的高低，还强调了人实际上创造性地发展出了人道，因拥有人道而具有自己的权能。实际上，这种由工具延伸出来的对"道"的理解，韩非子已经强调过：

> 夫悬衡而知平，设规而知圆，万全之道也。明主使民饰于道之故，故佚而有功。释规而任巧，释法而任智，惑乱之道也。（《韩非子·饰邪》）

即人们通过秤而衡量公平，通过圆规而知道画圆，在韩非子看来，明主就是借助这些道理引导百姓，达到身闲而有功的境界，相反，如果放弃圆规而全凭巧劲，放弃法律而仅凭智力，只能导致惑乱。显然，韩非子重点强调的是法制的必要性，要实现的是这种意义上的道。因此，中国古人从直接的生产劳动过程中形成的对工具的认识实际上已经说明了智慧的起源问题，工具是生产劳动过程中解决现实矛盾和问题的智慧凝结,而将工具思维拓展和延伸到社会生活和政治活动之中,则是中国人智慧的发展和提升。

　　中国人强调在力与智的辩证关系上必须高度重视智慧的作用,重视"智"对"力"的驾驭和引导。

> 　　下君尽己之能,中君尽人之力,上君尽人之智。(《韩非子·八经》)

即在韩非子看来,君主实际上在管理能力和艺术上分上、中、下三等:下等的君主只知凭借自己的才能,不过是尽自己的才能而已;中等的君主知道利用众人的力量,能够充分发挥这些力量的作用;而上等的君主则懂得凝聚众人的智慧,并充分地发挥这些智慧。林慎思指出:

> 　　治大以智,治小以力。智役众人,力穷一身。(《伸蒙子·辩治》)

在此,林慎思强调了人所需要做的事情有大小之分,分别需要智慧和力量,并认识到大事往往需要众人的力量。在他看来,管理者、统帅者或统治者,只有运用智慧调遣众人才能齐心协力做好事情,而单凭个人的力量,则不能成事。对于治理天下的统治者来说,国家治理问题绝对是需要统筹运用智慧的大事。作为辅佐朱元璋打天下的核心谋臣,刘基更申明智慧比单纯的力量具有更大的价值。

> 　　虎之力,于人不啻倍也;虎利其爪牙,而人无之,又倍其力焉,则人之食于虎也,无怪矣。然虎之食人,不恒见,而虎之

皮,人常寝处之,何哉? 虎用力,人用智;虎自用其爪牙,而人
用物。故力之用一,而智之用百;爪牙之用各一,而物之用百。
以一敌百,虽猛不必胜。故人之为虎食者,有智与物,而不能
用者也。是故天下之用力而不用智,与自用而不用人者,皆虎
之类也,其为人获而寝处其皮也,何足怪哉!(《郁离子·天地
之盗》)

在此,刘基实际上揭示了三层道理:一是单纯从力的角度而言,力
量强大的一方能够很自然地战胜力量弱小的一方,这没有什么奇怪;二
是从力与智对比的角度来说,单纯运用力量的动物虽然勇猛却未必能
战胜善于运用智慧的人,而善于运用智慧的人能够轻易战胜单纯运用
力量的动物;三是单纯运用自己的本能力量的动物,只有单一的效用,
而善于运用智慧的人使用外物,却能够发挥百倍的效用。在此基础上,
刘基强调治国平天下实际上也存在着力与智的问题,那些只知运用自
己的力量而不知运用智慧凝聚和使用别人力量的人,都类似单纯凭借
爪牙之力的老虎。在刘基看来,这些人战败被别人捉住并且皮还被剥
下来当卧具,并不值得奇怪。智优于力的现象尤其体现在军事活动中,
如"料敌制胜,在智不在力"(《元史·刘伯林传》)。一般情况下,对于统
兵打仗来说,最终起决定作用的是智慧而非单纯的武力。

而对于统治者,中国人更期望他们能够成为拥有更多智慧的人。
刘向《说苑·权谋》:"'众人之智,可以测天。兼听独断,惟在一人。'此
大谋之术也。"所谓"众人之智,可以测天",就是强调汇聚众人的智慧能
够达到个人智力无法达到的至高境界。葛洪强调:

众力并,则万钧不足举也;群智用,则庶绩不足康也。

（《抱朴子·务正》）

"庶绩"指各种事业，"康"指夸奖、赞美。这是说，无论多重的东西只要众人齐心协力就能够举起来，而无论想要达成什么事业，只要汇聚众人的智慧就不在话下。既汇聚众人的智慧和力量，又做到兼听独断，就能够成为英明的统治者。柳宗元说："夫明王之时，智者用，愚者伏。用者宜迩，伏者宜远。"（《愚溪对》）即英明的统治者能够使具有智慧的人得到提拔和任用，并使这些人紧紧地围绕在身边，而让那些愚蠢的人出不了头，使他们远离身边。曹植说："书曰：'有不世之君，必能用不世之臣；用不世之臣，必能立不世之功。'"（《三国志·陈思王植传》）"不世"指世上罕见，主要强调智慧超常和见识非凡。这是说，真正英明、智慧的君主一定能够任用智慧超群的大臣，而这样的大臣也注定能够建立非凡的功业。正是因为中国古人对"智"的重视，"智者"被推崇为圣人，奉为国师。具有高超的智慧，是一个人能够成为国师以备君王咨询的必要条件。

　　智与众同，非国师也；技与众同，非国工也。（《六韬·军势》）

国师正是借助其"智"而为君主出谋划策，帮助君主治国安邦平天下。从总体上说，中国古人不仅认识到智慧对力量的驾驭，而且也认识到智慧对智慧的运用，充分肯定了智慧所具有的价值和意义。

　　智慧本质上是实用理性的表现，它不等同于知识，而是分析和解决问题的思想方法、具体策略和实际技巧，这些都来自人在现实生活中的亲身实践和感悟。韩愈《谢自然诗》说："人生处万类，知识最为贤。"即强调在人的一生中最有益处的就是"知识",这里的"知识"具有双重意蕴,应当包括现代意义上的"知识"与"见识"。但知识和见识只是对外界事物认识的既定成果,如果不能灵活地运用,也无法有效地解决现实生产、生活过程中遇到的矛盾和问题。无论"知识"还是"见识",本身都还不是智慧。

> 惟智可以决事。(《明史·方国珍传》)

因此,中国人认识到智慧本质上是灵活运用知识解决问题的方法、策略、技巧,是能够具体地选择和决断的能力。孔子精通六艺以教学生,自身知识渊博,但对待具体问题时他却说:

> 吾有知乎哉? 无知也。有鄙夫问于我,空空如也。我叩其两端而竭焉。(《论语·子罕》)

在此,孔子所强调的就是自己并没有多少具体知识,而是掌握了一种特殊的思想方法。所谓"叩其两端",就是从人所提问题的首尾两端或正反两面加以盘问,以全面掌握信息从而做出判断。因此对于孔子,具体的知识并不是最重要的,思想方法才最为重要,这些方法能够实际地运用于各种具体的环境。尽管涉及具体环境的思想方法看似缺乏理性概括,但实际上依然是深刻的理性思考。李泽厚指出:"孔子讲'仁'讲'礼',都非常具体。这里很少有'什么是'(what is)的问题,所问特别是所答(孔子的回答)总是'如何做'(how to)。但这些似乎非常实用的回答和讲述,却仍然是一种深沉的理性思索,是对理性和理性范畴的探求、论证和发现。"①因此,智慧在于回答"如何做"的问题。陈来强调:"在公元前 4 世纪以前,中国哲学中的'智'多是就知人而言,指与人的世界相关的实践性能力和知识,有益于人的事物,而不是对宇宙世界普遍事物的知识。"②中国古人习惯用平易的日常语言揭示生活中的道理,看似并无玄妙,实则蕴含着很高的理性智慧,表达着深刻的思想性、一贯性。"别看都是庄稼话,撒在田里能开花。"这是说,谚语是劳动人民生产劳动经验的积累和反映,看似很土气,但实际上很有用,一旦为人们所掌握,也能够创造物质力量。孔子强调"习"的意义。荀子继承了这种思想,强调"渐"的作用,即认识到社会环境或外在事物对人的生长的影响。

> 君子之所渐不可不慎也。(《荀子·大略》)
>
> 蓬生麻中,不扶而直。白沙在涅,与之俱黑。兰槐之根是为芷,其渐之滫,君子不近,庶人不服。其质非不美也,所渐者然也。故君子居必择乡,游必就士,所以防邪僻而近中正也。(《荀子·劝学》)

虽然荀子在此所强调的重点是人的成长问题,但总体上依然充分地认识到人们不应该脱离现实的社会环境和条件,脱离生活实践来看待思想和观念的形成。王廷相指出:

> 赤子生而幽闭之,不接习于人间,壮而出之,不辨牛马矣,

---

① 李泽厚:《论语今读》,天津社会科学院出版社 2007 年版,第 3 页。
② 陈来:《儒家文化与民族复兴》,中华书局 2020 年版,第 137 页。

而况君臣、父子、夫妇、长幼、朋友之节度乎？而况万事万物几微变化不可以常理执乎？（《石龙书院学辩》）

即在王廷相看来，一个人对各种事物的认识，特别是对社会交往过程中各种伦理关系和规范的认识，都需要深入现实的社会生活之中，都需要与现实事物相接触，而掌握万事万物极其细微的变化，更需要如此。他还指出：

世有闭户而学操舟之术者，何以舵，何以招，何以橹，何以帆，何以引筏，乃罔不讲而预也；及夫出而试诸山溪之滥，大者风水夺其能，次者滩漩汩其智，其不缘而败者几希。何也？风水之险，必熟其几者，然后能审而应之，虚讲而臆度，不足以擅其工矣。夫山溪且尔，而况江河之澎汹，洋海之渺茫乎？彼徒泛讲而无实历者，何以异此？（《石龙书院学辩》）

"筏"指用竹皮编成的缆索。即学操舟之术，必须亲自下水，要在风浪颠簸之中了解水性，增强能力，而不能闭户虚谈臆度。因此，正如王廷相所认识到的，任何真正的能力和智慧都来自丰富的生活实践，而脱离亲身实践夸夸其谈毫无意义，注定会在现实面前遭遇失败。实际上，恩格斯曾经特别强调："人的思维的最本质的和最切近的基础，正是人所引起的自然界的变化，而不仅仅是自然界本身；人在怎样的程度上学会改变自然界，人的智力就在怎样的程度上发展起来。"[1]

---

[1]　恩格斯：《自然辩证法》，中共中央马克思恩格斯列宁斯大林著作编译局编译，人民出版社 2018 年版，第 98 页。

中国古人不仅认识到智慧来自丰富的生活实践,而且更深刻地认识到智慧往往是在化解矛盾和冲突、风险和挑战的过程中激发出来的,是创造性地解决问题的思路和方法。人在生活中,特别是在矛盾和冲突相对集中、残酷、激烈的政治生活中,往往面临着潜在的风险与祸患。中国古人认识到要明察潜在的或甚至已经发生的危险与祸患,就必须具有一定的智慧。司马相如说:

> 盖明者远见于未萌而智者避危于无形,祸固多藏于隐微
> 而发于人之所忽者也。(《史记·司马相如列传》)

就是说,真正聪明、智慧的人能够在危险、祸患尚未萌芽时预先觉察到它的存在,在它还没有形成时就加以避免,但遗憾的是处于隐微之时的祸患往往为人所忽视。贾谊亦强调:

> 深知祸福谓之知,反知为愚;亟见窕察谓之慧,反慧为童。
> (《新书·道术》)

但是,中国古人深切地认识到,对吉凶祸福的预见力和洞察力,正是在丰富而残酷的斗争实践中磨砺出来的。中国有谚语:"挨一拳,得一着;挨十拳,变诸葛。"所强调的就是人能够从失败中汲取经验教训,增长才智,变得聪明起来。谚语"百战之后,豪杰挺生",比喻经历多次战争的考验,杰出的军事人才也随之出现。

> 大将临戎,以智为本。(《旧唐书·魏元忠传》)

即智慧是将军面对瞬息万变的战事时的根本依赖。陈亮指出：

> 古之所谓英豪之士者，必有过人之智。两军对垒，临机料之，曲折备之，此未足为智也。天下有奇智者，运筹于掌握之间，制胜于千里之外，其始若甚茫然，而其终无一不如其言者，此其谙历者甚熟而所见者甚远也。故始而定计也，人咸以为诞；已而成功也，人咸以为神。徐而究之，则非诞非神，而悉出于人情，顾人弗之察耳。（《酌古论·崔浩》）

在此，陈亮强调了英雄人物拥有超乎常人的智慧的表现。在他看来，两军对垒临机应变不算什么智慧，真正的智慧表现于"奇智者"身上，他们"运筹于掌握之间，制胜于千里之外"，整个战争的发展和局势完全按照他们最初所拟定的战略计划进行。由于超乎常人所想，这些智力超凡的"奇智者"在最初拟定战略计划时令所有人感到荒诞，但看似非常荒诞的战略计划却与现实的战争态势发展完全吻合，因而又让所有人叹为神奇。这些人所拟定的战略计划，人们如果慢慢研究，最终会发现既不荒诞也不神秘，相反完全出于人之常情。因此，陈亮实际上强调了真正的智慧完全符合最朴实的生活，归根结底是符合人之常情的，只不过是人们没有像智慧超凡的"奇智者"那样去认真体察战争发展和演变的实际情况罢了。这种在战争中磨炼和积累智慧的道理，同样体现于政治生活中。孟子说：

> 人之有德、慧、术、知者，恒存乎疢疾。独孤臣孽子，其操心也危，其虑患也深，故达。（《孟子·尽心上》）

即在孟子看来,"智慧"与"德性""本领""知识",都是人身经灾患、风险、危害、挑战而激发和磨砺出来的,而那些孤立之臣、庶孽之子(即地位卑贱的庶子),尤其需要时常提高警惕,对灾患、风险、危害或挑战比较关注、考虑深入,所以往往能够通晓事理。作为一代智慧高明的军事家,孙武强调:

> 是故智者之虑,必杂于利害。杂于利,而务可信也;杂于害,而患可解也。(《孙子·九变》)

孙武虽然着眼于将帅统兵作战,但他所揭示的道理却具有普遍的意义,即真正智慧的人考虑问题,必须兼顾利害因素与后果,处于不利的条件下能够充分地考虑到有利因素,做事才能增强胜利的信心,而处于有利的条件下充分地考虑到可能存在的危害因素,则能够避免发生祸患。

由于需要解决不曾遇到的矛盾、问题,中国古人深刻地认识到智慧必须体现着创造性、预见性。

> 知者创物,巧者述之,守之。(《周礼·冬官·考工记》)

这就是说,是智慧的人在创造器物,而能工巧匠则照着那样去做。

> 故知礼乐之情者能作,识礼乐之文者能述。作者之谓圣,述者之谓明。明圣者,述作之谓也。(《礼记·乐记》)

在此,《乐记》明确地强调真正能够创造或创作的人才算得上圣人。

成物,知也。(《中庸·第二十五章》)

在此,"知"即"智",意思是说,"智"就在于能够创造或成就事物。实际上,人们也正是在各种复杂的矛盾、冲突和困境的挑战下才不断地激活思维和智慧,创造性地解决矛盾和问题,而智慧始终带有创造性。

作为分析和解决问题的思想智慧,它虽然面向现实生活,但绝非僵化的方法,相反,它要求人善于融会贯通。中国古人向来重视这一点。王充说:

凡贵通者,贵其能用之也。(《论衡·超奇》)

这是说,凡以融会贯通为可贵,就在于能够运用所学得的知识解决现实问题,而非僵化固执不变。

一事能变曰智。(《管子·心术下》)

也就是说,只有能变通才称得上智慧。中国人看重变通的智慧,而不主张逞匹夫之勇。勇而无谋、盲目蛮干不为中国人所欣赏。

图之于未萌,虑之于未有。(《旧唐书·柳亨传附柳泽传》)

即要对准备做的事情提前进行通盘的思考和谋划,而不是单凭自己的勇气盲目地解决问题。陈来指出:"2世纪的词典《释名》说:'智,知也,无所不知也。'可见'智'是智慧,'知'是知识,智不是普遍的知识,而是高级的知识和能力。智又以见为前提,见是经验,晏子说:'见足以知之者,智也。'郭店楚简《五行篇》也说'见而知之,智也',表示智慧需要以经验为基础,而不是脱离经验的理性活动。"[1]因此,智慧是基于一定的知识和经验对事物或事情的全面思考和谋划,是高级的知识和能力,尤其体现为对未来的识见。这种智慧不是单纯的勇气,它来自现实生活实践的细致洞察。

> 行之而不著焉,习焉而不察焉,终身由之而不知其道者,众也。(《孟子·尽心上》)

显然,在孟子看来,普通大众每天如此做事却不明白其当然,习惯了却不能深知其所以然,一辈子走在路上却不了解这是什么道路,即从来没有深究其中的原因和规律,这是很不够的。必须对事物之所以如此变化的规律或事情之所以应如此做的道理探究明白,而不能整日糊糊涂涂。陈来强调:"《周易》特别注重行动的实践智慧,把智慧表达为:'知进退存亡,而不失其正者,其唯圣人乎?''知'进退存亡的具体节度而不离于善,即行动的实践智慧。"[2]因此,智慧本身来自生活实践,来自对现实生活事务的洞察,来自对"进退存亡"具体节度的判断。程颐强调:

> 致知则有知,有知则能择。(《二程集·河南程氏遗书》第十五)

---

① 陈来:《儒家文化与民族复兴》,中华书局 2020 年版,第 137 页。
② 陈来:《儒家文化与民族复兴》,中华书局 2020 年版,第 137 页。

知"进退存亡",实际上就是拥有智慧的判断和选择,是善于变通的表现。

> 有通士者,有公士者,有直士者,有悫士者,有小人者。上则能尊君,下则能爱民,物至而应,事起而辨,若是则可谓通士矣。(《荀子·不苟》)

显然,荀子在此最欣赏的莫过于"通士"。"通士"尊君爱民,物至而应,事起而辨,能够根据具体的情形而应对各种复杂的问题。

> 贤君智则知随变而改,缘类而试思之。(《新语·明诚》)
> 礼义不行,纲纪不立,后世衰废,于是后圣乃定五经,明六艺,承天统地,穷事察微,原情立本,以绪人伦,宗诸天地,纂修(修)篇章,垂诸来世,被诸鸟兽,以匡衰乱,天人合策,原道悉备,智者达其心,百工穷其巧,乃调之以管弦丝竹之音,设钟鼓歌舞之乐,以节奢侈,正风俗,通文雅。(《新语·道基》)

所谓"智者达其心",意思是说,真正的智慧者实际上能够充分地发挥思维能力。当然,在陆贾看来,智慧者所能够达到的最高境界实际上就是对道的领悟和驾驭。

> 道为智者设,马为御者良,贤为圣者用,辩为智者通,书为晓者传,事为见者明。(《新语·术事》)

《淮南子》亦强调：

> 凡人之论,心欲小而志欲大,智欲员而行欲方,能欲多而事欲鲜。所谓(以)心欲小者,虑患未生,备祸未发,戒过慎微,不敢纵其欲也。(《淮南子·主术训》)

"员"同圆,即圆通、圆融贯通。《旧唐书·孙思邈传》记载：

> 照邻有恶疾,医所不能愈,乃问思邈："名医愈疾,其道何如?"思邈曰："……胆欲大而心欲小,智欲圆而行欲方。"

两者所说的是同样的道理,都强调智慧必须达到圆融贯通的境界,而不能僵化固守于某一方面。智慧最高的圆通境界则是完全遵循事物发展、演化的规律而彻底地无为而为。

> 如智者若禹之行水也,则无恶于智矣。禹之行水也,行其所无事也,如智者亦行其所无事,则智亦大矣。天之高也,星辰之远也,苟求其故,千岁之日至可坐而致也。(《孟子·离娄下》)

即强调真正聪明、智慧的人就应当像禹治水那样,顺着自然行事,而对于看似遥远的日月星辰,如果善于寻求其运行的根本原因,也能够推知千年的日至(即冬夏二至)。虽然孟子在此主要说的是要顺自然而行事,但他所强调的本质上是聪明、智慧之人理应达到行其所无事的境界,即任何情况下都能够畅行无阻、若无其事,而如果时时处处都能达到这种境界,实际上意味着智慧的圆融贯通。

中国古人强调,人要想真正地拥有圆融贯通的智慧,绝不能单靠自己的头脑,不仅要善于向其他人学习,善于凝聚众人智慧,还要善于向古人学习,使知识贯通古今。

> 明主不用其智,而任圣人之智;不用其力,而任众人之力。故以圣人之智思虑者,无不知也。以众人之力起事者,无不成也。(《管子·形势解》)

因此,真正英明智慧的人,特别是君主,都善于凝聚众人智慧而非单靠个人智慧。实际上,群众的智慧是无穷的,而任何个人的智慧总是有限的。

> 人求多闻,时惟建事,学于古训乃有获。事不师古,以克永世,匪说攸闻。(《尚书·说命下》)

即是说,人们追求多闻多识,是为了立事功,只有学习古训,才能有所收获,不学习古人而能长治久安的,则从没有听说过。

> 目贵明,耳贵聪,心贵智。以天下之目视,则无不见也;以天下之耳听,则无不闻也;以天下之心虑,则无不知也。辐凑并进,则明不蔽矣。(《六韬·大礼》)

《鬼谷子》几乎重复了这句话:

目贵明,耳贵聪,心贵智。以天下之目视者,则无不明;以天下之耳听者,则无不闻;以天下之心虑者,则无不通。(《鬼谷子·符言》)

明清之际方中通说:

聚古今之议论,以生我之议论;取天下之聪明,以生我之聪明。此之谓择善。(《陪集》)

因此,所谓择善而从,就是善于学习古今,凝聚天下智慧以增进自己的智慧。方以智说:

古今以智相积,而我生其后。……生今之世,承诸圣之表章,经群英之辩难,我得以坐集千古之智,折中其间,岂不幸乎?(《通雅·考古通说》)

世以智相积而才日新,学以收其所积之智也。日新其故,其故愈新,是在自得,非可袭掩。(《通雅》卷首三)

因此,正如陈录所总结的:

欲得智慧,当勤学问。(《善诱文·修为果报》)

尽管"智""智慧"在现实生活中发挥着极为重要的作用,但中国人并没有走极端,而是将"智"与其他品质或素养共同列为人应当具有的品质,使之相辅相成,特别是,智慧的发挥往往需要外在有利的环境和条件。

> 仁者见之谓仁，知者见之谓之知。（《易传·系辞上》）

在此，"知"同"智"，即对同一件事情，不同的人由于观察的角度不同，所得出的见解也不同。而且也不能单纯倚重"智"，还要注意到"仁"等其他品质。孔子高度重视智、仁、勇三者，将其视为君子应当具有的三种基本品质，并强调：

> 君子道者三，我无能焉：仁者不忧，知者不惑，勇者不惧。
> （《论语·宪问》）

在此，孔子将"智"与"仁"和"勇"并列为"君子"之"道"。子贡为救鲁，先后至齐国、吴国、越国、晋国游说，他曾对吴王强调：

> 夫勇者不避难，仁者不穷约，智者不失时，王者不绝世，以
> 立其义。（《史记·仲尼弟子列传》）

《中庸》继承了孔子的这种思想：

> 知、仁、勇三者，天下之达德也。（《中庸·第二十章》）

推崇"三达德"，即同时重视三种最重要的道德品质。陈来指出："《中

庸》讲三达德,智甚至排在首位,居于仁之前,可见《中庸》对智的
重视。"①

> 人所以立,信、知、勇也。(《左传·成公十七年》)

这是将"信""智"与"勇"并列为人之所以为人的基本品质。当然,对
"智"的重视莫过于兵家。

> 将者,智、信、仁、勇、严也。(《孙子·始计第一》)

即在孙武看来,"智""信""仁""勇""严"是一个将帅必备的基本素质,这
种观点显然吸收了前人的认识成果,而"智"则处于首位。在此,孙武在
孔子"智""仁""勇"这"三达德"的基础上,又加上了"信"与"严",显然这
两者是将帅所应有的基本素质。但无论如何,相比其他素质,"智"对于
一个将帅来说直接决定着整个军队的胜负乃至存亡。唐朝开国大将尉
迟敬德,身经百战,同样深刻地认识到这样的道理。

> 处事有疑非智;临难不决非勇。(《新唐书·尉迟敬德
> 传》)

纵使如此,中国古人也清楚智慧的发挥还往往受一定的环境和条件的
影响。

---

① 　陈来:《儒家文化与民族复兴》,中华书局 2020 年版,第 137 页。

> 自古亡国,未必皆愚庸暴虐之君也。其祸乱之来有渐积,
> 及其大势已去,适丁斯时,故虽有智勇,有不能为者矣,可谓真
> 不幸也。(《新唐书·哀帝本纪》)

这是说,处于垂世末代的君主,无法改变亡国的命运,虽有智勇但无回
天之力,这是真正的不幸。因此,中国古人并没有无限夸大智慧的作
用,盲目吹嘘和美化智慧,而是考虑到智慧的发挥必须具有相应的其他
素质或品质,需要必要的环境和条件。

特别是,中国人很早就认识到智与愚的区别,认识到绝不能武断地
判定智与愚,尤其是,纵使是智者也可能在某些问题上出现反常的
判断。

> 夫尺有所短,寸有所长,物有所不足,智有所不明,数有所
> 不逮,神有所不通;用君之心,行君之意,龟策诚不能知此事!
> (《楚辞·卜居》)

这是强调事物各有局限,而智者有所不明白。《晏子春秋》指出:

> 圣人千虑,必有一失;愚人千虑,必有一得。(《晏子春
> 秋·杂下》)

所谓"圣人",在此指拥有极高智慧的人,说的是智与愚具有相对意
义,不具有绝对性。另据《史记·淮阴侯列传》记载:

> 广武君曰:"臣闻智者千虑,必有一失;愚者千虑,必有一

得。故曰'狂夫之言,圣人择焉。'顾恐臣计未必足用,愿效愚忠。"

"智者千虑,必有一失;愚者千虑,必有一得",成为中国人耳熟能详的成语,充分地肯定了中国人对智与愚辩证关系的深刻认识。陆贾说:

> 故智者之所短,不如愚者之所长。(《新语·辅政》)

在此,陆贾认识到所谓"智者"可能存在着自己的短处,而往往被人轻视的所谓"愚者"则可能拥有自己的长处,因此,不可一味地推崇智者。《淮南子》亦强调:

> 故愚者有所修(修),智者有所不足。(《淮南子·齐俗训》)

"修(修)"即"长",这里所说的是同样的道理。刘廙说:

> 圣人不以智轻俗,王者不以人废言。故能成功于千载者,必以近察远,智周于独断者,不耻于下问,亦欲博采必尽于众也。(《三国志·刘廙传》)

"圣人"不仅拥有智慧,而且具有很高的修养,因而不会瞧不起平庸的人,不因人废言,能够不耻下问、博采众长。慧能甚至强调:

> 欲学无上菩提,不得轻于初学。下下人有上上智,上上人

有没意智。(《坛经·行由品》)

当然,慧能此处所说的"下下人"是指出身低微、没有身份和地位的下层人,还不是一般意义上的愚人。中国古人非常强调做人要谦虚,甚至要做到大智若愚,不要过分玩弄和炫耀自己的小聪明。钱泳指出:

> 有才而急于见其才,小才也;有智而急于见其智,小智也。惟默观事会之来,不动声色而先机调处,思患预防,斯可谓大才智。(《履园丛话·臆论》)

当然,愚蠢的人卖弄自己的聪明就更为人所嘲笑。

> 愚者不自谓愚,而愚见于言。虽自谓智人,犹谓之愚。
(《鹖冠子·道符》)

即那些不认为自己愚蠢的人一张口说话就暴露出自己的愚蠢,虽然自称是聪明的人,仍然不过是愚蠢的人而已。

> 是故有大略者,不可责以捷巧;有小智者,不可任以大功。
(《淮南子·主术训》)

即有远谋大略但显得愚拙的人和有小聪明而乖巧的人,在任用时要区别对待。中国古人尤其鄙视耍小聪明,刘向强调:

> 五丈夫曰:"吾师言曰:'有机知之巧,必有机知之败。'我

非不知也，不欲为也。子其往矣，我一心溉之，不知改已。"
（《说苑·反质》）

过分自恃聪明，注定会因机巧而失败，真正聪明的人不是不懂得机巧，而是不愿玩弄机巧，即不愿耍小聪明。曹雪芹在《红楼梦》第五回中描述了贾宝玉神游太虚幻境的一段故事，其中，宝玉所听到的《聪明累》中的"机关算尽太聪明，反算了卿卿性命"，就预示了贾府红人王熙凤玩弄聪明最终落得身败名裂的可悲下场。

当然，中国人也特别告诫统治者不要自视聪明、傲视众人、独断专行。

亡国之主，必自骄，必自智，必轻物。自骄则简士，自智则专独，轻物则无备。（《吕氏春秋·骄恣》）

总之，中国古人既充分地认识到智慧极其重要，同时也认识到智慧本身存在着局限，它必须与人的其他品质相辅相成，既不能过分夸大智慧，也不能自持聪明、狂妄自大，否则势必遭受失败乃至毁灭。

## 二、中华民族对生活智慧的自觉探索

中华民族是一个热爱智慧的民族，更是一个自觉探索智慧的民族。人在整个宇宙或天地间的生活涉及各个方面、各个领域、各个层次，而无论在生活的哪一个方面、领域或层次，人在面临复杂的矛盾、冲突和挑战时，都需要运用智慧来分析和解决问题。中华传统文化博大精深，涵盖了生活的各个方面，中华民族的祖先们在分析和化解自身生存发展所遇到的各种问题时,积累了极为丰富的智慧。但从历史事实来说,由于中国历史上各种思想流派的思想家所拥有的立场、关注的问题、思考的层次和追求的目的存在着一定程度上的差异,所形成和积淀的智慧也各有不同的风格和旨趣。概括说来,作为中华传统文化的主轴,具有本土意义的儒道两家都从对自然的感悟中引申出为人处世和国家治理的原则,儒家更侧重于为社会生活提供必要的规则和秩序,而道家更侧重于规范和协调人与自然之间的关系。实际上,儒家与道家你中有我、我中有你,彼此融合,为中华民族的繁衍生息探索出了极其宝贵的生活智慧。当然,除儒道两家外,法家、墨家等其他思想流派以及后来传入中国并被本土化了的佛教神学思想,都为中华传统文化的发展做出了不朽贡献,亦探索和积累了丰富的生活智慧。

以下主要集中阐释一下儒道两家探索和形成的生活智慧及其基本内容、风格和特征。

儒家立足人的社会生活,倾向于从对自然现象及其内在规律的感悟中为人的社会生活和国家治理提供必要的规则和秩序,为自我的德性修养和人格健全提供根本的方法和指导。孔子对自然现象及其背后的规律具有深刻的认识和感悟。据《论语·子罕》记载:"子在川上曰:'逝者如斯夫,不舍昼夜。'"在此,孔子由河流不停流逝而感叹时光的流逝,进而联想到自己执着追求的事业屡屡遭受挫折而无所成就,充满着对生命短暂的叹惜与无奈。在为人方面,孔子说:"质胜文则野,文胜质则史。文质彬彬,然后君子。"(《论语·雍也》)在为政方面,孔子说:"为政以德,譬如北辰居其所而众星共之。"(《论语·为政》)而在自我修身方面,他说:"譬如为山,未成一篑,止,吾止也。譬如平地,虽覆一篑,进,吾往也。"(《论语·子罕》)孔子这种从自然界感悟生活道理的做法为后学所继承。孔子的弟子曾子说:"鸟之将死,其鸣也哀。人之将死,其言也善。"(《论语·泰伯》)孟子说:"权,然后知轻重;度,然后知长短。物皆然,心为甚。"(《孟子·梁惠王上》)"权"即称一称,"度"即量一量,通过称与量,能够认识事物的轻重与长短。在此,孟子强调"物皆然,心为甚",就从对外在客观事物的认识升华到对人心的认识,即从对自然现象的认识升华到对社会现象和人情世故的认识。荀子也强调:"善言天者必有征于人。"(《荀子·性恶》)即儒家谈论天或自然现象及其内在规律,归根结底其旨趣还在于指向人事,目的在于为人类社会生活或国家治理提供规则和秩序。

当然,儒家并没有简单地照搬自然规律,而是强调了人类社会生活中人的主体地位和主观作用。

> 不为而成,不求而得,夫是之谓天职。如是者,虽深,其人不加虑焉;虽大,不加能焉;虽精,不加察焉:夫是之谓不与天争职。(《荀子·天论》)

在此,荀子强调,大自然的职能虽然很深奥,但人是不加以思虑探求的;虽然十分广大,但人也不去夸大它的作用;虽然十分精妙,人也不去多加考察,人没有必要与自然争职能①。而对于自然界里的奇怪现象,荀子则持有一种客观冷静的态度。

> 夫日月之有蚀,风雨之不时,怪星之党见,是无世而不常有之。上明而政平,则是虽并世起,无伤也;上闇而政险,则是虽无一至者,无益也。夫星之队,木之鸣,是天地之变,阴阳之

---

① 楼宇烈主撰:《荀子新注》,中华书局 2018 年版,第 329 页。

化,物之罕至者也。怪之,可也;而畏之,非也。(《荀子·天
论》)

"党"同"傥",意为偶然。即在荀子看来,自然界发生的各种罕见而令人
奇怪的现象,如日月之蚀、风雨不按时节、奇怪的星星出现以及流星落
地、祭神的社树风吹作响,是任何一个时代都曾出现的现象,都与社会
政治稳定无关。如果君主政治贤明,社会稳定,纵使这些现象同时出
现,也没有什么伤害;但如果君主政治险恶,纵使没有上述任何一种现
象出现,整个社会也没有什么好处。荀子揭示了上述现象不过是"天地
之变"和"阴阳之化"而已,是纯粹的自然变化,是"物之罕至者",即比较
罕见的现象。他强调,对于这些罕见的自然现象,感到奇怪还尚可,而
如果感到畏惧,就是根本错误的。也就是说,荀子更注重社会政治的稳
定有序和君主的贤明,认为各种奇怪的自然现象并不是最终影响社会
安稳有序的根本因素。

> 物之已至者,人袄则可畏也。楛耕伤稼,楛耘失岁,政险
> 失民,田薉稼恶,籴贵民饥,道路有死人,夫是之谓人袄;政令
> 不明,举错不时,本事不理,夫是之谓人袄;礼义不修,内外无
> 别,男女淫乱,父子相疑,上下乖离,寇难并至,夫是之谓人袄。
> 袄是生于乱。三者错,无安国。其说甚尔,其菑甚惨。(《荀
> 子·天论》)

即在各种现象中,真正令人直接畏惧的是"人袄",即人为的灾祸。荀子
所列举的"人袄"现象涵盖社会生活的各个方面,如耕种、政治、礼义等,
以说明人为的灾祸远比自然怪异现象所导致的危害更大。正是在此比

较的基础上,荀子强调说:

> 传曰:"万物之怪,书不说。"无用之辩,不急之察,弃而不
> 治。若夫君臣之义,父子之亲,夫妇之别,则日切瑳而不舍也。
> (《荀子·天论》)

即在他看来,自然万物的怪异现象书上是不讲的,论辩和考察这些现象相对社会政治稳定来说,都没有什么用处,都不急切需要,因此,都是"无用之辩""不急之察",应当放弃而不研究。因此,儒家的主要精力正像荀子一样,都集中到人的社会生活和社会政治稳定问题上来,相比而言对自然不是那么充满热情。也正是在这种致思导向下,荀子概括了儒家对社会伦理道德规范或礼义起源规律的认识。

> 人之所以为人者,何已也?曰:以其有辨也。饥而欲食,
> 寒而欲暖,劳而欲息,好利而恶害,是人之所生而有也,是无待
> 而然者也,是禹、桀之所同也。然则人之所以为人者,非特以
> 二足而无毛也,以其有辨也。今夫狌狌形笑亦二足而无毛也,
> 然而君子啜其羹,食其胾。故人之所以为人者,非特以其二足
> 而无毛也,以其有辨也。夫禽兽有父子而无父子之亲,有牝牡
> 而无男女之别。故人道莫不有辨。辨莫大于分,分莫大于礼,
> 礼莫大于圣王。(《荀子·非相》)

因此,荀子在这里通过比较自然界的禽兽而推演出了人类社会礼义的起源。

由于儒家重社会伦理道德智慧,因而在智与德的问题上,他们更强

调德对于智的决定性意义。孔子指出：

> 知及之，仁不能守之；虽得之，必失之。（《论语·卫灵公》）

即在孔子看来，相比而言，"仁"，即内在的仁德，更为根本，是保障智慧所得到的东西的基础。孔子还特别强调：

> 不仁者不可以久处约，不可以长处乐。仁者安仁，知者利
> 仁。（《论语·里仁》）

在此，"知"即"智"。孔子的观察是非常深刻的，他认识到内在的仁德对人品考验的决定性意义，即只有拥有仁德的人才可能长久地经受穷困和安乐的考验，因而真正拥有仁德的人每天实行仁德是自己的德性要求，实行仁德便内心安静，否则内心难安；与之相反，聪明的人却在利用仁德，他的仁德不是内在的，实行仁德不是出于自己的德性要求，而是出于外在的目的，因为他认识到仁德对他实现长远利益目标有好处。实质上，"仁者安仁"是真正具有内在仁德的人的自觉道德表现，而"知者利仁"正是精致的利己主义者的伦理表现。因此，儒家"仁"与"智"并重，并强调由"仁"支配"智"，而不是相反。弟子子贡赞赏孔子说：

> 仁且智，夫子既圣矣。（《孟子·公孙丑上》）

在此基础上，董仲舒进一步强调了"仁"与"智"相统一的必要性。

> 莫近于仁，莫急于智。不仁而有勇力材能，则狂而操利兵

也；不智而辩慧猥给，则迷而乘良马也。故不仁不智而有材能，将以其材能，以辅其邪狂之心，而赞其僻违之行，适足以大其非，而甚其恶耳。其强足以覆过，其御足以犯诈，其慧足以惑愚，其辨足以饰非，其坚足以断辟，其严足以拒谏。此非无材能也，其施之不当，而处之不义也。（《春秋繁露·必仁且智》）

即在董仲舒看来，仁爱与智慧都是不可缺少的，不仁不智就会狂迷、邪妄，走向邪道。刘劭说：

夫仁者，德之基也。义者，德之节也。礼者，德之文也。信者，德之固也。智者，德之帅也。夫智出于明。明之于人，犹昼之待白日，夜之待烛火。其明益盛者，所见及远。及远之明难。（《人物志·八观》）

在此，刘劭不仅强调"仁"为"德之基"，即仁德为道德基础，而且肯定"智"为"德之帅"，即智慧为道德的统帅。这就是说，人既要坚守仁德这一道德的根基，又要善于智慧地实行仁德。智慧地实行仁德，与"知者利仁"具有完全不同的性质，它所体现的是道德与智慧的最佳结合，是充分的伦理道德智慧。"仁且智"是儒家推崇的圣人境界。

在此基础上，孟子进一步肯定了"智"相对于"圣"的作用。

智，譬则巧也；圣，譬则力也。由射于百步之外也，其至，尔力也，其中，非尔力也。（《孟子·万章下》）

"由"即"犹"，孟子将"智"比作"技巧"，而将"圣"比作"力气"，并以百步之外射箭来说明，"圣"这种单纯的内在德性要想充分地发挥最大作用，还必须凭借一定的"智"。孟子著名的"四端"之说界定了什么是"智"："是非之心，智之端也。"（《孟子·公孙丑上》）他甚至强调："无是非之心，非人也。"（《孟子·公孙丑上》）即能够辨别是非就是智的萌芽。当然，仅能辨别是非还不是智的最高境界。

伦理道德智慧本质上是人际交往智慧，规范和协调的是人与人之间的关系，从深层上来说规范和协调的是心与心之间的关系，旨在求得人与人彼此间心灵上的和谐、宁静与安顿。孔子曾说：

> 可与言而不与之言，失人；不可与言而与之言，失言。知者不失人，亦不失言。（《论语·卫灵公》）

即在孔子看来，在与别人谈话这方面，要善于把握分寸，话该说不该说，要看具体的情形。当可以与对方谈话时而不与之谈，则"失人"，即错失了人；而在不可与之谈话时却与之谈，则"失言"，即浪费了语言。孔子认为真正的智慧者能够做到恰如其分，既不失人也不失言。

> 何谓之智？先言而后当。凡人欲舍行为，皆以其智，先规而后为之。其规是者，其所为得其所事，当其行，遂其名，荣其身，故利而无患，福及子孙，德加万民，汤、武是也。其规非者，其所为不得其事，不当其行，不遂其名，辱害及其身，绝世无后，残类灭宗亡国是也。故曰："莫急于智"。智者见祸福远，其知利害蚤，物动而知其化，事兴而知其归，见始而知其终。……其动中伦，其言当务。如是者，谓之智。（《春秋繁露·必仁且智》）

在李泽厚看来,这虽然是"生活的普通智慧","但并不容易做到,失言失人,固常见者"①。儒家的这种伦理道德智慧,是非常丰富的。在别人向自己咨询问题这种事上,荀子亦曾强调:

> 故不问而告之谓之傲,问一而告二谓之嚼。傲,非也;嚼,非也。君子如向(响)也。(《荀子·劝学》)

在此,"傲"为急躁,"嚼"为唠叨,即在荀子看来,在别人向自己咨询问题这件事上,一定要把握分寸,纵使自己有知识,纵使自己看出了对方存在的问题,也不轻易向对方多说一句,无论是急着告诉对方还是多说显得唠叨,都是错误的做法,真正的君子恰如回声一样回答问题,即有问则答,问一下回答一下。

针对儒家重实践而非抽象的理论性格,陈来强调:"早期儒家就已经确立了这种性格,在理论与实践之间,更注重发展实践智慧,而不是理论智慧,其原因正是在于儒家始终关注个人的善、社群的善、有益于人类事务的善。退一步说,孔子即使关心宇宙天道,也决不用'理论化的态度'去谈论天道,而是以实践智慧的态度关注如何在人的生活世界与天道保持一致。整个儒学包括宋以后的新儒学都始终把首要的关注点置于实践的智慧而不是理论的智慧。"②尤其他强调:"我们讲中华民族的伟大,一是她的历史非常悠久;二是作为一个生存的或政治的实体,中华民族在不断扩大。在这么大的疆域里,聚集这么多人口,绵延时间这么长,如果没有群体生活的智慧,中华民族就不可能得到发展。

---

① 李泽厚:《论语今读》,天津社会科学院出版社 2007 年版,第 264 页。
② 陈来:《儒家文化与民族复兴》,中华书局 2020 年版,第 139—140 页。

儒家很重要的贡献是致力于群体生活规则的研究。"①因此,儒家对智慧的探索更倾向于现实的社会伦理道德生活和德性修养,更在于强调规范和协调人与人之间的伦理关系,尤其在于培育和塑造人与人之间的心灵关系,以形成整个社会或生活世界的和谐秩序。

　　儒家对人与人之间关系的规范和协调,对整个社会生活秩序的塑造,其逻辑起点正在于自身的德性修养和人格完善。

> 古之欲明明德于天下者,先治其国。欲治其国者,先齐其家。欲齐其家者,先修其身。欲修其身者,先正其心。欲正其心者,先诚其意。欲诚其意者,先致其知。致知在格物。物格而后知至,知至而后意诚,意诚而后心正,心正而后身修,身修而后家齐,家齐而后国治,国治而后天下平。(《大学》)

由于《大学》提出"欲明明德于天下"要经历"格物""致知""诚意""正心""修身""齐家""治国""平天下"八个环节,朱熹将这八个环节概括为"八条目"。在此"八条目"中,"修身"处于枢纽的位置,因为"格物""致知""诚意"和"正心"最终为了修身,而"齐家""治国"和"平天下"是以修身为基础所达到的外在效果。后世儒家更明确地将"修身"以上的环节和学问称为"内圣"之学,将后三个环节和学问称为"外王"之学。"内圣"与"外王"构成了儒家思想的基本框架。因此,正如陈来所强调的:"儒家哲学对哲学的了解是实践性的,而这种对实践的了解,不限于认识、改变外在世界,而更突出认识、改造主观世界。所以说儒家的实践智慧包含着人的自我转化与修养功夫,追求养成健全的人格,《大学》就是这

---

① 　陈来:《儒家文化与民族复兴》,中华书局 2020 年版,第 235—236 页。

一实践智慧的纲领。"①归根结底,儒家的这种智慧本质上体现为伦理道德智慧,体现为与德性修养、人格塑造和伦理道德生活秩序塑造紧密联系的实践智慧。

当然,尽管儒家的实践智慧更倾向于伦理道德智慧,但也不是完全忽视非伦理道德智慧的实践智慧。被儒家尊奉为经典的《周易》所诠释的吉凶利害本质上就是更广义上的现实生存问题。陈来指出:"《周易》的基本思想是吉凶利害,而非德性修身,但关注吉凶利害是人的实践领域所需要的,故儒家也予以重视。这一类是'非道德'的实践智慧,而'非道德'(non-moral)不是'反道德'(immoral),故这种道德中立的实用理性在中国文化中也受到道家等各家的推崇,反映了中国智慧的重要方面。"②因此,尽管儒家的智慧更倾向于社会伦理道德生活,但应当承认,儒家也不是不关心生活的其他领域,只不过儒家在其他生活领域里的智慧探索没有像社会伦理道德生活领域这么集中、这么具有代表性而已。

相比儒家,道家更倾向于探索自然奥秘,探索自然运行的规律或大道,为人类合理地解决人与自然之间的矛盾提供了新的视野、方法和智慧。老子通过暗示和隐喻的方式揭示了整个宇宙的生成过程和道的浑然一体状态。

> 有物混成,先天地生。寂兮寥兮,独立而不改,周行而不殆,可以为天下母。吾不知其名,强字之曰"道",强为之名曰"大"。大曰逝,逝曰远,远曰反。故道大,天大,地大,人(王)

---

① 陈来:《儒家文化与民族复兴》,中华书局2020年版,第142页。
② 陈来:《儒家文化与民族复兴》,中华书局2020年版,第147页。

亦大。域中有四大，而人（王）居其一焉。人法地，地法天，天法道，道法自然。（《道德经·第二十五章》）

在此，老子的话虽然充满着暗示和隐喻，但依然比较清楚地揭示了他勉强所称的"道"在宇宙生成演化中的价值和意义，即道居于绝对的原初和支配状态，始终处于运动之中，是天地万物效法的最终原则，而道自然而然，即以自己原初的状态为原则。道为天地万物的根本和源泉，因为无形、无象，精微莫测，超越有限的、具体的事物，无法用语言和概念表述，故无名，称为玄。

　　无，名天地之始；有，名万物之母。（《道德经·第一章》）
　　渊兮，似万物之宗。（《道德经·第四章》）
　　天下万物生于有，有生于无。（《道德经·第四十章》）

因此，尽管"道"无形无名，却是生成化育天地万物的源泉。在此，老子不仅通过多个维度揭示了宇宙的生成演化与道化育天地万物的过程，而且揭示了道自然而然的特性，实际上探索了自然界万物生成演化的规律，揭示了宇宙自身的奥秘。

老子基于道的宇宙生成论，对后世影响深远。

　　自无蹠有，自有蹠无；终始无端，莫知其所萌；非通于外内，孰能无好憎？无外之外，至大也；无内之内，至贵也。能知大贵，何往而不遂？（《淮南子·精神训》）

"蹠"即至、到。这是说，从无形到有形，从有形到无形，宇宙始终变化，没有端倪，没有人知道它萌动的时候。只有通达了自然界和道的变化，才能超越喜好和憎恶，要充分认识到没有边缘的外界区域，是无限大的，没有内部极限的内部微妙，是珍贵的，如果能够懂得这无限大和无限微妙，有什么不能遂心如意的？因此，正如林语堂所说："道家学说总而言之是中国人想揭露自然界秘密的一种尝试。"[1]道教是道家思想的民间化、宗教化，并尊老子为始祖，而道教在探索自然奥秘和事物变化规律方面亦取得了许多可喜的成就。例如，道士在炼丹、制药的过程中发现了许多化学、生物学的现象，积累了丰富的科学经验以及生物学、化学和医学知识。东晋著名的道士葛洪，在炼制丹药的过程中发现、总结了丹砂（硫化汞）加热可炼出水银，而水银和硫黄化合又能变成丹砂的可逆性现象，以及雌黄和雄黄加热后升华直接结晶的化学现象。尤其是，道士们在炼制丹药的过程中还无意地发明了对后世战争和生产发展影响巨大的黑火药。

当然，道家以及道教在探索自然奥秘和事物发展变化规律方面的成就往往被神秘化，因而对中国普通百姓具有特别的魅力。正是由此，林语堂强调："道家哲学在民间所具的真实力量，乃大半含存于其供给不可知世界之材料，这种材料是孔教所摈斥不谈的，《论语》说：'子不语怪力乱神'。孔子学说中没有地狱，也没有天堂，更没有甚么精魂不灭的理论。他解决了人类天性的一切问题，却把宇宙的哑谜置而不顾。就是于解释人体之生理作用，也属极无把握。职是之故，他在他的哲学上留下一个绝大漏洞，致令普通人民不得不依赖道家的神学以解释自然界之神秘。"[2]儒家确实没有纯粹的宗教情怀，正像林语堂所说，儒家

---

①　林语堂：《中国人的智慧》，陕西师范大学出版社 2007 年版，第 79 页。

②　林语堂：《中国人的智慧》，陕西师范大学出版社 2007 年版，第 78 页。

将鬼神以及整个自然的奥秘置而不顾,所以没有给广大普通人民提供精神上的慰藉。

　　道家从宇宙生成演化的高度来理解和把握道,视整个宇宙为一体,强调天地万物都遵循道而化育、生成、变化,为人类提供了观察天地万物的至高视界和根本原则。老子所提供的宇宙整体生命观,将天地万物的生成和演化统摄到宇宙整体生命演化之中,看成一个流动不已的整体和过程,而不是孤立、静止地看待其中的任何一事一物,因而有助于人正确地看待自身在宇宙中的地位和作用。如上所述,一方面,老子强调"域中有四大"而"人(王)居其一",另一方面他又强调人最终要效法"道",而"道"则效法自己。这就是说,老子不仅充分地肯定了人或王在宇宙间的独特地位,肯定了人在整个宇宙生命体系中的至高地位,而且承认了人对自身的生命存在实际上并不具有绝对的支配权,认为人必须遵循整个宇宙间天地万物普遍遵循的"道"。实质上,以老子为创始人的道家思想充分肯定了宇宙或自然界客观规律的存在,认识到遵循客观规律对实现人与自然和谐相处的必要性,这本身是道家为人类提供的重要智慧。郭齐勇强调:"人学习自然,并最终要回到自然,复归初始的道,即回到人的本真状态,而不是孤悬在道与自然之外、之上,征服、占有、掠夺、榨取自然。天地作为人类生存的整体环境,有超出一般宇宙论的意涵。在道的统帅下,人与自然的内在关联具有神圣性,其背后有'玄之又玄'的形上超越层面与'和其光''同其尘'的生命智慧。"①因此,道家实际上为人类提供了更具有超越性的生命智慧,它旨在解决人与自然之间的关系问题。

　　道家由对人与自然之间辩证关系的感悟引申出了解决人类社会治

---

①　郭齐勇:《中国人的智慧》,中华书局 2018 年版,第 47 页。

乱问题的原则和方法。

> 道生一,一生二,二生三,三生万物。万物负阴而抱阳,冲
> 气以为和。(《道德经·第四十二章》)

尽管老子所揭示的这一规律非常抽象、不易理解,但应当看出,"道"生出原始混沌的整体之气,即元气,而这种元气演化和派生出阴阳二气,阴阳二气又进而相互激荡产生中和之气。中和之气是万物得以生成和存在的直接基础。在这里,老子不仅高度概括了"道"生成"万物"的规律,而且实际上提出了天地万物生成的根本原则——"和"。"和"是阴阳二气之冲和,是两种特殊性质的气及其力量相互作用的结果。"和"既是天地万物生成的条件,也是天地万物持续存在的条件。在老子看来,道生成万物除了必须具备"和"这一条件外,还需要其他必要的条件。

> 道生之,德畜之,物形之,势成之。是以万物莫不尊道而
> 贵德。(《道德经·第五十一章》)

在此,老子阐述了道与德、物、势在生成万物过程中的关系,特别强调了尊道与贵德的意义。对此,王弼注解说:"物生而后畜,畜而后形,形而后成。何由而生? 道也。何得而畜? 德也。何因而形? 物也。何使而成? 势也。"(《老子道德经注》)尤其是,对"道"与"德",王弼指出:"道者,物之所由也;德者,物之所得也。"(《老子道德经注》)因此,"道"实际上就是万物得以生成的根由,而"德"实际上是万物所得到的东西。显然,道家并没有否定"德"的重要性,但道家所谓"德"与儒家之"德"在内

涵上存在着较大的差异。实际上,道家所谓"德"本质上指万物自身从道所得到的内在素质,可以称为"天德"。正是基于这种认识,郭齐勇将上述老子的话阐释为:"自然天道使万物出生,自然天德使万物发育、繁衍,它们养育了万物,使万物得以一定的形态、禀性而存在、成长,千姿百态,各有特性。所以,万物没有不尊崇道而珍贵德的。"①更为关键的是,老子强调:

> 道之尊,德之贵,夫莫之命而常自然。故道生之,德畜之;长之育之;亭之毒之;养之覆之。生而不有,为而不恃,长而不宰,是谓"玄德"。(《道德经·第五十一章》)

在此,老子强调了"道"之所以受到尊崇、"德"之所以珍贵,就在于它们对事物不加干涉,而是顺其自然。所谓"生而不有,为而不恃,长而不宰",意思是道虽然生长万物、兴作万物、长养万物,但并不据为己有,并不自恃已能,并不任意主宰,这就是"玄德",即最深远的德。因此,关于"道"与"德"的关系,郭齐勇强调:"一般说来,道成就了万物之德,德代表了道,内在于千差万别的个别事物之中。"②由于老子强调"德"为万物因"道"所得,强调"德"内在于事物,因而他反对外在形式化的德。

> 故失道而后德,失德而后仁,失仁而后义,失义而后礼。夫礼者,忠信之薄,而乱之首。(《道德经·第三十八章》)

---

① 郭齐勇:《中国人的智慧》,中华书局 2018 年版,第 31 页。
② 郭齐勇:《中国人的智慧》,中华书局 2018 年版,第 32 页。

从某种意义上说,老子对当时儒家所倡导的忠信、仁德、礼义制度的批评不无道理。郭齐勇强调:"老子肯定的是真正的道德仁义。老子知道,到了强调礼的时候,一定是忠信丧失,礼的秩序发生危机的时候。"①从根本上说,老子及整个道家站在宇宙或道的高度来认识和评判一切社会生活现象,来思考和解决社会治理以及为人处世问题,所提供的智慧具有至高的价值和意义。

老子不仅强调这种"生而不有,为而不恃,长而不宰"的"玄德",而且强调在社会治理方面要"无为而治",从而提供了一套"治大国若烹小鲜"的高超智慧。

> 道常(恒)无为而无不为。侯王若能守之,万物将自化。化而欲作,吾将镇之以无名之朴。无名之朴,夫亦将不欲。不欲以静,天下将自正。(《道德经·第三十七章》)

在此,老子提出的"道常(恒)无为而无不为",是他从宇宙自身生成演变规律及"道法自然"原则针对社会治理推演出来的最高指导原则。所谓"道恒(常)无为",即道是顺其自然的,不妄为,而所谓"无不为",则是说没有什么不是道所作为的,归根结底,道看似什么都没有做,但因为顺其自然、不妄为,结果反倒什么事情都做成了。这看似不可思议,但实际上是一种很深刻的智慧。也就是说,老子及道家所讲的"无为"并非真正地什么也不做,而是要顺其自然地做,在看似不做的情况下达到做的目的。牟钟鉴提醒说:"不要把道家的无为简单化,我们还要把它里面所包含的、很深刻的智慧阐释出来,并且如果阐释得好的话,无为可

---

① 郭齐勇:《中国人的智慧》,中华书局 2018 年版,第 32 页。

以成为策略学的理论支持。"①正是坚持这种由"道法自然"而来的"无为"思想，老子认为在社会治理方面，"侯王若能守之，万物将自化"，即希望统治者能够遵循"无为而无不为"的原则，使天地万物都能够达到"自化"（自我化育）的效果。

> 天下皆知美之为美，斯恶已；皆知善之为善，斯不善已。（故）有无相生，难易相成，长短相形，高下相盈（倾），音声相和，前后相随。是以圣人处无为之事，行不言之教；万物作焉而不辞，生而不有，为而不恃，功成而弗居。夫唯弗居，是以不去。（《道德经·第二章》）

在此，老子揭示美与不美、善与不善、有与无、难与易、长与短、高与下、音与声、前与后等情形或因素之间的辩证关系，强调了圣人坚持"无为"原则做事和教导，万物兴起而不干预，生养而不据为己有，有所作为而不自恃已能，功业有成而不自我夸耀，因此他的功绩不会消失。如果说这段话还比较抽象，老子进一步提出了比较具体的社会治理指导原则：

> 不尚贤，使民不争；不贵难得之货，使民不为盗；不见可欲，使民心不乱。是以圣人之治，虚其心，实其腹，弱其志，强其骨。常使民无知无欲。使夫智者不敢为也。为无为，则无不治。（《道德经·第三章》）
>
> 以正治国，以奇用兵，以无事取天下。吾何以知其然哉？以此：天下多忌讳，而民弥贫；民多利器，国家滋昏；人多伎巧，

① 陈来：《儒家文化与民族复兴》，中华书局 2020 年版，第 237 页。

> 奇物滋起；法令滋彰，盗贼多有。故圣人云："我无为，而民自
> 化；我好静，而民自正；我无事，而民自富；我无欲，而民自朴。"
> （《道德经·第五十七章》）

在他看来，"其政闷闷，其民淳淳，其政察察，其民缺缺"（《道德经·第五十八章》）。陈鼓应强调，"闷闷"指"昏昏昧昧"，含有宽厚的意思，"察察"指"严苛"，而"缺缺"指"狡黠"①。总之，在老子看来，政治宽厚民风淳朴，政治严苛民多狡黠。他从生活中所提炼出来的智慧是：

> 治大国，若烹小鲜。（《道德经·第六十章》）

即治理大国要少干预，就像煎小鱼，不要轻易地翻动它，否则容易烂掉，达不到理想的效果。老子的这些话，是他针对当时西周末年社会礼乐制度混乱状态而提出的指导原则，虽然在后人看来这似乎不符合社会文明发展，但他主要的思想还在于强调统治者不要巧立名位鼓噪社会、追逐奢靡诱导民风，使自恃聪明的人胡作非为。陈鼓应强调："名位的争逐，财货的贪图，于是巧诈伪作的心智活动就层出不穷了，这是导致社会的混乱与冲突的主要原因。解决的方法，一方面要给人们生活安饱，另方面要开阔人们的心思。所谓'无知'，并不是行愚民政策，乃是消解巧伪的心智。所谓'无欲'，并不是要消除自然的本能，而是消解贪欲的扩张。"②因此，我们不能轻易将老子看成是文明的反对者，而应认识到他的根本用意，他所反对的实际上是过分的和纯粹的物欲追逐，而

---

① 陈鼓应注译：《老子今注今译》，商务印书馆 2003 年版，第 284 页。

② 陈鼓应注译：《老子今注今译》，商务印书馆 2003 年版，第 89 页。

他所总结出的"无为而治"原则，即"为无为而无不治"，至今依然具有重要的价值和意义，是非常高妙的治理智慧。

　　道家从"道法自然"总原则还推导出了很多为人处世的具体原则。老子通过观察自然现象总结出了很多具体的为人处世的生活智慧。

　　　曲则全，枉则直，洼则盈，敝则新，少则得，多则惑。（《道
　　德经·第二十二章》）

这段话，陈鼓应翻译为："委曲反能保全，屈就反能伸展，低洼反能充盈，敝旧反能生新，少取反能多得，贪多反而迷惑。"[1]可以看出，"委曲"与"保全"、"屈就"与"伸展"的辩证关系，以及"低洼"能够使水"充盈"，"敝旧"反而能够"生新"，"少取"反能"多得"，"贪多"反而"迷惑"，都是从生活现象中观察和总结出来的辩证智慧。这段话，郭齐勇翻译为："受得住委屈，才能保全；经得起弯曲，才能伸直；洼下去，反而能盈满；凋敝了，反而能新生；少取，反而能多得；多得，反而迷惑。"[2]虽然这与陈鼓应的翻译很相似，但更具人情味，似乎更着眼于人的生存。陈鼓应强调："老子以其丰富的生活经验所透出的智慧，来观照现实世界中种种事象的活动。"[3]

　　老子深刻地洞察了事物正反两方面的依存关系，建议人们不要急功近利，贪图眼前喜好，执着于眼前表象，而是要拓展视野，在依存或对待关系中从事物正面透视其负面的意义。特别是，老子揭示了许多物

---

①　陈鼓应注译：《老子今注今译》，商务印书馆 2003 年版，第 162 页。

②　郭齐勇：《中国人的智慧》，中华书局 2018 年版，第 33 页。

③　陈鼓应注译：《老子今注今译》，商务印书馆 2003 年版，第 162 页。

极必反现象,如:

> 物壮则老。(《道德经·第三十章》)
>
> 强梁者不得其死。(《道德经·第四十二章》)
>
> 甚爱必大费;多藏必厚亡。(《道德经·第四十四章》)
>
> 祸兮,福之所倚;福兮,祸之所伏。孰知其极? 其无正?
>
> 正复为奇,善复为妖。(《道德经·第五十八章》)

老子通过对水的性质的洞察,提出"贵柔"的思想。老子发现水具有无穷的力量,"天下之至柔,驰骋天下之至坚"(《道德经·第四十三章》),即天下最柔弱的水能够驾驭天下最坚硬的东西,由此他也认识到"柔之胜刚,弱之胜强"(《道德经·第三十六章》),从而揭示出"柔弱胜刚强"的道理。尤其是,老子将这种认识引申到为人处世上,指出:

> 上善若水。水善利万物而不争,处众人之所恶,故几于道。居善地,心善渊,与善仁,言善信,政善治,事善能,动善时。夫唯不争,故无尤。(《道德经·第八章》)

这是说,品德最高尚的人就像水一样,善于滋润万物而不与万物相争,安处在大家所厌恶的低洼之处,看似不利,却接近于道,实际上这样的人才拥有最高的智慧,他懂得善于选择所处的位置,保持内心的沉静,待人真诚,说话守信用,为政精简,处事发挥所长,行动掌握时机,尤其是,他因为处处不争,也没有招致怨恨与罪过。

不仅如此,老子甚至强调要超越常人思维,主动将自身置之度外反倒能够保全自身,主动地舍弃想要的东西反倒能够得到。

> 是以圣人后其身而身先；外其身而身存。非以其无私邪？
> 故能成其私。（《道德经·第七章》）

事实上，任何人都需要保障自身的存在和安全，但真正智慧的人并不是仅仅将目光集中到自身，相反，他先将自身置之度外，结果却保全了自己，而他之所以能够保全自己，就在于他不自私。

> 宠辱若惊，贵大患若身。何谓宠辱若惊？宠为下，[辱为
> 上]；得之若惊，失之若惊，是谓宠辱若惊。何谓贵大患若身？
> 吾所以有大患者，为吾有身，及吾无身，吾有何患？故贵以身
> 为天下，若可寄天下；爱以身为天下，若可托天下。（《道德
> 经·第十三章》）

在此，老子强调"贵身"，认为要淡化身外的宠辱，确保自己人格的独立与完整，而且只有将自身置之度外，达到"无身"境界，才能彻底超脱灾祸。为此，老子非常强调人应当谦虚，始终保持内心宁静。

> 持而盈之，不如其已；揣而锐之，不可长保。金玉满堂，莫
> 之能守；富贵而骄，自遗其咎。功遂身退，天之道也。（《道德
> 经·第九章》）

即人要谦虚，要适时停止，不要锋芒毕露，不要贪图富贵，不可骄奢淫逸，不可居功自傲，而是要功成身退。在老子看来，这是合乎自然的道理。

> 企者不立；跨者不行；自见者不明；自是者不彰；自伐者无
> 功；自矜者不长。其在道也，曰：余食赘形。物或恶之，故有道
> 者不处。（《道德经·第二十四章》）

在此，"企"同"跂"，即踮起脚跟，"跨"指跨大步。这是说，踮着脚尖站不
稳，大步跨行走不远，自我标榜反而不得自明，自以为是反而不得彰显，
自我夸耀反而难以成功，自我矜持反而不可长久。老子认为，如果从道
的观点来看，这些行为不过是些剩饭、赘瘤，令人厌恶，真正有道的人不
会这样做。老子强调自己有"三宝"：

> 我恒有三宝，持而保之。一曰慈，二曰俭，三曰不敢为天
> 下先。慈故能勇；俭故能广；不敢为天下先，故能成器长。
> （《道德经·第六十七章》）

但他遗憾地发现世人无法认识这些从"道"感悟来的道理。

> 上士闻道，勤而行之；中士闻道，若存若亡；下士闻道，大
> 笑之。不笑不足以为道。（《道德经·第四十一章》）

即上等的士听了道努力去实行，中等的士听了道将信将疑，而下等的士
听了道哈哈大笑，然而实际上如果不被嘲笑，那就不足以称为道。在
此，"士"之上中下之别，在于领悟能力和见识，而所谓"上士"，实际上就
是领悟能力最高因而拥有最高智慧的人。"道"之所以为领悟能力高的
人所理解而为普通人所嘲笑，关键在于"道"具有特殊的属性：

明道若昧；进道若退；夷道若颣。（《道德经·第四十一
章》）

"颣"（lèi），意为不平，即真正前途光明的道看起来好似暗昧，真正能够
前进的道看起来好似后退，而实质上平坦的道看起来好似崎岖。也就
是说，普通人只是看到了道的表象，却没有透过表象看到道的实质。

老子实际上从宇宙生成演化的规律或"道法自然"原则推导出了一
套普遍适用于人类社会治理和为人处世的法则，但遗憾的是，由于"道"
具有一定的抽象性，这套法则并不能为普通人所轻易认识和正确理解。
实际上，道家为中国人提供了极为高妙的智慧，这些智慧需要后人自觉
地深入学习和领悟。

客观而言，儒家和道家在历史上形成了互补的关系，相辅相成，共
同探索了最终具有中国风格的生活智慧。郭齐勇指出，"长期以来，儒
家与道家是中国文化的主轴"，但总体而言，"儒家是人文主义的"，"儒
家重视社会伦理秩序与道德文明的建构"，"道家是自然主义的"，"道家
回归自然而然的状态，对人为、对社会伦理予以解构"，"儒家在人伦中，
同时也在天、地、人、物、我的相互关系之中安顿生命，而道家回归自然，
更是在天地自然中安顿生命"，但两者并不真正矛盾，"传统社会的知识
人几乎都兼综儒道，得意是儒家，失意是道家"，尤其是"知自然之道必
知天，知人伦之道必知人，'天人合一'是儒道共同的信念"[①]。郭齐勇尤
其强调，实际上，"儒家的人文尊重自然，道家的自然包容人文"，"儒家
人文主义有深厚的宗教性与自然而然的倾向，尊重并亲和自然"，"道家
以自然智慧批评、反思人文，超越人文，包含了、丰富了人文价值，使人

---

① 郭齐勇：《中国人的智慧》，中华书局 2018 年版，第 51—52 页。

文发展更加健康",他尤其赞同陈鼓应的观点,强调"在一定意义上,毋宁说道家追求真人性、真人文"①。郭齐勇概括说:"儒家推展文明建设,构建和谐有序的社会;道家探寻文明的限制,抉发自然造化与人性的真实,超越自私用智的偏颇。儒道双行,恰如庄生讲的'两行'之理,包含人文与自然、超越与内在、无限与有限的两行兼顾,在人文到自然、自然到人文,超越到内在、内在到超越,无限到有限、有限到无限的'回环'之中,找到人真正的安身立命之所。'两行'是有差别的、有张力的、辩证过程的统一。"②因此,对中国人来说,中华民族的祖先们所探索和积累的生活智慧本身具有丰富的内涵和综合的性质,这是以儒道两家为主导的各派思想家共同努力的结果。冯天瑜强调:"中国智慧不限于'智性之知',还包含'德性之知',追求二者的统一,偏执一面、陷入偏锋者则每遭诟病——多智而无德者(如曹操)被斥为'狡智'的'奸雄';有德性追求却丧失智性者(如宋襄公)则被视为不足取的蠢材,这两类人都不是中国智慧的代表。中国人所推崇的文化英雄(如周公、姜子牙、诸葛亮)都是智者与贤人的整合,是智、仁、勇的统一体。从此种'大智慧'视角方可逼近中国智慧的真髓。"③实际上,儒释道共同构成了中华传统文化的主流,而每家又都各有侧重,全面地彰显了中华民族对生活智慧的自觉探索。牟仲鉴说:"儒道互补成为中国文化的基本脉络,一阴一阳,一虚一实,既对立又统一,推动着中国文化的发展,同时保持着一种平衡,避免走入极端。在此基础上,有佛教文化进入,形成三教之间的

---

① 郭齐勇:《中国人的智慧》,中华书局 2018 年版,第 52 页。
② 郭齐勇:《中国人的智慧》,中华书局 2018 年版,第 55 页。
③ 冯天瑜编著:《中国传统智慧二十讲·小引》,湖北人民出版社 2019 年版,第 2 页。

互动,更增强了中国文化的灵性与超越精神。"①实际上,这充分肯定了以儒道为主轴或基本脉络,儒释道三教长期互动形成中华传统文化基本精神和中华传统生活智慧基本特征的历史事实。

近代以来,随着历史的发展,中华民族对智慧的探索越来越变成自觉的行为。梁启超曾说:"天地间独一无二之大势力,何在乎? 曰智慧而已矣,学术而已矣。"(《论学术之势力左右世界》)中国历史上的儒释道以及诸子百家中的其他流派,如法家、兵家等都为中华传统智慧的丰富和发展做出了积极的贡献,中国人也在不断吸收和借鉴各种西方文化思想的基础上创造和积累着更多的智慧和力量。无疑,中华民族作为热爱智慧的民族,对智慧的自觉探索和追求永远不会止步,而中华民族也正是在不断地奋斗和探索中实现着自己的伟大复兴。

# 第二节　中华传统生活智慧的基本特征

智慧具有直接的现实性品格,它不是预先准备好的,它直接源于具体而感性的生存实践,是由当下遇到的问题、困难、矛盾、冲突、风险和挑战激发出来的。中华民族在五千多年的生存实践中,在创造辉煌灿烂的中华文明历史的过程中,积淀了丰厚的生活智慧。概括说来,中华民族传统生活智慧具有以下基本特征:遵循客观规律;尊重生活事实;直面现实问题;处理生活事务;驾驭事态发展;追求生活美满;提升生命境界;参赞天地化育。这些基本特征是紧密联系着的,无不反映了中国

---

① 牟钟鉴:《儒、佛、道三教的结构与互补》,载张广保、杨浩编:《儒释道三教关系研究论文选粹》,华夏出版社 2016 年版,第 80 页。

人务实而不尚虚的价值取向。

# 一、遵循客观规律

中国人生活在现实世界里，却追求着天人合一，儒家或道家从根本上都表现了对道或自然客观规律的尊重和遵循。总是从最宏大、高远的立场上来把握自然规律，把握道，是中国人生活智慧的最高体现。对中国人来说，"道"字具有极为特殊的意义，它不仅指说话，而且指道路，更指道理，不仅蕴含着天地万物、宇宙生成演化所遵循的客观规律，而且蕴含着人类社会发展规律和为人处世的道理。中国古人对道或客观规律的认识、重视和遵循，全面地体现在不仅从天人合一的高度上承认人的生成演化遵行着天道，而且坚信人在社会生活中所遵循的人道本质上源于天道，天道、地道、人道统一为一道，因此，广义上的道涵盖天道、地道和人道。推天道以明人事是中国人高度尊重和执着遵循客观规律或道的最好表现。

作为表述规律的概念，"道"在中国古人的语境中蕴含着多重维度。无论是道家还是儒家，对哲学意义上的"道"的认识都受到现实生活中道路的启发。老子用"善行无辙迹"（《道德经·第二十七章》）来说明他所说的"道"为"常道"。而孟子感叹说：

> 夫道，若大路然，岂难知哉？人病不求耳。（《孟子·告子下》）

即"道"如同大路，是任何人出行都要遵循的，并不难找到，只怕人不去寻找而已。邵雍说：

> 道无声无形,不可得而见者也。故假道路之道为名。人
> 之有行,必由于道。一阴一阳,天地之道也。物由是而生,由
> 是而成也。(《皇极经世·观物外篇上》)

对抽象规律或"道"的认知需要理性的思考,因而难以把握。尤其是,中国人不重归纳与演绎,而偏重普通感性,对道的认识和把握是总体性的把握。林语堂指出:"普通感性往往较为高明,因为分析的理论观察真理,常把它割裂成几多分散的片段,因而丧失了它的本来面目;而普通感性则将对象当作一个活动的整体看待。"[①]

由于只能从整体上把握,最高的道是不容易认识和把握的。

> 因是已。已而不知其然,谓之道。(《庄子·齐物论》)
> 道在天地之间也,其大无外,其小无内,故曰"不远而难极
> 也"。(《管子·心术上》)

事实上,普通人是不会思考哲学家们所讨论的抽象的道的。相比于古希腊哲学中表达规律的"逻各斯"概念,金克木指出:"道和逻各斯一样,兼有语言、思想、行为三义,是言、思、行,也是闻、思、修。"[②]但从根本上说,"道"主要指语言、思想和行动所遵循的内在逻辑和规律,体现为对复杂自然现象乃至社会现象内在发展和演变规律的概括。

中国古人很早就认识到宇宙生成演化或天地间万物的生长、发育、

---

① 林语堂:《中国人的智慧》,陕西师范大学出版社 2007 年版,第 54 页。
② 金克木:《传统思想文献寻根》,载金克木著,黄德海编选:《文化三书》,东方出版中心 2008 年版,第 144 页。

发展、变化都存在着客观的规律,形成了一定的规则和秩序。《国语》记载:

> 伯阳父曰:"周将亡矣。夫天地之气,不失其序;若过其序,民之乱也。"(《国语·周语上》)

尽管这里没有明确提到"道",但所谓"天地之气,不失其序"就是强调天地间气的运化有其客观的规律和秩序。范蠡说:

> 因阴阳之恒,顺天地之常。(《国语·越语下》)

范蠡在此所强调的"阴阳之恒"和"天地之常",实际上就是指阴阳演化和天地运行恒常不变的客观规律。

> 天有常道矣,地有常数矣,君子有常体矣。(《荀子·天论》)

所谓天的"常道"、地的"常数"乃至君子的"常体",实际上都在于谈规律,荀子在此反复申说"常",都在于强调规律和规则超越人的主观意识而恒常不变。针对老子的"道",韩非子指出:

> 道者,万物之所然也,万理之所稽也。理者,成物之文也;道者,万物之所以成也。故曰:"道,理之者也。"物有理,不可以相薄,物有理不可以相薄,故理之为物之制。万物各异理,万物各异理而道尽。稽万物之理,故不得不化;不得不化,故

> 无常操；无常操是以死生气禀焉，万智斟酌焉，万物废兴焉。
> （《韩非子·解老》）

显然，韩非子在此所强调的就是自然规律或普遍规律意义上的道。

> 故事督乎法，法出乎权，权出乎道。道也者，动不见其形，施不见其德，万物皆以得，然莫知其极。（《管子·心术上》）

王弼对老子的"道"解释说：

> 夫"道"也者，取乎万物之所由也。（《老子指略》）

即认为老子的"道"的实质就是万物所由以产生的根据和规律。张岱年指出："《易传》提出'一阴一阳之谓道'（《系辞上》）的深湛命题，是中国古代关于对立统一规律的精辟思想。《易传》所谓道即普遍规律。"[1]这种意义上的道作为普遍规律，具有恒常不变的特性。当然，张岱年指出了老子所谓道与《易传》所谓道存在着区别："《老子》所谓道是超越对立面的最高的绝对，《易传》所谓道则是对立统一的根本规律。"[2]但不管怎么说，中国古代思想家们还是倾向承认道根本上指普遍的客观规律。

　　"道"不只是指自然规律，还指社会生活规律和原则。楼宇烈强调："儒家对于自然界的法则也是极为尊重的，强调人类在生产活动中一定

---

① 张岱年：《文化与哲学》，中国人民大学出版社 2009 年版，第 117—118 页。
② 张岱年：《文化与哲学》，中国人民大学出版社 2009 年版，第 118 页。

要按自然界的法则去行动。"①客观规律或道体现于具体事务之中,就表现为"事理"或"道理"。孔子曾感叹说:

> 朝闻道,夕死可矣。(《论语·里仁》)

孔子试图闻说的"道",不可断然认定不包含自然规律,但更多地应该指借以指导社会人生的道理。实际上,儒家对"道"的用法,往往如此。例如,周敦颐说:

> 动而正,曰道。(《通书·慎动第五》)

朱熹释为:"动之所以正,以其合乎众所共由之道也。"②这实质上是从社会生活规则或社会伦理道德生活秩序来界定"道",但这种意义上的道也具有超越个人主观性的普遍性、客观性。邵雍说:

> 道之道尽之于天矣,天之道尽之于地矣,天地之道尽之于
> 万物矣,天地万物之道尽之于人矣。(《皇极经世·观物篇之
> 五十三》)

总之,对中国古人来说,"道"包含天道、地道、人道,但无论哪一个维度,其最基本的规定性都在于客观性,它是具有客观性的普遍规律。值得强调的是,如前所述,荀子还特别指出:

---

① 楼宇烈:《中国文化的根本精神》,中华书局 2016 年版,第 192 页。
② 周敦颐:《周敦颐集》,陈克明点校,中华书局 2009 年版,第 18 页。

> 夫星之队，木之鸣，是天地之变，阴阳之化，物之罕至者
> 也。怪之，可也；而畏之，非也。（《荀子·天论》）

"队"即"坠"。中国古代思想家在科学知识还极为贫乏的时代，就已经形成了这种对待各种不解自然现象的客观而冷静的科学态度，实在难能可贵。实际上，他们认识到，尽管这些自然现象非常罕见，但它们并不是鬼怪现象，而是客观现象，没有什么值得畏惧的，感到奇怪还可以，但感到畏惧就不应该了。

中国古代思想家不仅相信规律或道的客观性，还特别强调道的自然而然性质。楼宇烈强调："道实际上的含义是什么？道的含义是自然，没错。但这个自然不是指自然界，而是指'自然而然'，也就是整个宇宙，或者说是天地万物的一个根本的特性，指它的本来面貌。同时，这种整个宇宙或者整个天地万物的本然状态，又是通过每一个具体的事物体现出来的。它是一个包括了宇宙万物的整体和宇宙万物中每一个具体事物的共同的状态。"[①]可以说，从"自然而然"来揭示道的实质和特征，就把握了中国古代哲学中道的真谛。老子提出"道法自然"的命题，即强调道效法自己，自然而然而不再依附和受制于任何外在力量。扬雄说：

> 有生者，必有死；有始者，必有终。自然之道也。（《法
> 言·君子》）

扬雄在此所揭示的人或动物的生死规律和事物的兴亡始终的"自然之

---

① 楼宇烈：《中国的品格》，南海出版公司 2011 年版，第 136 页。

道",体现着从纯粹的自然规律向社会生活道理过渡的特征。欧阳修强调：

> 道者，自然之道也，生而必死，亦自然之理也。以自然之道养自然之生，不自戕贼夭阏而尽其天年，此自古圣智之所同也。(《删正黄庭经序》)

欧阳修这里所说的"自然之道"，实际上既蕴含着自然规律的意义，也蕴含着自然而然的意义。因为强调"自然之道"，而"自然"还蕴含着"自然而然"的意义，这两方面是不可完全分割的。李白《日出入行》诗：

> 草不谢荣于春风，木不怨落于秋天。谁挥鞭策驱四运，万物兴歇皆自然。

即草木荣枯遵循季节变化，万物兴衰都是受自然规律支配的。"皆自然"，实际上不但意味着万物生长、发育、衰败、死亡完全遵循自然规律，而且意味着万物的发展变化是自然而然的、毫无人为干预的现象。钱泳强调：

> 天下事贵自然，不贵造作。(《履园丛话·杂记上》)

所谓"事贵自然"，指做事贵在遵循规律、顺应自然，强调的是不矫揉造作。楼宇烈指出："中国人论证事物合理不合理，就是论证它合不合乎自然。凡是自然的必定是合理的。"①因此,尽管道在不同学派那里具有不同的意义,但道的大致意思是相近的,不同学派对道的重视是极为相同的,都将道视为最基本的规律、规则、秩序或真理,只是道家更强调其自然规律的一面,而儒家更强调其人类社会规律或为人处世法则的一面。

当然,在中国古人语境中,"天""法""理"也往往代指"天道"或客观规律。

> 天下有道,小德役大德,小贤役大贤;天下无道,小役大,弱役强。斯二者,天也。顺天者存,逆天者亡。(《孟子·离娄上》)

"天"在此即指天命或客观规律,不过在儒家思想中,"天"还用以代指民心。

> 天地有大美而不言,四时有明法而不议,万物有成理而不说。(《庄子·知北游》)

在此,"法"和"理"实际上都表示规律或道理,所强调的就是人应当取法天地,顺应规律,不要妄为,达到自然而然。

中国人对客观规律或道的重视,体现为推天道以明人事,明晓生活事理,这具体体现于认识到道对人促进生产、生活具有不可或缺的价值和意义,即道是人们必须遵循的客观规律、规则、秩序或道理,认识到遵

---

① 楼宇烈:《中国的品格》,南海出版公司 2011 年版,第 131 页。

道或顺道而行,能够取得成功,相反,逆道、背道妄行,只能遭遇失败或凶祸。

> 孔德之容,唯道是从。(《道德经·第二十一章》)

在此,"孔"即"大",即大德之人的举止容貌以道为准绳,换言之,道作为规律、法则,是人行动的标准或道路。孔子则说:

> 谁能出不由户? 何莫由斯道也?(《论语·雍也》)

即在孔子看来,任何人出行都要经由门户,循着道路就能够达到自己的目的地。

> 天行有常,不为尧存,不为桀亡。应之以治则吉,应之以乱则凶。强本而节用,则天不能贫;养备而动时,则天不能病;循道而不贰,则天不能祸……本荒而用侈,则天不能使之富;养略而动罕,则天不能使之全;倍道而妄行,则天不能使之吉。(《荀子·天论》)

荀子在此肯定了天道恒常,不取决于人的意志、德性、喜好,人只有顺应、遵循它,而吉凶祸福只不过是顺应或违背道的不同结果而已。荀子强调"倍道而妄行,则天不能使之吉",深刻地揭示了人类自觉地"循道"即遵循道的必要性和重要性。

> 故养长时,则六畜育;杀生时,则草不殖。(《荀子·王制》)

草木荣华滋硕之时，则斧斤不入山林，不夭其生，不绝其长也；鼋鼍、鱼鳖、鳅鳝孕别之时，罔罟毒药不入泽，不夭其生，不绝其长也；春耕、夏耘、秋收、冬藏，四者不失时，故五谷不绝，而百姓有余食也；污池、渊沼、川泽，谨其时禁，故鱼鳖优多，而百姓有余用也；斩伐养长不失其时，故山林不童，而百姓有余材也。（《荀子·王制》）

在此，"童"指"秃"。这里同样强调了"循道"而行的必要性和重要性。

人之所失以死，所得以生也；事之所失以败，所得以成也。凡道无根无茎，无叶无荣，万物以生，万物以成，命之曰道。（《管子·内业》）

就是说，人如果失去道就会死亡，而得到道就能生存；失去道做事就会失败，而得到道做事就能成功。万物赖它而生，赖它而成，因此称为道。不仅在生产上如此，在人类生活的各个领域都是如此。

身不行道，不行于妻子；使人不以道，不能行于妻子。（《孟子·尽心下》）

在此，孟子将"行道"视为通行天下的前提，而将"使人以道"视为统治天下的前提。而韩非子总结得更为深刻：

夫缘道理以从事者，无不能成。无不能成者，大能成天子之势尊，而小易得卿相将军之赏禄。夫弃道理而妄举动者，虽

> 上有天子诸侯之势尊,而下有猗顿、陶朱、卜祝之富,犹失其民人而亡其财资也。众人之轻弃道理而易妄举动者,不知其祸福之深大而道阔远若是也。(《韩非子·解老》)

他概括为"得事理则必成功""动弃理则无成功"(《韩非子·解老》)。

中国古人认识到遵循道之所以能够成功,是因为发挥和借助了天或自然的力量。范蠡说:

> 夫人事必将与天地相参,然后乃可以成功。(《国语·越语下》)

对此,范蠡解释说:

> 臣闻古之善用兵者,赢缩以为常,四时以为纪,无过天极,究数而止。天道皇皇,日月以为常,明者以为法,微者则是行。阳至而阴,阴至而阳;日困而还,月盈而匡。古之善用兵者,因天地之常,与之俱行。后则用阴,先则用阳;近则用柔,远则用刚。后无阴蔽,先无阳察,用人无艺,往从其所,刚强以御,阳节不尽,不死其野。彼来从我,固守勿与。若将与之,必因天地之灾,又观其民之饥饱劳逸以参之。尽其阳节,盈吾阴节而夺之。宜为人客,刚强而力疾;阳节不尽,轻而不可取。宜为人主,安徐而重固;阴节不尽,柔而不可迫。凡陈之道,设右以为牝,益左以为牡,蚤晏无失,必顺天道,周旋无究。今其来也,刚强而力疾,王姑待之。(《国语·越语下》)

范蠡在此通过精细的分析阐释了顺道、遵道而行的道理,实际上就是为了能够得到大自然的资助;逆道、背道而行,实际上则失去了大自然的资助。《管子》甚至说:

> 天之所助,虽小必大;天之所违,虽成必败。(《管子·形势》)

韩非子说:

> 故冬耕之稼,后稷不能美也;丰年大禾,臧获不能恶也。以一人之力,则后稷不足;随自然,则臧获有余。(《韩非子·喻老》)

"臧获"即被捕而沦为奴隶的人。这里阐明的是同样的道理。

中国古人认识到遵循规律或道而行能够成功,因而高度重视道,要求人们必须精于道,须臾不离道,最终同于道,而同于道就能够乐道,达到顺势而为、无为而无不为的境界,归根结底达到自然而然的境界。

> 精于道者也,[非]精于物者也。精于物者以物物,精于道者兼物物。故君子壹于道而以赞稽物。壹于道则正,以赞稽物则察;以正志行察论,则万物官矣。(《荀子·解蔽》)

即真正精通于"道"的人并不精通具体的事物,精通具体事物的人可以治理某一事物,而精通于道的人则能治理一切事物。因此,君子精通于道,以道来考察万物。而专一于道,德性就端正,再借助它来考察万物,万物就能够被明察，借助道来端正意志品行、考察言论，就能治理万物。遵循道做事能够使人顺利、吉祥，因此中国人强调人不能须臾离开道。

> 道也者，不可须臾离也，可离非道也。（《中庸·第一章》）

张载说：

> 人生固有天道。人之事在行，不行则无诚，不诚则无物，故须行实事。惟圣人践形为实之至，得人之形，可离非道也。（《张子语录·语录中》）

道与人须臾不可分离，实际上就意味着道与人同在。老子早就强调说：

> 故从事于道者，同于道；……同于道者，道亦乐得之。（《道德经·第二十三章》）

在中国人看来，只要精于道，遵循道，须臾不离道，就能够达到最高的境界，即始终同于道。如前所述，孔子说："予欲无言。"子贡则说："子如不言，则小子何述焉？"孔子说："天何言哉？四时行焉，百物生焉，天何言哉？"在此，孔子实际上表述了遵道而行的最高境界。

> 万物固以自然，圣人又何事焉？（《淮南子·原道训》）

无疑，这是最终顺遂自然，无为而为不为、自然而然的状态。

# 二、尊重生活事实

生活直接呈现在面前,具有最真切的现实性,这是中国人最朴素的生活体验。因此,中国人总是以现实生活为根基来看待一切社会现象,尊重生活事实,而不凌虚蹈空、异想天开。不尚玄虚、不谋虚名,是中国人最平常的生活态度。正是基于这种态度,中国人充分肯定了人所生活的天地以及万物的客观存在,肯定了人自身的自然根源和自然属性,肯定了人之常情,形成了遵循自然规律、尊重生活实践的实践理性精神,形成了尊重生活事实的朴实态度。

严格地说,中国人没有过分幻想自己源自神的创造,相反,更相信自己来自宇宙或天地的生成、演化,并在此基础上充分肯定其他基本生活事实。阮籍说:

> 天地生于自然,万物生于天地。自然者无外,故天地名焉;天地者有内,故万物生焉。(《达庄论》)

这是说,自然之外没有任何存在,而天地万物都是自然的产物。中国人承认这一点,实际上就是承认人只是自然的产物,是天地间万物中的一物。正因如此,人拥有自己不可否定的自然机能和属性。

> 饮食男女,人之大欲存焉。死亡贫苦,人之大恶存焉。故欲恶者,心之大端也。(《礼记·礼运》)

所谓"饮食男女",就是吃喝与性活动,源自人的自然机能与本性,只有满足这些生理需要，人类才能继续繁衍和发展下去。死亡同样是人的肉体生命不可避免的客观现象，是任何人生命活动中不可否认、终将面对的事实。相比"饮食男女"和"死亡"，"贫苦"则具有社会性，但对"贫苦"的厌恶却是人之常情，它反映了普遍的社会态度。

> 饥者易为食，渴者易为饮。（《孟子·公孙丑上》）

"食"（sì），即拿食物给人吃；"饮"（yìn），即拿饮料让人喝。这是说，饥饿的人不苛责食物，而口渴的人不苛责饮料，都容易得到满足。

> 厥初生民，食货惟先。（《汉书·叙传下》）

即人类最初的生存，只把粮食和货物放在第一位，认识到食物实际上永远是满足人类生存需要的最基本、最基础的东西。晁错说：

> 人情，一日不再食则饥，终岁不制衣则寒。（《汉书·食货志》）

即一天吃不上两顿饭就会挨饿，整年不添新衣服就会挨冻，这也是人之常情。据《金楼子·立言》载："陈思王云：'投虎千金，不如一豚肩；寒者不思尺璧，而思裋衣足也。'""豚肩"，即猪腿。给老虎喂食，要根据老虎的实际需要，而不是根据人对金钱的欲望投给它千两黄金，因而千两黄金不如一条猪腿。同样的道理，受冻的人更需要衣服而不是贵重的玉璧。这实际上是从动物与外在事物之间价值关系的理解，引申到对人自身与外在事物之间价值关系的认识，肯定了最基本的生活事实。

夫物之不齐,物之情也。(《孟子·滕文公上》)

这是说,事物具有多样性,各不相同,这就是事物的客观情况。据《孔子家语·六本》记载:"孔子曰:'良药苦于口而利于病,忠言逆于耳而利于行。'"这句格言后世简化为"良药苦口利于病,忠言逆耳利于行"或"良药苦口,忠言逆耳",虽然用意在于劝告人,但其实它说明了中国人所崇尚的一个基本道理,即良药能够治好病,忠告之言有利于行动,这些都是能够通过实践而得到验证的、不因人的情感和态度改变的事理。

天不为人之恶寒也,辍冬;地不为人之恶辽远也,辍广。(《荀子·天论》)

显然,"恶寒"和"恶辽远"都是人之常情,自然界却遵循着自身的规律。在经历了秋季之后必然迎来寒冬,大地则客观地无限广阔。

景不为曲物直,响不为恶声美。(《管子·宙合》)

在此,"景"即"影",意思是说,影子不会照顾本身弯曲的物体而变直,回响不会照顾恶声而变得好听。

夫景不为曲物直,响不为清音浊。(《淮南子·兵略训》)

此所说道理与上相同。刘向记孔子困于陈蔡之间回复进谏说:

芝兰生深林,非为无人而不香。(《说苑·杂言》)

"芝兰"即"芷"和"兰"两种香草。这句话本来是用比兴的手法来说明品德高尚的君子不因为穷困独处而失去情操,但它说明了一个深刻的道理,即"芝兰"的香是客观的,并不因为没有人来闻就不香。王褒指出:

> 故毛嫱、西施,善毁者不能蔽其好;嫫姆、倭傀,善誉者不能掩其丑。苟有至道,何必介绍!(《四子讲德论并序》)

就是说,惯于说坏话的人再诋毁也不能遮蔽像毛嫱、西施那样美女的美丽,而惯于奉承的人再赞誉也不能掩饰像嫫姆、倭傀那样丑女的丑陋,比喻客观存在的事实是无法被随意否定的。曹邺说:

> 欺暗尚不然,欺明当自戮。难将一人手,掩得天下目。
> (《读李斯传》)

即事实或真相是无法掩盖的,最终还是会被世人揭露出来。苏洵强调:

> 尺箠当猛虎,奋呼而操击,徒手遇蜥蜴,变色而却步,人之情也,知此者可以将矣。(《宋史·苏洵传》)

"箠"即鞭子或棍棒,意思是说,手里拿着鞭子就敢呼叫着击打猛虎,空手遇见蜥蜴却会惊恐变色而退却,这是人之常情,是最基本的道理,而懂得这一道理,即懂得人之常情,就能够当好一个将帅。因此,中国古人很早就明白任何人做事都必须充分尊重基于自然属性和客观生存需要的生活事实,尊重人之常情,而不是违背自然和生活事实,违背人之常情。

　　中国人注重生活事实,因而强调知识和真理的获取必须亲身实践,强调参验事实,以摆脱人的主观感受、体验和好恶。荀子说:

　　　　故不登高山,不知天之高也;不临深溪,不知地之厚也。
　　(《荀子·劝学》)

这是强调亲自观察和亲身实践是真正有效认识客观事物的必要条件。

　　　　因也者,舍己而以物为法者也。感而后应,非所设也;缘
　　理而动,非所取也。(《管子·心术上》)

扬雄强调:

　　　　君子之言,幽必有验乎明,远必有验乎近,大必有验乎小,
　　微必有验乎著。无验而言之谓妄。(《法言·问神》)

这里,扬雄强调了一个君子在谈论事物时应当具有的品质,即说话要有根有据,能够得到验证,而不是信口开河,故作高论借以欺骗其他人。王符说:

　　　　是故求马问马,求驴问驴,求鹰问鹰,求鹍问鹍,由此教
　　令,则赏罚必也。夫高论而相欺,不若忠论而诚实。(《潜夫
　　论·实贡》)

这是说,高谈阔论欺骗人,不如实实在在、有根有据谈论问题。王充

则说：

> 不览古今,论事不实。(《论衡·别通》)
>
> 凡论事者,违实不引效验,则虽甘义繁说,众不见信。
> (《论衡·知实》)

韩愈进一步强调实践的意义:

> 及之而后知,履之而后难耳。(《与李翱书》)

这是说,只有亲身接触了才能获得真知,而只有亲身实践了才能懂得艰难。张载说:

> 感亦须待有物,有物则有感,无物则何所感! (《张子语录·语录上》)

这是强调人的感觉必须以外在事物为前提条件。他又说:

> 闻见不足以尽物,然又须要他。耳目不得则是木石,要他便合内外之道,若不闻不见又何验?(《张子语录·语录上》)

这里,张载强调了人的感官感觉在把握和验证事物时的必要性。在此基础上,张载进而强调:

> 穷理亦当有渐,见物多,穷理多,如此可尽物之性。(《张

子语录·语录上》）

也就是说，张载深刻地认识到对事物规律和道理的认识必须能够在更多的事物上得到验证，只有如此才能最终把握或穷尽事物的本性。在评判事情方面，中国人更注重强调事情本身，而不是以人来断事。在此方面，张载指出：

> 理不在人皆在物，人但物中之一物耳，如此观之方均。故人有见一物而悟者，有终身而悟之者。（《张子语录·语录上》）

所谓"理不在人皆在物"，就是承认理不依人而转移，而人对理的认识往往各不相同，因此不能根据人的认识和判断来把握理。在中国古人语境中，"物"与"事"有时相通。程颐说：

> 物则事也，凡事上穷极其理，则无不通。（《二程集·河南程氏遗书》第十五）

陆九渊也曾说：

> 凡事只看其理如何，不要看其人是谁。（《语录下》）

程颐、陆九渊讲事理，将对事物的认识拓展到社会生活领域，而陆九渊更明确地认识到事有其理，而此理不依赖于具体的人。王夫之强调：

> 有即事以穷理,无立理以限事。故所恶于异端者,非恶其
> 无能为理也,同然仅有得于理,因立之以概天下也。(《续春秋
> 左氏传博议卷下·士文伯论日食》)

王夫之在此所强调的就是要根据事来把握理,而不能故意设定理来限定事,尤其不能强立理以框定天下。

中国古人这种注重事实的思想观念,在文学创作中体现为现实主义。左思谈论为文之道时说:

> 发言为诗者,咏其所志也;升高能赋者,颂其所见也。美
> 物者贵依其本,赞事者宜本其实。(《三都赋序》)

这原本指在艺术创作上一定要反映客观的真实情况,即美化事物贵在依据其本来面目,称赞事物应基于它的真实情况。都穆说:

> 学诗浑似学参禅,语要惊人不在联。但写真情并实境,任
> 他埋没与流传。(《南濠诗话》)

所谓"但写真情并实境",就是强调要重视对当事人真情实感和实际境况的描述,而不要故意拼凑词句制造惊人之语,更不要一味妄想流传后世。邹一桂说:

> 今以万物为师,以生机为运,见一花一蕚,谛视而熟察之,
> 以得其所以然,则韵致丰采,自然生动,而造物在我矣。(《小
> 山画谱》卷上)

即画画当以宇宙间的万事万物为老师,以大自然的气韵生机为运作,只有如此,画出来的画才具有鲜活的气息。总之,中国古人更倾向生活事实,注重从生活实践中把握事物、认识事物。

因为尊重生活事实,务实而不尚虚谈,中国古人更注重朴实的生活。左思说:

> 且夫玉卮无当,虽宝非用;侈言无验,虽丽非经。(《三都赋序》)

"卮"(zhī)是古代的一种酒器,"当"指底,即玉制酒器被视为宝贝,但其无底不能盛酒因而并不实用,夸大其词的话没有得到验证,虽然华丽但并不能作为原则。张栻说:

> 观公训敕诸子从事经史,大抵以实用为贵,以涉虚为戒。(《张栻集·南轩先生文集·跋孙忠愍帖》)

郑性之说:

> 况夫听言之道,宜以事观,若言果有关国体,有补治道,有益主德,则言之过激,夫亦何伤。彼虽采名,我实有益。(《宋史·郑性之传》)

这里所强调的是,真正英明的君主在纳谏的时候一定要看重事实,只要意见关系国家大事,有助国家治理、君主道德修养,即使言论偏激,也应当接受,谏者虽然想博得名声,但君主也能够得到实惠。

因此,中国人基于对客观事物的认识形成了不求全责备的思想。

> 天地无全功,圣人无全能,万物无全用。(《列子·天瑞》)

朱用纯强调:

> 嫁女择佳婿,毋索重聘;娶媳求淑女,毋计厚奁。(《治家格言》)

即人不应过分看重财物,而应更注重德才和人品。顾嗣协《杂兴》:

> 骏马能历险,力田不如牛;坚车能载重,渡河不如舟。舍长以就短,智者难为谋;生材贵适用,慎勿多苛求。

即经验告诉人们,牛与马、舟与车各有所长,牛在经历险阻方面不如马,但马在耕田方面却不如牛,舟在载重方面不如车,但车在渡河方面却不如舟。因此,人们要学会根据自己的事情和任务而有选择地使用人才。

> 狗不以善吠为良,人不以善言为贤。(《庄子·徐无鬼》)

即对待事物要根据其内在品质,而不要根据自我标榜。《庄子·逍遥游》记载:"连叔曰:'然。瞽者无以与乎文章之观,聋者无以与乎钟鼓之声。'"这里所强调的是要扬长避短。

> 实事求是,不立异,不苟同。(《清史稿·儒林传》)

即做事要实事求是，既不标新立异，也不随意附和，完全从实际出发分析和对待问题。中国人做事讲究要踏踏实实，要勤奋，要循序渐进，要积少成多。

　　天下之难事，必作于易；天下之大事，必作于细。（《道德经·第六十三章》）

显然，老子的着眼点在于天下难事、大事，而且深刻地揭示了做事由小到大、由易到难的辩证道理。

　　合抱之木，生于毫末；九成之台，起于累土；千里之行，始于足下。（《道德经·第六十四章》）

在这里，老子深刻地认识到从量变到质变的转化，他从对自然界事物的观察引申到人类社会，乃至拓展到政治和人生。

　　不积跬步，无以至千里；不积小流，无以成江河。（《荀子·劝学》）

荀子在此所说的是同样的道理。陆贾直接概括说：

　　夫建大功于天下者必先修于闺门之内，垂大名于万世者必先行之于纤微之事。（《新语·慎微》）

《管子》告诫说：

> 不为不可成，不求不可得，不处不可久，不行不可复。
> （《管子·牧民》）

即要量力而为，考虑着后果而行。王朴指出：

> 攻取之道，从易者始。（《旧五代史·王朴传》）

刘宗周记载：

> 司马温公尝有言曰："只字必惜，贵之本也；粒米必珍，富
> 之源也。"（《人谱杂记·考旋》）

可以看出，这种强调人的主动作为、勤奋作为，从点滴做起，注重量的积累的思想，更广泛地体现在中国人勤俭持家、治国理政以及修身养性等各个方面。

中国人尊重事实，尊重自然规律和客观状况，充分认识到人在生产劳动过程中积极主动的参与所具有的价值和意义。

> 临河而羡鱼，不如归家织网。（《淮南子·说林训》）

即通常所谓"临渊羡鱼，不如退而结网"（《汉书·艺文志》），这早已成为中国人耳熟能详的格言，它反映了中国人不重空想而重实际行动的价值观念，归根结底反映了人在价值创造过程中的积极主动性。陆贽

指出：

> 天之授者，有分事，无全功；地之产者，有物宜，无兼利。
>
> （《旧唐书·陆贽传》）

这就是说，大自然只能给人类带来部分好处，不可能完成全部的功绩，大地所生产的也只是适宜的作物，不可能同时创造多种利益。可以说，这是中国古人充分肯定自然事实或生产劳动客观事实的积极态度。言外之意是，人要在充分认识自然规律和生产条件的基础上发挥自己的积极作用，积极劳动，充分利用自然规律和有利条件，帮助自然实现"全功"，即发挥自然的最大作用和功效。

> 不务天时，则财不生；不务地利，则仓廪不盈。（《管子·牧民》）

这里明显在于强调人要充分利用适宜的自然气候条件增长财富，利用客观有利的地理环境条件发展生产。换句话说，既要充分利用天时、地利这些自然规律和条件，也要充分发挥人自身的积极主动作用，使两者在相互作用过程中创造出最大的效益。

## 三、直面现实问题

人的生活每天都面临着各种各样的问题，生存是第一要务，而人正是在解决问题的过程中实现生存和发展的。对中国古人来说，开门七件事——柴米油盐酱醋茶，是每天睁开眼都需要为之奔波的最基本事项,因为只有如此才能维持生计。围绕维持基本生计,人们在社会生活中,在物质交换和经济往来中,在政治生活和文化活动中,注定又派生出一系列的复杂问题。这些问题由各种生活因素相互作用而纠结在一起,直接影响着人的生命体验和生活质量,如果不能科学地解决,就妨害人们对美好幸福生活的追求。事实上,除少数所谓"看破红尘"而遁入空门或寻道求仙追求精神逍遥游的个人,绝大多数普通人还是更执着于现实生活。事实上,勇敢地直面现实问题,而不回避问题,是绝大多数中国人为人处世的基本态度。

现实生活中的问题总是具体的,人必须根据具体的情形和问题而采取自己的行动。无疑,每件事都是在一定的环境、条件下发生的,是由生活中长期发展和形成着的各种因素、关系、矛盾和问题促成的,不仅具有不同的性质和状态,而且对于不同人具有不同的价值和意义。中国人正是基于这种人文思维,从人及其动态发展着的事情出发,强调直面生活、事情或问题本身,而不是抽象地、静止地看待问题。显然,人的生命活动是时时刻刻变化着的,因而人所面对的事物总是随着时间的推移而变化,究竟能够出现什么样的问题完全不取决于人的意志,人只能根据事物发展变化而寻找解决问题的契机、策略和方法。例如,孔子对自己弟子的提问,总是根据每个人的具体情况而给出不同的答案。

> 物有本末,事有终始,知所先后,则近道矣。(《大学》)

只有深入研究事物的本末与始终,了解事物发展的先后顺序,才能最终接近对规律或道的把握。

　　见而知之,智也。(郭店楚简《五行》)

这也在强调,只有亲眼看见而知道才能算得上明智。当然,如果不行
动,还不是最高意义上的智,因亲眼看见而知道的明智从根本上说只是
借以指导行动的思想条件。因此,郭店楚简《性自命出》进一步强调:

　　当事因方而制之,其先后之序则义道也。

这已经认识到必须根据具体的事制订具体的方案、措施,并准确地把握
事物发展的先后顺序,才能接近道或规律。显然,从已经形成的思想条
件,即对事物的亲眼所见形成的认识,根据具体的事物发展及其规律做
出自己的选择和行动,是明确地使自己的行为更全面地接近道或规律
的努力。
　　中国人对现实问题的关注与操持,具有鲜明的价值意识,体现为对
问题本身吉凶、悔吝、变化、刚柔的思考。这在《周易》中体现得最为
鲜明。

　　圣人设卦观象,系辞焉而明吉凶。刚柔相推而生变化。
　是故吉凶者,失得之象也。悔吝者,忧虞之象也。变化者,进
　退之象也。刚柔者,昼夜之象也。(《易传·系辞上》)

中国人在《周易》中所体现出来的是一种忧患意识。《易传》载:

　　作《易》者,其有忧患乎?(《易传·系辞下》)

忧患意识本质上是人身处各种吉凶、祸福关键境遇时的生死存亡意识，本质上就是面对困难、风险、挑战、灾难时的求生、求强、求变意识。

> 《易》之为书也不可远，为道也屡迁。变动不居，周流六虚，上下无常，刚柔相易，不可为典要，唯变所适。其出入以度外内，使知惧，又明于忧患与故。无有师保，如临父母。（《易传·系辞下》）

也就是说，只要理解易道，深刻地洞察天地、阴阳、刚柔变化，不拘执于恒常不变的纲要，即教条，唯变所适，又始终抱有谨慎、戒惧的态度，了解忧患及其原因，就能够使生命得到保障。"无有师保，如临父母"，所说的就是，虽然没有师傅的教导和监护，依然仿佛身在亲生父母身侧得到保护一样。

中国人直面现实问题的忧患意识，还鲜明地体现于郭店楚简之中。

> 君子无中心之忧则无中心之智，无中心之智则无中心[之悦，无中心之悦则不]安，不安则不乐，[不乐]则无德。（郭店楚简《五行》）

在此，郭店楚简直接将内心是否有忧患意识与是否拥有智慧，内心是否得到高兴、安宁、快乐，以及自身是否有德性，联系了起来，强调了智慧的产生往往源于忧患意识，进而强调了智对获得高兴、安宁、快乐的意义。

对于中国人来说，真正值得关心和操持的现实问题往往是事关天下利害的大问题。

仁人之事者,必务求兴天下之利,除天下之害。(《墨子·兼爱下》)

无疑,墨子这是着眼整个天下来思考问题的,真正关系天下利益的问题才是最大的问题。作为法家代表,慎到说:

> 古者立天下而贵者,非以利一人也。曰:天下无一贵,则
> 理无由通,通理以为天下也。故立天子以为天下,非立天下以
> 为天子也;立国君以为国,非立国以为君也;立官长以为官,非
> 立官以为官长也。法虽不善,犹愈于无法,所以一人心也。
> (《慎子·威德》)

慎到在此所强调的也是天子、国君之所以确立,之所以高贵,都在于为了天下、国家的利益,而不是相反;法律虽然不善,但犹胜于无法,它在于统一、规范人心。显然,这是明确地将天下、国家的治理问题视为最根本的问题,是从大问题着眼看待现实问题的态度。《易传》载:

> 化而裁之谓之变,推而行之谓之通,举而错之天下之民谓
> 之事业。(《易传·系辞上》)

"错"即"措",就是说,善于演化天地之道而自觉裁断,善于推动天地演化而行动起来,归根结底就是善于变通,将它实施于天下民众之中就是事业。因此,所谓事业并不指个人的私事。当然,这种运化天地之道、推进天地发展、有利天下民众的事业就是最宏大的事业。

现实中的最大问题往往也是各种矛盾的交汇点,而人身处其中,最能够激发起内在的智慧。如上所述,郭店楚简《五行》强调"君子无中心

之忧则无中心之智"。"忧"正是各种矛盾高度集中使人内心焦虑、不得安静的表现,正是因为人不得安静,始终需要思考着矛盾和问题,始终在探寻着解决矛盾和问题的契机和思路,从而能够激活思维和智慧。徐祯稷说:

> 处难处之事,可以长识;调难调之人,可以炼性。(《耻言》)

也就是说,越是难处的事,越能够长识见,越是与难以协调的人相处,越能够锻炼性情。章太炎指出:"人心之智慧,自竞争而后发生。"(《驳康有为论革命书》)在他看来,明末李自成迫于饥寒揭竿而起时并无革命观念,只是随着斗争形势的变化而产生了具有革命意义的想法和做法,从而改变了单纯对抗压迫和饥寒的意图。人之所以需要智慧,是因为当人身处极端复杂的矛盾和问题中时需要有针对性地解决它们,需要找到最好的方法、方案或策略。毫无疑问,这是中国人从直接的生活实践和斗争中形成的看待问题的思路。

# 四、处理生活事务

现实生活中注定涌现出亟待处理的各种事务,它们直接影响人们的生活,甚至危及人们最基本的生存,因而必须及时处理,而人恰恰是在处理事务的过程中存在和发展的。不做任何幻想,而是认真地将眼光投注现实之中做事,是中国人奉行的根本生活态度。赵汀阳指出:"与西方思想不同,中国思想的出发点是'事'。事不是实体,而是实体之间的动态关系。"①因此,做任何事,或处理任何事务,都涉及知与行,从根本上说,中国传统生活智慧是旨在协调做事过程中知与行辩证关系的实践智慧。

　　中国人对现实事务的重视和认识体现于现实生活的各个方面。在赵汀阳看来,对于中国人来说,"事的所指范围大概相当于人们有意图或有计划的一切所为"②。因此,从处理事务的角度来看待中国人的生活、思想和行动,可能更为清楚明白。孔子曾说:

　　　君子食无求饱,居无求安,敏于事而慎于言,就有道而正焉,可谓好学也已。(《论语·学而》)

"敏于事"就是人具有强烈的做事意识并积极做事。

　　　通变之谓事。(《易传·系辞上》)

所谓"通变",就是通晓事物变化之道,而"事"则意味着根据所了解和掌握的道或规律采取行动,即做事。因此,做事是人之所以能够成就一番事业的根本。这种对事务的重视充分体现了中国古人不尚虚谈的价值取向。孟子强调:"当务之为急。"(《孟子·尽心上》)即人应当充分地认识到当下要务是什么,要把它放在轻重缓急思考的重要位置。

　　在中国传统儒家看来,对于执政者来说,最为紧迫的就是人民的事情。当孔子的弟子樊迟问及怎样才叫作有智慧、有知识时,他回答说:

---

① 　赵汀阳:《惠此中国:作为一个神性概念的中国》,中信出版社 2016 年版,第 147 页。
② 　赵汀阳:《惠此中国:作为一个神性概念的中国》,中信出版社 2016 年版,第 157 页。

> 务民之义，敬鬼神而远之，可谓知矣。(《论语·雍也》)

所谓"务民之义"，就是要把老百姓的事情放在第一位，对鬼神敬而远之。因此，孔子本质上是重人事而轻鬼神的，在他看来，人民的生计问题远比鬼神的问题重要。而孔子本人更是重视具体事务的人，《论语·述而》记载他对事情"为之不厌"。所谓"为之不厌"，与"敏于事"意义相同，都表示孔子本人是一个积极做事的人，是一个注重现实生活实务的人，归根结底不是涉虚蹈空的人。《论语·八佾》还记载："子入太庙，每事问。"尽管这里孔子所询问的是太庙里各种祭祀的事，但这也说明孔子非常重视生活细节，做事一丝不苟。

　　当然，注重实际，绝不只是儒家的思想特征，成书于战国时期的《管子》一书，包含着各家各派思想，同样体现了这种精神。

> 明必死之路，开必得之门。不为不可成，不求不可得，不处不可久，不行不可复。(《管子·牧民》)

这就是说，做任何事都要切合实际，量力而行，不做不能保证成功的事。陆贾说：

> 能壹其道而定其操，致其事而立其功也。(《新语·思务》)

因此，注重行动或实践，考虑现实可能性，志在成功，是中国人修身、治学、做事的根本特征和价值取向。

　　做事旨在处理事务、解决问题、化解矛盾，必然涉及认识与行动。

知行问题是中国传统哲学里的重要论题之一,如前所述,中国古人将天地万物运行的规律、人类社会发展或天下国家治理的规律称为"道",因而强调认识"道"、学习"道",进而遵循"道"、践行"道"。相对而言,中国古人认识到遵循和践行"道"比知"道"具有更重要的意义,而行"道"体现在做事之中。

　　　道虽迩,不行不至;事虽小,不为不成。(《荀子·修身》)

也就是说,只有行道才能使道得到贯彻、落实,事虽小,只有做才能做成。荀子注重学习道,而在他看来,学道的最高境界和最终目的则是践行道:

　　　不闻不若闻之,闻之不若见之,见之不若知之,知之不若
　　行之。学止于行而至矣。(《荀子·儒效》)

《中庸》更将重点最终落在"行"道上:

　　　博学之,审问之,慎思之,明辨之,笃行之。(《中庸·第二
　　十章》)

朱熹说:

　　　学之之博,未若知之之要;知之之要,未若行之之实。
　　(《朱子语类》卷十三)

因此，对道的学习和认识，最终要深刻把握道的实质，而真正要理解道，最终还要通过行或实践来体验和感悟。尤其是，一个人是否真正地务实做事，是否在真切地贯彻和践行道，不在于听其怎么说，而在于看其怎么做。扬雄说：

> 人道象焉，务其事而不务其辞，多其变而不多其文也。（《太玄·莹》）

也就是说，真正务实做事的人是不尚言说的。周敦颐强调：

> 圣人之道，入乎耳，存乎心，蕴之为德行，行之为事业。彼以文辞而已者，陋矣！（《通书·陋第三十四》）

张载也是非常重视行动和实践的学者，他还将做事达到极致的境界称为圣人尊道而行的状态。

> 人生固有天道。人之事在行，不行则无诚，不诚则无物，故须行实事。惟圣人践形为实之至。得人之形，可离非道也。（《张子语录·语录中》）

在此，张载更明确地将是否行动起来做事视为诚的体现，进而认为得人之形就要行人之道，而圣人就是亲身践履、诚实做事达到极致的榜样。陈来强调："智不是仅仅作选择，作判断，或进行推理，知必须关注行，联结到行，落实到行。如果知而不行，那不是意志薄弱的问题，而是实践智慧本身发展得不够,扩充得不够,还没有获得实践智慧的'真知'。"①
事实上,中国古人语境中的"知",并非单纯的知识,甚至不是单纯对道
的认知,而是包含着判断和推理并最终能够贯彻执行的实践智慧,是
"真知"。显然,这样的"真知"就更需要在生活实践中及时地施行下去,
使其发挥作用。刘勰则强调:

> 故有智而不能施,非智也;能施而不能应速者,亦非智也。
> 谚曰:"力贵突,智贵卒。"此之谓也。(《刘子·贵速》)

因此,真正有智慧的人,能够有效地实施、实践自己的观念。刘勰在此
基础上进一步强调,真正的智慧实际上体现为人在做事过程中针对猝
然发生的各种问题的敏捷反应和应对。

显然,"智"与"施"的关系就是知与行更为深切结合的体现。中国
古人将历史上那些善于驾驭事情发展趋势,能够迅速激发智慧并贯彻
实施从而解决了矛盾和困难、化解了风险和危机的人,称为智者、圣人。
当然,更广大的普通民众不可能像智者、圣人那样都达到极致,正如吕
坤所说:

> 古之居民上者,……朝夕思虑其事,日夜经纪其务,一物
> 失所不遑安席,一事失理不遑安食。限于才者求尽吾心,限于
> 势者求满吾分。(《呻吟语·修身》)

这是说,普通百姓面对现实生活,能够根据自己的具体情形诚心诚意地

---

① 陈来:《儒家文化与民族复兴》,中华书局 2020 年版,第 145—146 页。

做好自己的事情，就已经很好了。但不管如何，中国古人高度重视知与行，重视智与施，都是从处理事务的角度来看待问题的。

不仅要注重做事，中国人还有更高的追求，要求严谨做事，随机应变，勇敢作为，大胆作为，尽人事，听天命，不留遗憾。

> 庸言必信之，庸行必慎之。（《荀子·不苟》）

即日常的言行举止一定要诚实守信、谨慎小心。韩非子则指出：

> 爱子者慈于子，重生者慈于身，贵功者慈于事。（《韩非子·解老》）

所谓"慈于事"，即爱惜、珍惜自己所做的事。在此，韩非子类比于"爱子"和"重生"，来强调对待所做之事应持有爱惜、珍惜的态度，充分说明在他看来，人对待所做之事必须高度认真、严谨。但在中国古人看来，认真严谨做事并非僵化保守，而是体现为能够随机应变。《易传·系辞上》载："通变之谓事。"即变通是解决问题的重要方法原则，人只有变通才能转换思路和视角，重新观察和分析问题，从而找到解决和处理问题的方法。

事实上，只有处事严谨、高度警戒，才能临机应变、当机立断。能够当机立断，正是勇敢的表现。

> 临事而屡断，勇也。（《礼记·乐记》）

因此，中国人做事并没有犯僵化思维的毛病，而临机应变、勇敢作为，才是中国人推崇的良好品格。《韩非子·解老》记载徐冯说："事者，为也。为生于时，知者无常事。"即事情是人为的，而办事的行动产生于当时的需要，真正聪明的人做事没有固定不变的模式。判断事情的吉凶成败利弊，只能根据当时的情形，而不能固执于任何不变的模式。

> 拘礼之人不足以言事，制法之人不足与论变。（《商君书·更法》）

> 前世不同教，何古之法？帝王不相复，何礼之循？伏羲、神农，教而不诛。黄帝、尧、舜，诛而不怒。及至文、武，各当时而立法，因事而制礼。礼法以时而定；制令各顺其宜；兵甲器备，各便其用。（《商君书·更法》）

毫无疑问，这些都是非常可贵的、旨在处理现实事务的态度。程颐说：

> 世事虽多，尽是人事。人事不教人做，更责谁何？（《二程集·河南程氏遗书》第十五）

即是说，人事只能由人来尽，人是自身事情的主人，是一切事情的责任人、担当者，不可能在人之外再寻找责任人。当然，中国古人认识到，尽人事并不能全面地解决问题，不能过分强求人的责任，而是信奉"尽人事听天命"的理念。在此，"尽人事"实际上指充分发挥当事人的主体能动性和创造性，而"听天命"则强调了人的成败和吉凶祸福实际上并不完全由人来决定，还受各种复杂因素的影响。

> 天之所为，有所至而止，止之内谓之天性，止之外谓之人

事，事在性外，而性不得不成德。(《春秋繁露·深察名号》)

在此，董仲舒区别了天之所为与人之所为，即天或自然完全遵循着自身的规律而行动和创造，达到其所为的极致就停止下来，以此为界限，在所止之内，称为天性，而在所止之外由人所为则称为人事。因此，人事即人之所为，是人在天之所为之外的创造，而天之所为，则是天按其本性不得不成就的德性。

呜呼，盛衰之理，虽曰天命，岂非人事哉！(《新五代史·伶官传》)

这里实际已经认识到人们口头上所说的"天命"是根本无法离开人事的，从某种意义上是对绝对"天命"的怀疑和对人的主体性因素的承认。

"天命"在中国人的认识中并不是脱离人而支配人的神秘力量，而是由客观规律所决定着的各种因素综合作用形成的力量和趋势。王廷相指出："人事修而后天道顺。"(《明史·王廷相传》)这是强调人只有做好各种事情，自然规律才能和顺，即自然规律的和顺与否取决于人能否尽人事。李汝珍总结说："尽人事以听天命。"(《镜花缘》第六回)"尽人事"既肯定了人自身的主体权利和责任，意味着人不能推卸自己的责任，要做人应当做的事，又强调了人必须尽力而为，充分地发挥自身的积极主动性、创造性。而在此基础上，人也认识到事情的成败并不完全取决于人是否自觉努力，还客观地牵涉各种因素，要"听天命"。总之，中国人更强调人在遵循客观规律或道的基础上，既要"尽人事"，又要"听天命"，即要顺应自然。

# 五、驾驭事态发展

生活中的矛盾、冲突、问题和挑战随着客观环境条件的变化而发生变化，因而具体事务都会随着生活的演进而变化。如前所述，《大学》载："物有本末，事有终始。知所先后，则近道矣。"韩非子指出："万物必有盛衰，万事必有弛张。"（《韩非子·解老》）"事"的"终始"，与做事的"先后"和"弛张"，实际上就涉及人如何控制和驾驭事态发展的问题。作为生活主体，任何人只有牢牢地抓住现实生活事务的变化，自觉地控制和驾驭事态的发展，才能成为自己生活的主人。控制和驾驭事态的发展，特别是把握事情发展的节奏和分寸，是每个人都应当做到的。从根本上说，中国人都是处于事务之中的人，而最高明的生活智慧者，都是善于控制和驾驭事态发展的人。

生活本身是活生生的人参与其中而发生的，没有人就无所谓生活，它具体而现实地演化着、发展着，各种因素紧密地联系在一起，纠缠在一起，不可分割。任何人都不可能把生活中的某个片段或细节完全割裂出来、孤立起来，而只能将其置于生活整体之中，置于现实的复杂环境之中。任何事务总由人来完成，如何控制和驾驭事态的发展，就体现了人做事的态度、能力和智慧。赵汀阳指出："在思想主旨上，西方哲学是关于必然性的思想，而中国哲学是关于可能性的思想。"①"关于必然性的思想"，以认识和把握外在事物的客观必然性为根本目的，而"关于可能性的思想"，则以控制和驾驭事态发展使之达到自己的目的为旨趣。能够控制和驾驭事态发展，就意味着能够使事物发展和创造出新

---

① 赵汀阳：《惠此中国：作为一个神性概念的中国》，中信出版社 2016 年版，第 147 页。

的未来形象,使事情呈现出新的可能。《尚书·武成》记载周武王克纣之后,"建官惟贤,位事惟能",即强调选拔贤能之人来做官、做事。事实上,之所以选拔贤能之人,关键在于他们能够担责任,能够控制和驾驭事态发展。

对事态的控制和驾驭客观地包括多个环节和层面,如提前的谋划、节奏的把控、形势的掌控等等,中国古人对此有深刻的认识和论述。中国传统儒家、法家都是非常重视现实事务的,更强调对事情的提前谋划和盘算。

> 惟事事,乃其有备,有备无患。(《尚书·说命中》)
>
> 凡事豫则立,不豫则废。言前定则不跲,事前定则不困,行前定则不疚,道前定则不穷。(《中庸·第二十章》)

"跲"(jiá),本义为绊倒,在此,"不跲"引申为话语受阻不流畅。概括说来,凡事都要提前谋划,只有如此做起事来才能没有困难和障碍。商鞅说:

> 语曰:"愚者暗于成事,智者见于未萌。"(《商君书·更法》)

因此,真正聪明的人总是提前预见事情发展的苗头和趋势,而愚蠢的人对于已经发生了的事情仍然还稀里糊涂。韩非子强调:"夫事之祸福亦有腠理之地,故曰:'圣人蚤从事焉。'"(《韩非子·喻老》)这里所强调的就是祸福本身都有其萌发的苗头,而圣人就是那些早早预先着手解决的人。班固《白虎通·惰性》载:"智者,知也。独见前闻,不惑于事,见微知著也。"这里说明,真正的智慧者,不但可以认识和了解事物的具体状况,预见事物的发展,而且不为事物的表象所迷惑,能够做到见微知著,看到事物的苗头而预测事物的实质和发展趋势。

中国古人强调做事不但要提前谋划,而且要善于把握节奏,要能够临事处变不惊,把握轻重缓急。苏辙说:

> 古之圣人,无事则深忧,有事则不惧。夫无事而深忧者,
> 所以为有事之不惧也。(《宋史·苏辙传》)

这是说,真正高明的圣贤总是在事情未发生前进行深思熟虑和提前准备,也正因为此,事到临头时就不再有所畏惧。杨一清告诫身边诸将说:

> 无事时当如有事堤防,有事时当如无事镇静。(《明史·
> 杨一清传》)

在此,他不仅强调要善于提防,还强调必须具备良好的心理素质,以镇静的态度对待随时出现的变故,并根据需要使事情变得适度、协调。

> 事有失当,改之勿疑。(《宋史·苏辙传》)
> 夫事求其当,设未当,虽十易何害? 不然,流弊有不可救
> 者。(《明史·王恕传》)

此外,中国人在强调事由人为的基础上,进而强调对事要区分轻重缓急,要学会抓大放小。针对怎样治理政事,孔子曾告诫任莒父邑宰的

子夏说：

> 无欲速，无见小利。欲速则不达，见小利而大事不成。
> （《论语·子路》）

显然，孔子意识到任何事物本身都有发展变化的规律和节奏，人不可能完全根据自己的主观愿望来对待事物，一定要顺应事物自身的发展变化而行动，否则根本不可能达到自己的目的。慎从吉受命知开封府时，宋真宗曾告诫他说：

> 京府浩穰，凡事太速则误，太缓则滞，惟须酌中耳。（《宋史·慎从吉传》）

即京府人口众多、事务繁杂，处理时要斟酌轻重缓急，把握好度。显然，要清楚地认识和把握这些需要非常高明的智慧。

> 自古创业之君，历涉勤劳，达人情，周物理，故处事咸当。
> （《明史·兴宗孝康皇帝传》）

"达人情"即通达人情世故，"周物理"即洞察事物运动发展的规律或道理，这两者实际上是"处事咸当"的根本条件。

中国人对事态的控制和驾驭，主要体现在对"势"的认识上。楼宇烈强调："中国哲学中'势'这个概念非常重要。我们常讲趋势、势位，趋势是事物总体的发展方向，任何力量都阻挡不了，只能顺着势去引导。要想水不往下流是不可能的，但我们可以引导水往某个方向流，这就是顺着水的趋势推和辅。这样做既达到了人的目的，又符合事物的本性。"①因此，中国古人所讲的顺势而为、因势利导，就在于充分利用了势，既符合和发挥了事物的本性，又达到了自己的目的。显然，这是高明的智慧。

> 天下之言性也，则故而已矣，故者以利为本。所恶于智者为其凿也。如智者若禹之行水也，则无恶于智矣。禹之行水也，行其所无事也，如智者亦行其所无事，则智亦大矣。（《孟子·离娄下》）

禹治水就是利用了水的本性以及水在流动过程中的势，因此禹治水、行水看似没有明显的智慧可言，实际上是最高明的智慧，因为他做到了自然而然。在孟子看来，如果聪明人都能使自己顺着自然行事，就更加聪明了。孙武非常强调将帅要善于认识和利用"势"来取得战争的胜利。

> 激水之疾，至于漂石者，势也。……故善战者，求之于势，不责于人，故能择人而任势。任势者，其战人也，如转木石；木石之性，安则静，危则动，方则止，圆则行。故善战人之势，如转圆石于千仞之山者，势也。（《孙子·势》）

在此，孙武充分认识到水平静时石头只能沉到水底，一旦它流动湍急，却能冲走石头，这完全在于水的流动形成了平静时所不具有的"势"。将这种对"势"的认识运用于统兵作战，孙武发现了很多奇妙的结论，对

---

① 楼宇烈：《中国文化的根本精神》，中华书局 2016 年版，第 64 页。

整个战争的认识也非常深切而客观。他认为，真正善于指挥作战的将帅，主要是依靠有利的形势来取胜的，而不是苛求士兵，能够根据人的不同情况和条件充分利用各种有利的形势去作战。所谓"任势"，就是自觉地、自主地、充分地调动各种因素以利用好"势"，做到因势利导。在孙武看来，这恰如滚动木头和石头。孙武对比"木石之性"在安与危不同情形下的性质，即"安则静，危则动，方则止，圆则行"，说明充分借助"势"以达到最有效地发挥士兵作用的意义。客观而言，孙武所揭示的道理，直接源于他的战争生活，是生活经验的升华和结晶。在真实的战场上，战机往往稍纵即逝，而贻误战机、失掉优势就可能给敌人以可乘之机，最终很可能导致彻底失败。可以说，孙武从领兵指挥作战中对动态的"势"的认识和把握，是最具有实用价值的智慧。陆贽指出：

> 夫制敌行师，必量事势，势有难易，事有先后。力大而敌脆，则先其所难，是谓夺人之心，暂劳而永逸也；力寡而敌坚，则先其所易，是谓固国之本，观衅而后动者也。(《旧唐书·陆贽传》)

这里强调了行军打仗制敌中根据形势难易做事分轻重缓急的重要性，即我方力量强大而敌方力量脆弱时，先攻其难，起到震慑敌方军心的作用，虽一时辛劳但能起到长久的安逸；但我方力量弱小而敌方力量强大时，则先攻其易，能够强固国家根基，并要观察敌方以便伺机出击。

这种重视"势"的思想实际上在中国古代是普遍的。申屠刚指出："夫物穷则变生，事急则计易，其势然也。"(《后汉书·申屠刚传》)这里所揭示的是一个普遍的道理，即事物发展到极致就发生变化，而人在事情紧要关头要及时采用应急之策，这一切都是形势使然。陈亮强调：

"智者之所以保其国者无他，善量彼己之势而已矣。"(《酌古论·苻坚》)在此，陈亮已经不只是就单纯领兵指挥作战这一军事问题来谈论"势"的重要意义，而是上升到国家的长治久安问题。此外，如前所述，《管子》还从顺"因"、缘"理"的角度强调：

> 因也者，舍己而以物为法者也。感而后应，非所设也；缘
> 理而动，非所取也。(《管子·心术上》)

也就是说，"所谓因顺，指的是去主观私见而以客观为准则。有感于物而后做出应接，并非事先就有所预设；顺随事物情理而后行动，并非有所求取"①。总之，中国古人充分地认识到利用和驾驭"势"，顺"因"缘"理"，就能够很好地控制和驾驭事态的发展，使事情朝着人所期望的方向前进，以最终实现自己的目的。

当然，对中国人来说，对事态的控制和驾驭最终体现为能够深切洞察事物发展变化的奥秘和规律，从而达到顺势而为、自然而然、无为又无不为的境界。《易传》不仅揭示了"刚柔相推而生变化"(《易传·系辞上》)的道理，即认识到事物的运动变化源于内部阴阳二气，而且指出"穷神知化，德之盛也"(《易传·系辞下》)，即强调穷尽事物神妙变化的道理是最高的德性。张载说："知化而善述其事，穷神则善继其志。"(《正蒙·乾称》)而就之所以能够穷神知化，他强调说：

> 至诚，天性也；不息，天命也。人能至诚则性尽而神可穷
> 矣，不息则命行而化可知矣。学未至知化，非真得也。(《正

①　陈鼓应注译：《管子四篇诠释》，商务印书馆 2016 年版，第 165 页。

蒙·乾称》)

即正因为德性至诚,生命不息,才做到了尽性、穷神、知化。这种最高的德性实际上就是最高的智慧。

> 一物能化谓之神,一事能变谓之智。化不易气,变不易智,唯执一之君子能为此乎。执一不失,能君万物。君子使物,不为物使,得一之理。治心在于中,治言出于口,治事加于人,然则天下治矣。(《管子·内业》)

所谓"一物能化"和"一事能变",指专一深入、深刻理解事物的本质和规律,最终洞悉变化奥秘,达到通达境界。所谓"执一不失",指掌握了事物运动变化的根本原则、规律或道而不失去。因此,只有掌握了根本原则、规律或道的君子,才能驾驭统领万物,实现心灵安顿、言语平和、事情顺遂,最终实现天下太平,而不是相反。

> 故操弥约而事弥大。(《荀子·不苟》)

这是说,把握的原则愈简约而能处理的事愈多。不仅如此,无论是儒家还是道家,对事态控制和驾驭的最高境界最终都倾向于超越现实事务,达到超然状态。

> 取天下常以无事,及其有事,不足以取天下。(《道德经·第四十八章》)

在此,老子将"无事"视为对待事的最高境界。《易传》记载孔子说:

> 君子安其身而后动,易其心而后语,定其交而后求。君子
> 修此三者,故全也。危以动,则民不与也。惧以语,则民不应
> 也。无交而求,则民不与也。莫之与,则伤之者至矣。(《易
> 传·系辞下》)

在此,孔子主要从与人相处、人际交往上强调了君子应有的修养,而最
终达到的最佳境界是动静自然、彼此相应、和谐和睦。《管子》亦有同样
的思想:

> 毋先物动,以观其则。动则失位,静乃自得。(《管子·心
> 术上》)

《管子》认为真正的君子能够做到这一点:

> 君子不怵乎好,不迫乎恶,恬愉无为,去智与故。其应也,
> 非所设也;其动也,非所取也。过在自用,罪在变化。是故有
> 道之君子,其处也若无知,其应物也若偶之。静因之道也。
> (《管子·心术上》)

这就是说,君子不为外在事物所诱惑或迫胁,能够做到恬淡、清静、无
为,摒弃智巧与伪诈,应对事物时不主观预设,不妄自索取,动而应物,
天然契合。陆贾指出:

夫形重者则心烦，事众者则身劳；心烦者则刑罚纵横而无
所立，身劳者则百端回邪而无所就。是以君子之为治也，块然
若无事，寂然若无声，官府若无吏，亭落若无民，闾里不讼于
巷，老幼不愁于庭，近者无所议，远者无所听，邮无夜行之卒，
乡无夜召之征，犬不夜吠，鸡不夜鸣，耆老甘味于堂，丁男耕耘
于野，在朝者忠于君，在家者孝于亲。（《新语·志德》）

而他在评价秦迅速灭亡的原因时，指出：

事逾烦天下逾乱，法逾滋而天下逾炽，兵马益设而敌人逾
多。秦非不欲治也，然失之者，乃举措太众、刑罚太极故也。
（《新语·无为》）

因此，在陆贾看来，秦之所以失天下，是因为其事务太烦、举措太多、刑
罚太严。《淮南子》继承了道家"无为而无不为"的思想，强调：

是故圣人内修其本，而不外饰其末；保其精神，偃其智故；
漠然无为而无不为也，澹然无治而无不治也。所谓无为者，不
先物为也；所谓不为者，因物之所为。所谓无治者，不易自然
也；所谓无不治者，因物之相然也。万物有所生，而独知守其
根；百事有所出，而独知守其门。（《淮南子·原道训》）
如是，则万物之化无不遇，而百事之变无不应。（《淮南
子·原道训》）

《淮南子》还具体刻画了圣人所达到的这种境界：

> 使耳目精明玄达而无诱慕，气志虚静恬愉而省嗜欲，五藏
> 定宁充盈而不泄，精神内守形骸而不外越，则望于往世之前，
> 而视于来事之后，犹未足为也，岂直祸福之间哉！（《淮南子·
> 精神训》）

在司马谈看来，道家的这种思想实际上极为高明，超越了其他
流派。

> 道家使人精神专一，动合无形，赡足万物。其为术也，因
> 阴阳之大顺，采儒、墨之善，撮名、法之要，与时迁移，应物变
> 化；立俗施事，无所不宜，指约而易操，事少而功多。（《论六家
> 要旨》）

作为道家思想的继承人，郭象就此境界概括说：

> 俯仰万机而淡然自若。（《庄子注·大宗师》）

总之，无论是儒家还是道家，对于事态的控制和驾驭，都渴望在一
个制高点上达到自然而然、无事、无为的境界。

## 六、追求生活美满

中国人看重的是当下的生活、当下的满足，人们在日常生活中通过

彼此间的交往而形成了具有普遍共识的情理，增进了彼此的情感融洽，一切显得天然合理。因此，虽然说世界上没有哪个民族不追求美满的生活，但没有哪个民族像中华民族那样随遇而安，不渴望在超越的天国实现幸福生活，而是将一切美好的愿望寄于现实生活，从而有自己独特的精神境界和生活情趣。洪修平指出："中华传统文化立足现实的社会和人生，始终关注社会和谐与人生幸福，这既是中华传统文化的特质，也体现了中华传统文化最根本的价值追求。"[①]因此，非常热爱现实生活，努力在现实世界里追求生活的美满，成为中国人的生活情怀。

中国人追求现实生活美好的思想观念，体现于儒释道相融合的中华传统文化的方方面面，更彰显于每个中华民族儿女的思想和行动上。

儒家追求最纯朴真实的现实生活。据《论语·先进》载，孔子询问其弟子各自的志向，每个弟子都争先恐后地回答，子路、冉有、公西华所表达的志向皆在于仕途，而曾点的回答却获得了孔子的赏识。曾点说："莫春者，春服既成，冠者五六人，童子六七人，浴乎沂，风乎舞雩，咏而归。"意思是说，暮春三月，春天的衣服穿上身，与五六个成人，六七个小孩，一起到沂水游泳，然后到舞雩台上吹吹风，最后一路唱着歌走回来。听到曾点的表白，孔子感叹道："吾与点也!"曾点所渴望实现的实际上是超越世俗生活而复返最纯朴、最自然的生活状态。这种生活不仅为曾点所向往，也为孔子所欣赏。显然，孔子并没有完全否定子路等人的观点，因为孔子本人也特别强调通过仕途获得富贵和食禄。但孔子不以此为局限，他强调：

---

① 洪修平：《挖掘中华优秀传统文化的价值追求》，《人民日报》，2017 年 8 月 10 日第 7 版。

富而可求也,虽执鞭之士,吾亦为之。如不可求,从吾所

好。(《论语·述而》)

这就说明,孔子并没有完全沉迷于对世俗仕途功名利禄的追逐中,而是更希望顺遂自己的志趣,追求自己所渴望的美好幸福生活。林语堂强调:"中国人心目中之幸福,所以非为施展各人之所长,像希腊人之思想,而为享乐此简朴田野的生活而能和谐地与世无忤。"①

儒家对美好幸福生活的追求体现于生活的各个方面。《论语·乡党》记载着大量孔子日常生活的规范与讲究,例如孔子吃饭时,有许多讲究:"色恶不食,臭恶不食,失饪不食,不时不食,割不正不食,不得其酱不食。"在其他方面,孔子讲究"寝必有衣,长一身有半",除服丧期间衣服上"无所不佩",等等,这些都说明孔子非常注重追求生活的美好。可以说,从各个方面追求生活的美好,体现了儒家对人之常情的重视。荀子说:

故新浴者振其衣,新沐者弹其冠,人之情也。(《荀子·不

苟》)

在林语堂看来,罗素曾经很正确地指出:"在艺术上,中国人竭力求精细;在生活上,中国人竭力求合情理。"②不可否认,中国古人的很多发明创新,多体现在生活之中:幽雅别致的园林、巧夺天工的奇石、精雕细琢的玉器、烧制精美的瓷器、特色迥异的美食、绚丽多彩的服饰等等,处

---

① 林语堂:《中国人的智慧》,陕西师范大学出版社 2007 年版,第 77 页。
② 转引自林语堂:《中国人的智慧》,陕西师范大学出版社 2007 年版,第 69 页。

处透显出中国古人的生活情调。林语堂刻画了中国人对幸福生活的享受,他写道:"倘使无福享受怡情悦性的花园,则他需要一间门虽设而常开的茅屋,位于群山之中,小川纤曲萦绕屋前,或则位于溪谷之间,晌午已过,可以拽杖闲游河岸之上,静观群鹅捕鱼之乐;但倘令无此清福而必须住居市尘之内,则也不致哀心戚戚,因为他至少总可得养一只笼中鸟,种几株盆景花,和一颗天上的明月,明月固人人可得而有之者也。"[1]特别是,虽然生活条件不同,但对美食的享受却是普遍的追求,不过层次和性质不同罢了,例如纵使饿死之前也要一饱口福,不愿做一个饿死鬼。为此,林语堂指出:"任何民族,倘不知道怎样享口福,又不知道尽量图人生之快乐像中国人一样者,在我们看来,便算是拙笨不文明的民族。"[2]中国古人没有严格意义上超越世俗渴望进入理想天国的人生追求,林语堂强调:"人生真正的目的,中国人用一种单纯而显明的态度决定了,它存在于乐天以享受朴素的生活。尤其是家庭生活与和谐的社会关系。"[3]

与儒家不同,道家虽然主张纯朴自然的生活,但它的思想宗旨实际上也是在追求美好、和谐的人生。洪修平强调:"道家身国同构、经国理身的理念,表现出其根本价值取向是向往真正符合人性的和谐社会与美好人生。"[4]纵使是道教,不过是将道家所向往的美好生活神秘化而已。而对于中国佛教,这种外来的但又本土化了的宗教,洪修平指出:"中国佛教关注现实人生,强调佛性与人性的统一,注重人格的自我培

---

[1] 林语堂:《中国人的智慧》,陕西师范大学出版社 2007 年版,第 37 页。
[2] 林语堂:《中国人的智慧》,陕西师范大学出版社 2007 年版,第 149 页。
[3] 林语堂:《中国人的智慧》,陕西师范大学出版社 2007 年版,第 62 页。
[4] 洪修平:《挖掘中华优秀传统文化的价值追求》,《人民日报》,2017 年 8 月 10 日 7 版。

养与自我完善,形成了自身鲜明的思想特点与文化精神,对中华文化乃至世界文明发展都作出了重要贡献。特别是中国佛教文化强调庄严国土、利乐有情,既体现了中华传统文化对理想社会和美好人生的根本追求,也为其今天与社会主义社会相适应、与社会主义核心价值观相契合提供了重要的思想文化基础。"①因此,中国人更加注重在现实生活中追求理想的、美好的生活和人生。

中国古人崇尚幸福美满,将对生活的热爱充分地展现在日常生活之中。这种对生活的热爱充分地体现在家人、亲人、朋友逢年过节或祝寿庆生活动上,当此之时,大家欢聚一堂、团团圆圆、和和美美、其乐融融,体现了所有人彼此间的融洽与和谐。林语堂指出:"中国人文主义者却自信他们已会悟了人生的真正目的。从他们的会悟观之,人生之目的并非存在于死亡以后的生命,因为像基督所教训的理想谓:人类为牺牲而生存这种思想是不可思议的;也不在于佛说之涅槃,因为这种说法太玄妙了;也不存在于事功的成就,因为这种假定太虚夸了;也不存于为进步而前进的进程,因为这种说法是无意义的。"②陈来强调:"在中国传统的人文文化中,不是强调个人,而是重视人伦。……人活着不是为了自己,而是为了人伦关系的美满。"③因此,中国古人很注重婚姻美满、儿女双全、子孙满堂、家庭和谐、邻里和睦,注重享受人间欢乐。

当然,中国人也深刻地认识到生活永远无法尽善尽美,因而更加注重珍惜现实生活中的每一寸光阴,希望过好每一天。

------

① 洪修平:《挖掘中华优秀传统文化的价值追求》,《人民日报》,2017年8月10日第7版。

② 林语堂:《中国人的智慧》,陕西师范大学出版社2007年版,第62页。

③ 陈来:《儒家文化与民族复兴》,中华书局2020年版,第103—104页。

# 七、提升生命境界

人的生命价值绝非在于单纯地活着，亦不等同于当下的生活。中国人对人的认识和理解，没有停留在纯粹动物存活的层面上，而是强调人的生命拥有不同的层次和境界。提升生命境界，使自己活得更像一个人、更是一个人，做一个堂堂正正的人，就成为人活着的本分和天职。一个人如何理解自己在周围世界里与各种事物、各种人的关系，最终如何定位自己的存在，如何规范和协调各种事务，其思想方法和策略存在着不同的境界、层次。中国人向来都在这种思考中，判断和提升着自己的生命境界，使自己成为人，成为自己。

中国人从没有将自己视为纯粹的动物，而是不断超越动物存活状态和层次追求更高的生命境界。

> 人之所以异于禽兽者几希，庶民去之，君子存之。（《孟子·离娄下》）

因此，真正的君子，是努力区别于禽兽的。

> 非独贤者有是心也，人皆有之，贤者能勿丧耳。（《孟子·告子上》）

中国传统儒家更看重人的社会伦理道德属性对人之所以为人的规定性。孟子强调舜就是"明于庶物，察于人伦，由仁义行，非行仁义也"（《孟子·离娄下》），即舜基于对天地万物，特别是人伦的认识和理解，主动地施行仁义才成就了自身的生命价值。此外,孟子还强调:"居仁由义,大人之事备矣。"(《孟子·尽心上》)这则强调了仁义对成就大人之事的决定性意义。而对于他自己,他说:"无为其所不为,无欲其所不欲,如此而已矣。"(《孟子·尽心上》)因此,在孟子看来,人与动物的区别实际上很小,但人能够完全按照自己的价值选择而行动,不仅能够主动有所作为,还能够主动有所放弃,这实际上说明孟子更看重人的自觉、自主和自由。荀子在此基础上更明确指出:

> 水火有气而无生,草木有生而无知,禽兽有知而无义;人有气、有生、有知亦且有义,故最为天下贵也。(《荀子·王制》)

人能知自身区别于水火、草木、禽兽,有气、有生、有知、有义,因而最为天下贵,实际上就是认识到自己有根本区别于一切事物乃至禽兽的生命价值,当然也强调作为人应该追求自己的最高生命价值和生命境界。这种生命觉悟早在孔子那里就已经得到证明。

> 朝闻道,夕死可矣。(《论语·里仁》)

陈来强调,这说明孔子"把对真理和道德的追求看得比生死还重要"[1]。孔子的这句话虽然简短,却鲜明地表达了其对道执着追求的强烈愿望,深刻地反映了其生命价值追求和心灵境界。这句话对中国人影响深远,自觉地超越有限的、狭隘的生命境界而追求至高的生命境界,成为

---

[1]　陈来:《儒家文化与民族复兴》,中华书局 2020 年版,第 102 页。

以后历代仁人志士中的普遍现象。孔子自述说：

> 饭疏食饮水，曲肱而枕之，乐亦在其中矣。不义而富且贵，于我如浮云。(《论语·述而》)

而《中庸》记载孔子说：

> 素隐行怪，后世有述焉，吾弗为之矣。君子遵道而行，半途而废，吾弗能已矣。君子依乎中庸，遁世不见知而不悔，唯圣者能之。(《中庸·第十一章》)

孔子一生以圣人为榜样，虽然认为自己还远远没有达到圣人的生命境界，但他的所作所为，实际上已经远远超越了普通人，为中国人确立了难以企及的标准。《论语》记载弟子颜渊对老师的道德学问无比敬佩，感叹说：

> 仰之弥高，钻之弥坚。瞻之在前，忽焉在后。夫子循循然善诱人，博我以文，约我以礼，欲罢不能。既竭吾才，如有所立卓尔。虽欲从之，末由也已。(《论语·子罕》)

这里颜渊表达了对老师道德学问高深莫测、不可穷尽的赞叹和向往。

> 可欲之谓善，有诸己之谓信，充实之谓美，充实而有光辉之谓大，大而化之之谓圣，圣而不可知之之谓神。(《孟子·尽心下》)

就这段话所蕴含的精神实质，郭齐勇等人指出："以性善为人之所以为人的出发点，把'善—信—美—大—圣—神'设定为有志之士提升仁、义、礼、智、圣内在修养的递进境界。"①实际上，这绝不只是儒家的价值追求，还是全体中国人的价值追求。众所周知，屈原在遭贬逐时，曾非常痛苦地感叹说："举世混浊而我独清，众人皆醉而我独醒。"（《史记·屈原贾生列传》）这实际上反映了屈原高洁的品质，他因谗言而无法为国效力，内心承受着难言的痛苦。屈原的遭遇为后人所同情，其高洁的品质和高雅的精神，激励着代代不甘心向世俗权力和邪恶势力屈服的中国人。陈来强调："中国现代哲学家冯友兰指出，从中国哲学的观点看哲学，哲学的功能在于改变或提高人的精神境界，获得一种看待世界的全新方式，因此提升心灵境界是中国哲学实践智慧的一个目的。精神的提升，内心的和谐、自由、宁静，这种心灵上的自我转化是实践的根本目标。"②提升生命境界、精神境界或心灵境界，是中国哲学智慧不同于其他哲学的重要特征之一。

针对如何提升生命境界，中国传统文化不同思想流派给出的途径和方法亦存在着差异。如上所述，中国传统儒家更倾向于通过提升道德修养以提升生命境界。楼宇烈指出："在中国传统文化中，就把人的道德情操的自我提升和超越放在了首位，注重人的伦理精神的养成，这一点正是中国人文精神的精华之所在。"③

义之大者，莫大于利人，利人莫大于教；知之盛者，莫大于

①　郭齐勇主编：《中国古典哲学名著选读》，人民出版社 2005 年版，第 165 页。
②　陈来：《儒家文化与民族复兴》，中华书局 2020 年版，第 141 页。
③　楼宇烈：《中国的品格》，南海出版公司 2011 年版，第 48 页。

成身，成身莫大于学。(《吕氏春秋·尊师》)

教与学紧密相关，"教"是以师长的态度对待其他人，而"学"则是以学生的标准要求自己。从个人的角度来说，"学"无疑是首位的，而所谓"成身"，就是通过自觉学习而陶冶身心、涵养德性，使自己成为道德高尚的人。历史上好学而善于自觉提升自己的莫如孔子。孔子谦虚地说：

三人行，必有我师焉。择其善者而从之，其不善者而改之。(《论语·述而》)

徐干指出："故天才敏过人，未足贵也；博辨过人，未足贵也；勇决过人，未足贵也。君子之所贵者，迁善惧其不及，改恶恐其有余。"(《中论·虚道》)这就是说，去恶向善，不断提升自己的道德修养，理应成为人最值得注意的事情。当然，加强道德修养的最高境界就在于通过点点滴滴的学习和积累而成为圣人。王符强调："德义之所成者，智也。明智之所求者，学问也。虽有至圣，不生而知；虽有至材，不生而能。"(《潜夫论·赞学》)因此，纵使是至圣，也不是天生就拥有智慧，而是努力学习的结果。自觉地加强道德修养，这种思想在《易传》中也有所体现。

富有之谓大业，日新之谓盛德。(《易传·系辞上》)

努力学习圣人、追求圣人至高无上的道德境界本身是一个慢功夫，根本不可能一蹴而就。特别是，"宁学圣人而未至，不欲以一善而成名"(《河南程氏遗书·附录·哀词》)。这就是说，宁愿学习圣人而终生达不到圣人的境界,也并不渴望凭借一件善事就侥幸成就美名,因为在中国古人看来,这样没有道德修养作为基础的美名不过是徒有其名而已。因此,中国人宁愿终生加强修养,而不急于求成,不愿徒有虚名。

　　针对如何不断提升修养,中国古人积累了丰富的经验。孟子强调"求其放心"。他说:"学问之道无他,求其放心而已矣。"(《孟子·告子上》)在此,"学问"并不是现代意义上的系统化知识,而是指学习与询问。在儒家这里,学问更主要涉及社会伦理道德生活中为人处世的事情。而孟子所谓"求其放心",就是指把丧失的善良之心找回来。为了说明问题,孟子举例说:

　　　　今有无名之指,屈而不信,非疾痛害事也,如有能信之者,
　　则不远秦、楚之路,为指之不若人也。指不若人,则知恶之;心
　　不若人,则不知恶,此之谓不知类也。(《孟子·告子上》)

在此,"信"指"伸"。在孟子看来,那些无名指不能伸直而急着到处找人医治的人没有意识到心灵不如人才是更为关键的问题。"求其放心",归根结底就是找回自己曾经拥有却迷失了的善良之心。孟子对人之所以区别禽兽做了进一步的分析,他特别强调:

　　　　虽存乎人者,岂无仁义之心哉? 其所以放其良心者,亦犹
　　斧斤之于木也,旦旦而伐之,可以为美乎? 其日夜之所息,平
　　旦之气,其好恶与人相近也者几希,则其旦昼之所为,有梏亡
　　之矣。梏之反覆,则其夜气不足以存;夜气不足以存,则其违
　　禽兽不远矣。人见其禽兽也,而以为未尝有才焉者,是岂人之
　　情也哉? 故苟得其养,无物不长;苟失其养,无物不消。孔子

曰:"操则存,舍则亡;出入无时,莫知其乡。"惟心之谓与?
(《孟子·告子上》)

这就是说,人的仁义或善良之心,是靠自觉的保存而拥有的,如果不能很好地做到这一点,人自身潜在的动物本性就会显现出来,就会蜕变成禽兽。孟子特别强调人的主体性选择的意义:

无为其所不为,无欲其所不欲,如此而已矣。(《孟子·尽心上》)

后人阐释说:"虽能其事,不能其心,不贵。"(郭店楚简《性自命出》)即虽然能够做事,但如果其内在的心性没有改变,没有真正意义上的生命自觉,也不具有真正高贵的生命价值。因此,孟子特别强调人的自觉意识的重要性。

求则得之,舍则失之,是求有益于得也,求在我者也。
(《孟子·尽心上》)

尽管中国传统儒家思想中既有孟子提出的"性善论",也有荀子提出的"性恶论",前者强调发扬善,后者强调抑制恶,但总体上依然都强调通过教育和自我修养实现对人生至高境界的追求。也就是说,虽然出发点不同,但实际上对人的生命境界的追求都持有一种积极乐观的态度,都渴望达到生命的最高境界,都渴望实现自己最理想的人格,只是殊途同归而已。总之,如楼宇烈所指出的:"中国文化强调人的道德的自我提升和完善。人在天地万物中是最有主动性和能动性的,那么人自身的提升就是最根本的。因此,明道正谊、节制物欲、完善自我人格的观念深入人心。"①

中国传统艺术精神,绝佳地反映了中国人的精神生活。中国传统的诗、书、画乃至戏曲等等,都淋漓尽致地表现了中国人特有的情怀和追求。例如,林语堂指出:"实际上,诗在中国人的人生过程中,代替了宗教所负神感与生活情感的任务。"②中国古代的诗人们通过诗这种特殊的艺术形式使自己的内在心灵诉求和思想情感得到最彻底、最淋漓畅快的表达,很多优秀的诗篇都体现了诗人与天地万物最终融为一体的情感体验。林语堂曾强调中国的绘画或诗歌通过拟想、幻想而表达着一种纯粹而恳挚的爱悦,给世俗生活笼罩一层优美的迷人薄幕,但这并非真正要逃遁俗世追求渺茫的天堂,而是对真实生活的热爱。因此,诗歌以及绘画等艺术所反映的是中国人的艺术精神,是真实的生活追求。楼宇烈指出:"艺术精神就是这样体现在中国文化中,它引导人们向善、向上。因为在艺术精神中包含着这样的社会责任,所以它必须要载道。艺术不只是一个为了满足欲望的东西,更重要的是,它是用来教化民众、和谐社会、休养生息、陶冶性情的。因此不能玩物丧志,不应该好恶无节,而应当通过艺术的修养,通过文以载道,以道来统艺,来提升欣赏的趣味、审美的境界,进而体悟生命的意义和人生的价值。"③针对孔子所说的"未知生焉知死",赵汀阳解读说:"孔子决不否认死的问题的精神性(儒家自来极其重视死的事情),孔子命题的直接意思是:如果不理解生的意义,就无法理解死的意义。其深层含意则是:如果生没有

---

① 楼宇烈:《中国传统文化的特质》,载张岂之主编:《中华文化的底气》,中华书局2017年版,第44页。
② 林语堂:《中国人的智慧》,陕西师范大学出版社2007年版,第67页。
③ 楼宇烈:《中国的品格》,南海出版公司2011年版,第186页。

精神意义,那么死也没有精神意义。在人类的存在具有精神性之前,生死都轻如鸿毛。"①因此,中国人更倾向于在现实世界里追求生命、生活或人生的意义,提升生命的价值,并不幻想超越尘世的理想天国,而中国传统艺术则以特殊的形式解决了中国人现实与理想的矛盾。

在生命境界的追求上,儒家非常倾向于现实人伦生活,道家乃至道教却为人们敞开了一个神奇幻异的、让人充分彰显自由和纯朴天真的世界。道家渴望精神自由,莫过于庄子学派。

> 夫哀莫大于心死,而人死亦次之。(《庄子·田子方》)

在此,"人死"实质指身死,即肉体的死亡。这是说,最大的悲哀莫过于精神或心灵世界的崩溃,而肉体的死亡相比还是其次的。林语堂指出:"每一个中国人的心头,常隐藏有内心的浮浪特性和爱好浮浪生活的癖性。生活于孔子礼教之下倘无此感情上的救济,将是不能忍受的痛苦。所以道教是中国人民的游戏姿态,而孔教为工作姿态。这使你明白每一个中国人当他成功发达而得意的时候,都是孔教徒,失败的时候则都是道教徒。道家的自然主义是付镇痛剂,所以抚慰创伤了的中国人之灵魂者。"②道家更具有超越性,对社会国家治理主张无为而治,因而道家在最高生命境界的追求更倾向于得道而自由,在于达到心灵的超越、自由和宁静。

> 圣亡乎治人,而在于得道;乐亡乎富贵,而在于德和。

---

① 赵汀阳:《四种分叉》,华东师范大学出版社 2017 年版,第 43 页。
② 林语堂:《中国人的智慧》,陕西师范大学出版社 2007 年版,第 74—75 页。

（《淮南子·原道训》）

"亡"通无,"德"通得。意思是说,圣明不在于治理人事,而在于得道;快乐不在于富贵,而在于得和①。楼宇烈强调说:"中国传统文化的人文精神把人的道德情操的自我提升与超越放在首位,注重人的伦理精神和艺术精神的养成等,正是由对人在天地万物中这种能动、主动的核心地位的确认而确立起来的。"②他指出:"既然人在天地万物中是最具有主动性和能动性的,那么人自身的提升就是最根本的。所以,在中国文化中,明道、正谊、节制物欲、完善自我的人格这样一些观念,可以说是深入人心。"③因此,道家思想乃至道教实际上为中国人敞开了一个新的精神世界、心灵世界,使人回归纯朴与自由。

在中国人精神世界的开拓方面,佛学、佛教思想也有独到之处,功不可没。尽管佛教思想源自域外,但佛教的中国化、本土化却使它更加适合中国人的精神生活需要。中国人通过接受、吸收和融合中国传统儒家、道家思想而非常重视在现实生活中实现自我完善和理想人格塑造。僧肇强调:

> 道远乎哉? 触事而真。圣远乎哉? 体之即神。(《不真空论》)

对此,方立天指出:"'触事而真'、'体之即神'与《庄子·知北游》道无所

---

① 许匡一译注:《淮南子全译》,贵州人民出版社 1993 年版,第 37 页。
② 楼宇烈:《中国文化的根本精神》,中华书局 2016 年版,第 229—230 页。
③ 楼宇烈:《中国的品格》,南海出版公司 2011 年版,第 49 页。

不在的观点,以及《论语·述而》中'仁远乎哉?我欲仁,斯仁至矣'的说法则是一致的。这是僧肇吸取中国传统所提倡的真理在具体事物与日用生活中的思维方式和实践原则以及重视自我主体完善的伦理观念,以塑造中国式的佛教理想人格的理论创新。"①而针对禅宗的即心见佛、不假外求、全靠自力,楼宇烈说:"应该说,禅宗的这种人文精神跟中国文化有了一个内在的契合。因为在中国文化中,无论是道家还是儒家,都强调人的自我提升。并不是说要去做一个神,而是强调要做一个完美的人,儒家圣贤就是完美的理想的人。怎样才能成为理想的完美的人呢?就要靠自己的修养,不断地提升自己的人格。在这一点上儒家跟佛教,特别是禅宗的精神是完全契合的。"②因此,已经中国化的佛教形成了真正适合中国人精神生活需要的文化,将佛教的理想人格与中国传统儒家或道家对圣人的追求结合起来,为中国人所热衷。

# 八、参赞天地化育

天人合一是中国人向往和追求的最崇高的生命境界,然而中国人从没有将自己对生命最高境界的追求诉诸超越的彼岸世界。中国人立足于现实生活,更专注于现实世界,解决的根本问题归根结底不过是人自身的现实生活、生存和发展问题。儒家重人事,对"神"敬而远之,道家讲究长生不死,道教讲究肉体升仙,佛家讲究立地成佛、即身成佛。然而,相比道家"辅万物之自然",更具有现实意义的是儒家"赞天地之化育"的积极努力。

---

① 方立天:《魏晋南北朝佛教》,中国人民大学出版社 2006 年版,第 302 页。
② 楼宇烈:《中国的品格》,南海出版公司 2011 年版,第 166 页。

　　无疑,宇宙万物无时不在化育。老子说:"道生一,一生二,二生三,三生万物。"(《道德经·第四十二章》)尽管人们对老子所谓"道"存在着不同的理解,但无疑正如他本人所说,"道"只是一个无法确切地用语言来表述的对象,实际上就是还没有完全分化而依然笼统的、混融一体的原始存在。在老子看来,"道"的根本性质在于"生",而正是由这一根本性质,最终生化出万物来。"生"这种观念还深刻地体现于《易传》中。《易传·系辞下》载:"天地之大德曰生。"然而,在对待宇宙或天地化育万物问题上,道家与儒家却存在着一定的差异。老子论述了道化育万物的具体过程:

　　　　道生之,德畜之,物形之,势成之。是以万物莫不尊道而贵德。道之尊,德之贵,夫莫之命而常自然。故道生之,德畜之;长之育之;亭之毒之;养之覆之。生而不有,为而不恃,长而不宰,是谓"玄德"。(《道德经·第五十一章》)

在此过程中,老子认识到"道常(恒)无为而无不为"。又说:"无为则无不为。"(《道德经·第四十八章》)老子之所以对道有此深悟,在于对水的观察:

　　　　上善若水。水善利万物而不争,处众人之所恶,故几于道。(《道德经·第八章》)
　　　　天下之至柔,驰骋天下之至坚。无有入于无间,吾是以知无为之有益也。不言之教,无为之益,天下希及之。(《道德经·第四十三章》)

在人与自然之间的关系上,他强调:"以辅万物之自然而不敢为。"(《道德经·第六十四章》)老子的主张是:"为无为,事无事。"(《道德经·第六十三章》)但老子推崇"无为"并非绝对无为,只是顺自然而为,不要妄为。所谓顺自然而为,就是能够让事物达到自然而然地自化的境界。顺自然而为就是遵循道而为。由此,老子强调,"为者败之","是以圣人无为故无败"(《道德经·第六十四章》)。顺着老子的思路,庄子进一步强调"无以人灭天"。郭象对庄子的这一思想阐释说:

> 无既无矣,则不能生有;有之未生,又不能为生。然则生生者谁哉?块然而自生耳。自生耳,非我生也。我既不能生物,物亦不能生我,则我自然矣。自己而然则谓之天然。天然耳,非为也,故以天言之,所以明其自然也。岂苍苍之谓哉!而或者谓天籁役物使从己也。夫天且不能自有,况能有物哉!故天者,万物之总名也。莫适为天,谁主役物乎?故物各自生而无所出焉,此天道也。(《庄子注·齐物论》)
>
> 明物物者无物,而物自物耳。物自物耳,故冥也。物有际,故每相与不能冥然,真所谓际者也。不际者,虽有物物之名,直明物之自物耳。物物者,竟无物也,际其安在乎?既明物物者无物,又明物之不能自物,则为之者谁乎哉?皆忽然而自尔也。(《庄子注·知北游》)

楼宇烈强调:"长期以来,道家的'自然无为'思想被看做是一种消极被动、因循等待的思想,其实它有相当积极合理的一面。"[1]他举例说

---

① 楼宇烈:《中国的品格》,南海出版公司 2011 年版,第 53 页。

《淮南子》就对"无为"思想有精彩的论述："无为者,非谓其凝滞而不动也,以其言莫从己出也。"(《淮南子·主术训》)即"无为"不是消极等待,不是什么都不做,而是强调不能从自己的主观出发去改变事物。《淮南子》总结说:

> 若吾所谓无为者,私志不得入公道,者(嗜)欲不得枉正术,循理而举事,因资而立功;权(推)自然之势,而曲故不得容也。(《淮南子·脩务训》)

对这句话,楼宇烈解读说:"无为就是'私志不得入公道',即个人的意志和愿望不得入公道。'公道'是什么？公道就是自然,就是天地万物本然的状态。接下来还有一句话,'嗜欲不得枉正术',嗜欲就是个人的嗜好和欲求,个人的嗜好欲求不得枉正术,正术是跟公道相对应的,就是指自然界的必然规律。所以无为是指你不能以自己的意志、嗜好去改变整个自然界的发展规律,这是从防止这个方面来讲的。从积极方面来讲,无为是什么呢？'循理而举事',即按照万物自然的客观的道理来做事。然后呢？'因资而立功',就是根据事物本然的规律,最后很好地完成了这件事情。总体来讲,无为是一种什么样的状态呢？就是'推自然之势'。自然之势本就是往这方面发展的,我们只不过是遵循它的规律,顺着它的趋势去推动它而已,这就是我们现在常常讲的'因势利导'。"①在楼宇烈看来,儒家其实同样非常强调因循自然,而大禹治水就体现了这种智慧,成为顺应自然的典范,充分体现了"有为"与"无为"在顺应自然原则下的统一。他强调孟子对此有深刻的论述:

①　楼宇烈:《中国的品格》,南海出版公司 2011 年版,第 53—54 页。

> 天下之言性也,则故而已矣,故者以利为本。所恶于智者为其凿也,如智者若禹之行水也,则无恶于智矣。禹之行水也,行其所无事也,如智者亦行其所无事,则智亦大矣。(《孟子·离娄下》)

楼宇烈强调,"故"就是指事物已经呈现出来的一种现象或情况,孟子在此所强调的就是,只要顺从事物本然之性就可以达到最好的效果,获得最大的利益,而真正的智者就是拥有这样的大智慧的人。

然而,相比而言,儒家更强调参与天地万物的演化就是"赞天地之化育"。"赞"本身就是辅助的意思。楼宇烈强调:"儒家并不是要你以主观意愿去改变自然,而是要赞天地之化育,参与到天地中去,辅助天地。"①

> 天地交,《泰》。后以财成天地之道,辅相天地之宜。(《易传·泰·象》)

"后"指君主,"财"即"裁","财成"即裁剪使之规范。意思是说,君主据此使天地之道规范运行,辅助天地间各种适宜的本性。当然,赞天地化育,最高的境界就是自觉地顺自然而为,既不是违背自然而强为,也不是消极地顺自然而无为。

> 范围天地之化而不过,曲成万物而不遗。(《易传·系辞上》)

---

① 楼宇烈:《中国的品格》,南海出版公司2011年版,第138页。

所谓"曲成"，实际上就是指"千方百计地成就"，归根结底就是通过人的自觉主动、想方设法去创造并成就事物。荀子感叹说：

> 大天而思之，孰与物畜而制之！从天而颂之，孰与制天命而用之！望时而待之，孰与应时而使之！因物而多之，孰与骋能而化之！思物而物之，孰能理物而勿失之也！愿于物之所以生，孰与有物之所以成！故错人而思天，则失万物之情。（《荀子·天论》）

这就表达了比较强烈的人的自觉能动性要求。荀子进而强调：

> 性者，本始材朴也；伪者，文理隆盛也。无性则伪之无所加，无伪则性不能自美。性伪合，然后成圣人之名，一天下之功于是就也。（《荀子·礼论》）

荀子在此特别强调了"伪"的意义，认为正是人的作为和创造改变了事物原始质朴的状态，从而使之变得更加美好，而做到本性与人为相结合，就能成圣人之名。

> 天有其时，地有其财，人有其治，夫是之谓能参。舍其所以参，而愿其所参，则惑矣。（《荀子·天论》）

"能参"即指人能够参与、配合天地的职能。在参赞天地化育的过程中，人与整个宇宙处于无法言表的体悟之中，所实现的境界就是人与天地万物的心灵沟通。相比而言，尽管道家的"辅万物之自然"已经表达了人的自主能动性,顺自然而为,已经是很高的境界,但儒家的"赞"要比道家的"辅"更为积极主动。因此,结合儒道两家来看,赞天地之化育的最高境界实际上就是自觉地顺自然而为。楼宇烈强调:"中国传统文化的基点在哪里? 我觉得中国传统文化的基点是建立在珍重自然的基础之上的。自然,即事物的本然状态。"①因此,在他看来,"中国文化归根到底,就是尊重天地万物,又要保持人的主体性、独立性、能动性"②,相比而言,"在处理人与自然的关系时,西方文化更强调让自然适应人类,过度地改造自然,因此引发了现代生态环境的很多问题。而中国文化虽然强调人是万物中最灵最贵的,但也要尊重其他的事物,不是要别的事物听命于自己,而是要万物按照自己的规律发展,不主张人为的强制",他认为"这就是道家'自然无为,因势利导'的思想",而"推自然之势,改造自然,适应自然,这恰恰是人文精神的体现"③。

总之,儒道两家虽然在思想旨趣上有着不少的差别,但在实现人与自然和谐相处问题上却有着极为相近的态度,无论是道家的"辅万物之自然",还是儒家的"赞天地之化育",本质上都认识到遵循自然规律以促进天地万物化育的重要性,两家思想都反映了人的主体性在规范和协调人与自然关系时的重要意义。

---

① 楼宇烈:《中国文化的根本精神》,中华书局 2016 年版,第 123—124 页。
② 楼宇烈:《中国传统文化的特质》,载张岂之主编:《中华文化的底气》,中华书局 2017 年版,第 45 页。
③ 楼宇烈:《中国的品格·再版赘言》,南海出版公司 2011 年版,第 4 页。

# 第三章　中国人的宇宙人生观
# 及其彰显的主体性特征

如何理解和定位自身,是人作为有意识的生命有机体向自己提出的任务,反映着人的智慧高低。人区别于宇宙中任何其他生命的标志有很多,但是否拥有明确的自我意识则是最为重要的标志之一。人拥有自我意识、自觉意识,能够使自己与周围世界、万事万物区别开来,他要认真地思考自己究竟是什么、是谁以及处在什么样的世界里,不仅要通过改造自然界来满足自己肉体生存和发展的客观需要,还必须全面地审视和判断自己所身处的环境和世界,从而为自己确立安身立命的根基。可以说,这种自觉的思考使人最终深刻地认识到自己在整个宇宙里的特殊地位。在西方,近代著名生物学家赫胥黎将人比喻为"生物界里的伟大的阿尔卑斯山和安第斯山脉"[①],而在东方,中国人很早就坚信人本质上是天地之心,是宇宙的中心。从根本上说,中国人是从关系整体论角度全面地审视人在整个宇宙或天地中的特殊地位的。"关系整体论"立足于关系来考察事物,既是"关系论"和"整体论"的发展,更是两者的融合,它不再孤立地考察事物如何存在,也不再仅仅权衡整体是否大于部分的总和。就其实质,罗嘉昌、张昌盛指出:"关系规定关系者,因此每一事物或性质总是处于与其他事物的关系中,于是事物或性

---

① 赫胥黎:《人类在自然界的位置》,科学出版社 1971 年版,第 102 页。

质之间通过关系而关联成为整体"①。他们尤其强调:"对于每一个由关系关联起来的系统,其关系即为其整体的中心,可称之为整体。"②因此,从关系整体论来看,中华传统生活哲学既确立了天人合一的宇宙体系,又充分肯定了人在宇宙中所处的特殊地位,即天、地、人"三才"(或"三材"),人处天地之中,为天地之心,拥有超越天地万物的主体性,人的意识的觉醒意味着整个宇宙的觉醒,正是人的灵明照亮了天地万物。中华传统生活哲学认为人所构建的天地或现实世界是以人为核心的各生活要素(自然、社会、他人、自身)有机统一的关系整体,人始终处于宇宙整体联系之中,处于大化流行之中,而且人是自然最高原则(天道)的现实体现,人的自我实现在于与自然和谐共生,达到万物一体,心灵上实现自由、和谐与宁静。这种哲学观念实质上是中华传统生活智慧的最高体现。

# 第一节　中国人的宇宙人生观

究竟是哪些思维方式和观念,作为思想的根基,构成了中华文明的核心要素,从而影响和决定着中华文明五千多年绵延不断的发展和创新,是所有研究中华文明和中华文化的西方汉学家普遍感兴趣的话题。热衷于追溯中华文明根源以寻找其思想根基的西方汉学家们,终于寻找到了这些核心要素,"在这些核心要素中,被认为最重要的,是理解中

---

① 罗嘉昌、张昌盛:《视角变换中的世界的显现:从关系实在论到关系整体论》,《天津社会科学》,2010 年第 6 期。

② 罗嘉昌、张昌盛:《视角变换中的世界的显现:从关系实在论到关系整体论》,《天津社会科学》,2010 年第 6 期。

国人的宇宙观和世界观,了解中国人对时间、空间、因果性、人性的最基础的假定"①。事实上,在中华文明形成之初,中国人就形成了自己特殊的思维和观念,形成了自己比较稳固的思想根基,归根结底形成了中华文明的核心要素,而中华文化的发展就是围绕着这些核心要素不断得到丰富、巩固和完善的。中国人从来都是立足整个宇宙来看待自己的生活和世界的,来定位自己的理想和人生的。当中国人从宇宙整体来把握自己的生命存在,来看待自己的生命价值和意义时,也就发展出了一种宇宙观意义上的人生观,即一种宇宙人生观,旨在整个宇宙生命演化中追求和实现人生价值和意义。将全部生命和人生置于整个宇宙生命的演化之中,在努力尽己之性、尽人之性、尽物之性的作为中赞天地化育、成己成物,因而也推动了整个宇宙生命的发展和完善,成就了自身的价值和意义。中国人的宇宙人生观奠基于宇宙观或世界观之上。张汝伦指出:"哲学是对事物的整全思考,是对宇宙人生的整体把握。"②在他看来,宇宙与人生并不能简单地运用近代自然科学思维分解为自然界和人类世界,人本身就是宇宙的一部分,而宇宙要有意义,一定以某种方式对人呈现出来,它本身在此意义上就是属人的现象,与人不同,动植物或无机物根本不会有宇宙③。一般来说,宇宙观即世界观,但相比而言,世界观更多的是一个属人概念,蕴含着更多的人文意义。显然,这一观点用来说明中国人的宇宙人生观最为合适。正确地认识中国人的宇宙观或世界观,是全面理解和把握中国人一切人生态度、人生追求、人生理想、人生价值和人生意义的基础。概括说来,中华文明中

---

①　陈来:《中华文明的核心价值:国学流变与传统价值观》,生活·读书·新知三联书店 2015 年版,第 3 页。

②　张汝伦:《哲学是什么》,北京出版社 2021 年版,第 108 页。

③　张汝伦:《哲学是什么》,北京出版社 2021 年版,第 108—109 页。

的宇宙观本质上是动态生成的、普遍联系的关系整体论的宇宙观，而人生成于宇宙之中，得天地之秀，为万物之灵，为天地之心，成为万物中最贵者，参与宇宙生成化育，与天地并列为三才，因此中国人的人生本质上表现为一种处处彰显着主体性的宇宙人生。

# 一、宇宙：天人合一的有机整体

任何人都诞生于宇宙之中，任何民族都繁衍于地球之上，这是现代人谁也无法否认的事实。然而，世界上各主要民族在开拓自己生存活动的空间、形成自身文明的过程中，对整个宇宙的认识和理解，却存在着极大的差异。中华民族把整个宇宙看成一个生生不息的运动过程，一个万事万物普遍联系着的有机整体。尤其是，中华民族将自身融入整个宇宙之中，将自身视为整个宇宙生命有机体的一部分，从人与宇宙的统一中看待整个宇宙生命的生成与演化。这种宇宙观、世界观本质上是一种有机整体主义，是一种关系整体论，所塑造的是天人合一的宇宙体系。

作为群经之道的《易经》，最早比较深刻地反映了中华民族对整个宇宙的认识和体验，蕴含着中国人认知和观察宇宙的态度和方法。《易传》是对《易经》的阐释说明，概括地总结了这种态度和方法：

> 仰以观于天文，俯以察于地理，是故知幽明之故。原始反终，故知死生之说。精气为物，游魂为变，是故知鬼神之情状。与天地相似，故不违。知周乎万物，而道济天下，故不过。旁行而不流，乐天知命，故不忧。安土敦乎仁，故能爱。范围天地之化而不过，曲成万物而不遗，通乎昼夜之道而知。(《易

传·系辞上》)

这段话比较全面地揭示了中国人认识和观察宇宙的基本模式、思路和方法,进而形成了中华民族独有的宇宙观、世界观。这就是,中国人直接以观察宇宙的自然变化来揭示昼夜变换、生死更替的规律,来指导自己的生活和行动,从而做到不违背自然、不过度作为、不烦恼忧虑、不遗漏万物,而能爱、能安、能为。针对究竟如何创造了"八卦"这一特殊的认知工具,《易传》描述了这样一个过程:

> 古者包牺氏之王天下也,仰则观象于天,俯则观法于地,观鸟兽之文与地之宜,近取诸身,远取诸物,于是始作八卦,以通神明之德,以类万物之情。(《易传·系辞下》)

尽管包牺氏为传说中的人物,但其"仰则观象于天,俯则观法于地,观鸟兽之文与地之宜,近取诸身,远取诸物"同样说明了中华民族的祖先们在认识宇宙过程中的基本做法和态度,本质上是上述所说的体现。因此,中国人对宇宙的认识,从来都是立足于人的立场,没有把自己置身于宇宙或天地之外,没有将自身与天地间的万事万物分割开来,没有将整个宇宙看成静止不动的,更没有认为宇宙或天地的演化和运行规律与人的生存活动规律毫不相干。陈来指出:"从这种有机整体主义出发,宇宙的一切都是相互依存、相互联系的,每一事物都是在与他者的关系中显现自己的存在和价值。"[①]这种"有机整体主义"思想具体体现

---

① 陈来:《中华文明的核心价值:国学流变与传统价值观》,生活·读书·新知三联书店 2015 年版,第 29 页。

为"天人合一"思想。正如王霄等人所指出的:"'天人合一'是中国古人的世界观,这个世界观的产生要归功于中国古人特有的整体论的思维。"①

整个宇宙作为有机的整体,生生不息,万事万物在天地之间生成演化着,形成了不以人的意志为转移的规律,中国人称之为"天道",并坚信人道是天道的延伸和体现,人应当学习和效法天道。事实上,这一点,儒道都持有相同的态度。道家创始人老子强调:

> 人法地,地法天,天法道,道法自然。(《道德经·第二十五章》)

张岱年指出:"儒道两家都注重从总体来观察事物,重视事物之间的联系。"②把宇宙或世界看成一个整体,把任何事物以及人自身也看成一个整体,将万事万物统一到一个整体之中,从而动态地把握整个宇宙,把握万事万物之间的联系,把握人自身在宇宙中的生活、生存和发展,在宇宙演化过程中,在万事万物彼此关联、相互依存中,寻找整个宇宙的动态平衡与和谐,就成为中国人的价值取向。这种普遍的关联和互动,既不像西方线性因果思维,也不像还原论思维。在楼宇烈看来,这是中国文化的重要品格。他说:"中国人是整体关联的思维方式,也就是我常说的'整体关联,动态平衡'。中国的学说里没有西方那样的还原论。静态可以被还原,动态是不能被还原的。整体关联和动态平

---

① 王霄主编:《中华传统文化导读》,中国人民大学出版社 2020 年版,第 30 页。
② 张岱年:《文化与哲学》,中国人民大学出版社 2009 年版,第 7 页。

衡是中国文化中的两个核心。"①这种从整体来把握宇宙天地万物的思想就是中国人特有的关系整体论，中国人所置身的就是关系整体论意义上的天人合一的宇宙。

# 二、宇宙人生观的根本精神

中国人的宇宙观本身蕴含着人生观，中国人对宇宙的认识、观察和体验都立足于人的立场，都蕴含着对自身的理解和定位。相应地，中国人对自身的理解也永远根植于对宇宙的理解，具体感受、追求和实现的正是宇宙人生。中国人相信，人源自生生不息的宇宙，人的整个生命是宇宙生命总体中的组成部分，然而人却得宇宙之精华、灵气，从而成为宇宙之心，而且主张主动赞天地之化育。《易传》说："天行健，君子以自强不息。"（《易传·乾·象》）因此，这种宇宙人生观鲜明地彰显了人在整个宇宙中的主体性地位。

中国人坚信自己来自生生不息演化着的宇宙，正是天地最终造就了自己。《管子·内业》说："凡人之生也，天出其精，地出其形，合此以为人。"阮籍说："人生天地之中，体自然之形。身者，阴阳之精气也；性者，五行之正性也；情者，游魂之变欲也；神者，天地之所以驭者也。"（《达庄论》）孟子特别重视对人来说最为关键、重要的方面。那么，究竟哪一个方面对确立人之所以为人来说尤其重要呢？据《孟子·告子上》记载，弟子公都子问孟子曰："钧是人也，或为大人，或为小人，何也？"对此，在孟子看来，虽然每个人都是人，但区分为"大人"和"小人"，而大人与小人之别在于他们各自所追求的分别是"大体"和"小体"，即"从其大

---

① 楼宇烈：《中国的品格·再版赘言》，南海出版公司 2011 年版，第 3 页。

体,为大人"而"从其小体,为小人"。就哪个方面为大体,孟子回答说:

> 耳目之官不思,而蔽于物,物交物,则引之而已矣。心之
> 官则思,思则得之,不思则不得也。此天之所与我者,先立乎
> 其大者,则其小者弗能夺也。此为大人而已矣。《孟子·告子
> 上》

因此,在孟子看来,大人之所以真正能够使自己区别于其他人乃至禽兽,就在于他拥有"心之官",能够思考。"耳目之官"对事物的认识停留在表面,"蔽于物";而"心之官"能够"思",通过思考能够有所收获。人有所思而收获、得到,就是天地所赋予人的最为关键和宝贵的生命机能。人有"思之官",能"思",能"得",从现代意义上来说,其实质就是人有能够思考问题的头脑,有思考能力,有思想观念,能够将整个宇宙纳入认知和思考的范围,最终将自己置身于宇宙之内、天地之间,思考自己在整个宇宙之中的存在、地位、价值和意义。因此,孟子所谓"先立乎其大者",就是要善于运用自己的"思之官"进行思考和审视。归根结底,通过自觉的思考和意识,确立起人在整个宇宙体系中的核心地位,就是中国人思考一切事物之所以存在、之所以有价值和意义的前提。

> 故人者,天地之心也。(《礼记·礼运》)

客观而言,宇宙广袤无限,实际上无所谓核心,然而对中国人来说,宇宙现实地呈现为天地,而天地恰恰是人立足于坚实的大地之上认识和体验的结果。在中国哲人看来,如果宇宙或天地缺少一个"心"或核心,那么,它就缺少存在的实质意义。尤其是,在中国传统语境中,"心"不仅

是核心,是宇宙或天地万物得以凝聚的中心,还是精神性的心灵,它使整个宇宙或天地成为一个生命体。陆九渊强调"我心即宇宙,宇宙即我心",就是以自己的心来统率整个宇宙。尽管这种观念并不属于现代科学观念,但对于中国人来说,宇宙从来不是脱离开人的纯粹物理概念,本身还是精神世界,即体现着价值追求和精神信仰的世界。

具体说来,将"人"视为"天地之心",体现了中国人宇宙人生观独有的意蕴和精神。

首先,承认人是赞天地之化育的创造中心。客观而言,人是天地所生成化育出来的万物中的一种,原本与万物同样隶属于自然界。但人在中国人眼光中获得了特殊的地位、价值和意义,最终成为天地的中心。方东美强调:"但为何将其当作天地的中心呢? 因为他可发挥创造的才能,完成高贵的生命,而同时又具有一广大无边的同情心,对于一切人类生命,它(他)都珍惜,对于一切未来的生命也均予以欣赏。这么一来,人能尽己之性、尽人之性、尽物之性,甚而赞天地之化育,与天地参矣。人变成和天地一样的伟大。换句话说,人即成为创造生命的中心,这是原始儒家的思想。"①即在原始儒家看来,人之所以区别于万物,之所以被确立为天地的中心,是因为人具有创造性和创造能力,能够将天地所赋予的生命通过自我的创造得以完成,而且同时能够超越万物,对天地间的一切生命都给予同情、珍惜和欣赏,使之在自己的努力创造之下获得新的发展和完善,归根结底,能够尽己之性、尽人之性、尽物之性,能够赞天地化育,成己成物,帮助天地完成它本身并不能完成的业绩,由此最终使自己变得与天地一样伟大。方东美说:"中国人哲学思想的出发点,是要把握一个整体生命,在生命的交叉点上,把理想价值

---

① 方东美:《方东美先生演讲集》,中华书局 2012 年版,第 184 页。

的世界——所谓精神领域——会归到生命中心里面来；然后对于物质世界上的一切条件、一切力量，也拿生命的进程来推进，以它来维系生命，变成生命的资粮。所以儒家觉得他自己的生命中心，也就是宇宙的生命中心。真正儒家的精神，就是在表现这一种气魄。"[1]原始儒家的这种观念影响深远，陆九渊的"我心即宇宙，宇宙即我心"本质上是对这种观念的发展和弘扬，实际上表现的就是这种宇宙人生观所具有的精神追求和气魄。毫无疑问，在宇宙的生成问题上，陆九渊还没有荒唐到这种地步，即真的相信自然意义的宇宙或天地万物源自他的精神创造。实际上，儒家的这种思想观念还深深地影响了传入中国的佛学思想。钱穆说："释迦虽云'上天下地，唯我独尊'，然既人皆有佛性，人人皆能成佛，故世界可以有诸佛出世。于是佛亦仍然属于人格，非神格。但人皆有佛性，人人皆可成佛之理论，实畅发大成于中国。"[2]

其次，观念上的整个宇宙成为人追求伦理道德境界的最高层次。中国人所特有的宇宙观念，是物质世界与精神世界的统一体，而社会伦理道德生活在中国人全部生活中占据主导地位，中国人的精神追求又典型地体现为伦理道德追求，由此中国人对最高伦理道德的追求在观念上最终诉诸整个宇宙。中国传统儒家虽然在社会上强调等级观念，但实际上也承认每个人本质上是自由平等的，正是在这种思想基础上提出了"人皆可以为尧舜"的道德理想。钱穆强调："人皆可以为尧舜，此乃'中庸'之道，然此即人人皆可'为天地立心，为生民立命，为往圣继绝学，为盛世开太平。'亦即人人可为此无限宇宙之中心。"[3]因此，儒家

---

① 方东美：《原始儒家道家哲学》，中华书局 2012 年版，第 163—164 页。
② 钱穆：《人生十论》，九州出版社 2011 年版，第 71 页。
③ 钱穆：《人生十论》，九州出版社 2011 年版，第 65 页。

并没有否定任何人作为人的价值和意义。《中庸》高度重视每个人自觉努力的重要性：

> 人一能之，己百之；人十能之，己千之。果能此道矣，虽愚必明，虽柔必强。（《中庸·第二十章》）

这就是说，只要肯下功夫，自己虽然愚钝、懦弱，也一定会聪明起来、刚强起来。总之，每个人都是平等的，也是有资格和能力成为宇宙的中心的。钱穆进而解释说："天地像是没有心。我们替天行道，便是为天地立心。此所行之道，在我仅是修身，若仅是一小道。但道能大能小，只要不违天，那道就大。上帝生我此身，或者上帝当时也未想到如何来运用我此身。此刻我们要为天地立心，我的心就是天地心。"[1]因此，纵使每个人的道德境界各不相同，但只要不违天，其意义都是大的，自己的心也便成为天地之心。

最后，将人立为天地之心，蕴含着深厚的人文精神和人文关怀。孔子就特别重视人的问题。据《论语·乡党》记载："厩焚。子退朝，曰：'伤人乎？'不问马。"即马厩失火，孔子非常关心是否烧伤了人，而没有问马的情况。而当弟子子路问鬼神事，孔子诘问说："未能事人，焉能事鬼？"（《论语·先进》）孔子明确地倾向服侍活着的人，而不是死去的人。楼宇烈强调："中国文化最根本的特征是以人为本，以人为中心。它是一种人文的文化，体现出一种人文的精神。"[2]这种人文精神实际上体现于中国文化的方方面面。楼宇烈解释说："所谓人文精神，有两个突出

---

[1] 钱穆：《中华文化十二讲》，九州出版社 2011 年版，第 114 页。
[2] 楼宇烈：《中国的品格》，南海出版公司 2011 年版，第 177 页。

的特点。首先,人文是相对于神文和物文来讲的。中国人更注重的是精神生活,而不是受神、物的支配,因此中国文化'上薄拜神教,下防拜物教',使人的自我价值得到了充分的体现。其次,人文精神更多的是强调礼乐教化。中国讲究人文教育,而不是武力和权力的压制。"①中国传统文化的这种人文取向,典型地体现于中国古人的价值观之中。楼宇烈强调:"中国古代最崇敬的是什么呢? 天地君亲师。因为天地是万物的生命之源,'亲'是某一类生命的来源,它代表的是某一类的祖先。比如说人类,人类有人类的祖先。而'君'和'师'是教化的根源,这些都是值得尊重的。这里没有神,有人因为受了西方宗教观念的影响,将'天'和'地'解释为神,这是错误的。在中国传统文化的概念里,'天'和'地'并不是神。天地是生养万物的根本,但它是一个自然的过程而不是神的作用,在中国文化中,那种至高无上的、全知全能的神是没有的。在中国的历史上,神权从来没有超过王权。"②尽管"王权"还不直接是人权,但毕竟体现的是人文精神。中国人的社会伦理道德生活中并不存在作为一切伦理道德行为评判者、裁定者的神或上帝。林语堂指出:"中国人与基督教的观点差异得非常之大,人文主义者的伦理观念是以'人'为中心的伦理,非以'神'为中心的伦理,在西方人想来,人与人之间,苟非有上帝观念之存在,而能维系道德的关系,是不可思议的。在中国人方面,也同样的诧异,人与人何以不能保持合礼的行为,何为必须顾念到间接的第三者关系上始能遵守合礼的行动呢? 那好像很容易明了,人应该尽力为善,理由极简单,就只为那是合乎人格的行为。"③因

---

① 楼宇烈:《中国的品格·再版赘言》,南海出版公司 2011 年版,第 1 页。

② 楼宇烈:《中国的品格》,南海出版公司 2011 年版,第 49 页。

③ 林语堂:《中国人的智慧》,陕西师范大学出版社 2007 年版,第 66 页。

此,从整体上来说,人文精神可以说是中国传统文化最主要和最鲜明的特征,它实质上坚持以人为本,以人为中心。

# 第二节 中国人宇宙人生观彰显的主体性特征

中国人独有的宇宙人生观鲜明地体现了人在整个宇宙整体中的主体性特征。概括说来,在这种宇宙人生观里,人在宇宙整体中的主体性特征体现为:(1)得天地之秀,为万物之灵;(2)与天地并列,为三才之一,乃万物最贵;(3)为天地之心,乃生命主宰;(4)是道的自觉弘扬者,并以成贤成圣为人生的最高境界。

## 一、得天地之秀,为万物之灵

生命起源问题是一个伴随着人的意识觉醒而产生的问题。无疑,这一亘古至今的问题还没有得到真正彻底的解答,人类至今依然在孜孜以求生命本质和起源的最终答案。中西各大民族,在自身文化形成的过程中无不触及这一问题,并基于自身特殊的认知和理解形成了自己民族的生命观、生命起源思想。中国人坚信自己来自宇宙、天地,因而对生命起源问题给予了特殊的解答,相信人得天地之秀,为万物之灵。

中国传统文化中蕴藏着独特的生命观,其核心思想体现为相信人来自客观的世界,来自中国人语境中的"天地",来自阴阳二气,是天地阴阳二气相互作用、化育的结果。荀子指出:"天地者,生之本也。"(《荀子·礼论》)在此,荀子明确强调天地是万物生成化育的根本。《易传》

借孔子之口强调：

> 天地绸缊，万物化醇。男女构精，万物化生。(《易传·系
> 辞下》)

所谓"天地绸缊，万物化醇"，指天地之气交融渗透，万物化育而醇厚，而
"男女构精，万物化生"是指男女阴阳交合精气，万物化育而创生①。特
别是，"绸缊"是阴阳二气交融渗透的状态，而"男女"并非单纯指人的两
性，也指阴阳二气。相比而言，《易传》比荀子更进一步揭示了万物的化
育生长源于天地阴阳二气的互动与交融。

> 人之生，气之聚也；聚则为生，散则为死……故曰："通天
> 下一气耳。"(《庄子·知北游》)

在此，庄子更明确地强调人之生死就是气的聚与散而已，整个天下总体
来说也不过是气而已。王充进而强调人只是宇宙天地间万物之一，在
最根本上与物无异："人，物也，……禀气于元，与物无异。"(《论衡·辨
祟》)

　　对中国人历史地形成的生命观、生命起源思想，楼宇烈指出："生命
是怎么来的呢？不是造物主或神创造出来的，生命是天地之气达到和
谐状态而产生的。因此，每个生命都是天地之和气而生的，这也是每一
个事物的真性。"②他尤其指出："中国传统文化中，虽然有一些譬如女娲

---

① 李申主编：《周易经传译注》，湖南教育出版社 2004 年版，第 220 页。
② 楼宇烈：《中国文化的根本精神》，中华书局 2016 年版，第 119—120 页。

造人的神话传说,但从根本上来讲,中国的整体文化,包括中医在内,没有关于生命是神造的或者是神赋予的这样一种观念,而是认为生命来源于天地之气。天地之元气是生命的本源。"①中国人形成的这种生命源自天地元气的生命观、生命起源思想,是中国人坦荡地对待生活中一切问题、风险、挑战的思想根基,对中国传统文化根本精神的形成产生了广泛而深远的影响。

中国人相信天地间蕴藏着阴阳清浊之气,正是这些阴阳清浊之气的相互作用化育出万事万物,而人得天地之清气、秀气,为整个宇宙或天地间最优秀的生命。《礼记》早已认识到这一问题:

> 人者,其天地之德,阴阳之交,鬼神之会,五行之秀气也。
> (《礼记·礼运》)

所谓"秀气",就是指清气、精气。《管子》也有相关记载:

> 凡人之生也,天出其精,地出其形,合此以为人。(《管子·内业》)
> 精也者,气之精者也。(《管子·内业》)
> 凡物之精,此则为生。下生五谷,上为列星。流于天地之间,谓之鬼神;藏于胸中,谓之圣人。(《管子·内业》)

这就是说,人之所以生,就在于得到来自天的精气,无论是五谷还是列星,无不源自精气,流行天地之间就成为鬼神,而隐藏于人胸之中就成

---

① 楼宇烈:《中国的品格》,南海出版公司 2011 年版,第 204 页。

就了圣人。《淮南子》解释得更为详尽：

> 古未有天地之时，惟像无形。窈窈冥冥，芒芠漠闵；澒濛
> 鸿洞，莫知其门。有二神混生，经天营地，孔乎莫知其所终极，
> 滔乎莫知其所止息。于是乃别为阴，阳，离为八极；刚柔相成，
> 万物乃形；烦气为虫，精气为人。（《淮南子·精神训》）

也就是说，在天地未成形之时，一切处于混融一体的状态，随后化育出阴阳二气，而阴阳二气相互作用，形成万物，其中，烦气生成虫，精气化育出人。王充说："人之所以生者，精气也。"（《论衡·论死》）又说："天禀元气，人受元精。"（《论衡·超奇》）明确地肯定了人的生成化育得自精气，而精气归根结底就是元精，即天地化育万物过程中的最精纯的气。人因为得秀气、精气而优异于动物。刘禹锡说："人，动物之尤者也。"（《刘宾客文集·天论上》）在此，刘禹锡在承认人是动物的前提下肯定人超越动物，是动物中的最优秀者。张岱年也说："人者可谓物类中之最卓者矣。"[1]最优秀者，也就是最卓越者。中国人认识到人区别于万物，特别是区别于宇宙间其他的生命体，关键在于人有灵性，为万物之灵。

> 惟天地万物之母，惟人万物之灵。（《尚书·泰誓上》）

"人为万物之灵"这种思想实际上得到了后来众多思想家的推崇。周敦颐说："二气交感，化生万物。万物生生，而变化无穷焉。……惟人也，得其秀而最灵。"（《太极图说》）在此，周敦颐在人"得其秀"的基础上

---

[1] 张岱年：《天人五论》，中华书局 2017 年版，第 239 页。

肯定了人"最灵"。视人有灵性，为万物之灵，实际上是对人得天地之秀气而生的逻辑延伸。遗憾的是，《尚书》作者、孟子、周敦颐并没有就人何以能成为"万物之灵"进行论证，荀子是最早给出论证的。如前所述，荀子在水火、草木"有气"和"有生"基础之上更强调禽兽本质上是"有知"的，将人之所以区别于禽兽界定在人"有义"而禽兽无义上。荀子视人为有义的存在，然而有义在他那里本质上强调的是人有伦理道德意识。实际上，纵使还没有达到这种伦理道德层次上的存在境界，人与禽兽在"有知"的层次上依然存在着本质性的差别。禽兽虽然超越了草木因而有知，但它们所拥有的知，并不是一种自觉的知，即无法清醒地意识到自己的存在和行为，更无法自觉地将自己与周围其他事物区别开来，无法将自己纳入一定的群体乃至整个宇宙之中来考量自己的价值和意义。《淮南子》有相关记载：

> 夫天地之道，至纮以大，尚犹节其章光，爱其神明，人之耳目曷能久熏劳而不息乎？精神何能久驰骋而不既乎？（《淮南子·精神训》）

因此，只有人才能拥有更自觉的意识，使自己区别于万物，能够在整个宇宙或天地之间审视自己的存在，并在深刻领悟天地之道的层次上把握自身的生存、价值和意义。对人优越于万物，特别是动物，邵雍有非常深刻的论述：

> 人之所以能灵于万物者，谓其目能收万物之色，耳能收万物之声，鼻能收万物之气，口能收万物之味……是知人也者，物之至者也。（《皇极经世·观物篇之五十二》）

> 唯人兼乎万物而为万物之灵。(《皇极经世·观物外篇上》)

这就是说,邵雍充分认识到人对世界万物的认知远远超越动物的层面,能够超越自身种类的局限性而统摄万物,而动物或其他种类是无法达到这种水平的。

> 天之生物,有有血气知觉者,人兽是也;有无血气知觉而但有生气者,草木是也;有生气已绝而但有形质臭味者,枯槁是也。是虽其分之殊,而其理则未尝不同。但以其分之殊,则其理之在是者不能不异。故人为最灵而备有五常之性,禽兽则昏而不能备,草木枯槁,则又并与其知觉者而亡焉。(《朱文公文集·卷五十九·答余方叔》)
>
> 盖人为万物之灵,自是与物异。若迷其灵而昏之,则与禽兽何别?(《朱子语类》卷八)

在朱熹看来,人为"万物之灵",关键在于人有"人心之灵"。"盖人心之灵,莫不有知。"(《大学章句》)这是强调人之所以区别于万物就在于人拥有自觉而澄明的意识,而如果头脑意识昏迷,特别是道德意识模糊,则与禽兽无异。相比于邵雍从人的认知能力上做区别,朱熹更侧重于道德意识。戴震则更进一步,他已经从认识能力能否揭示"必然"来区别人与动物:

> 夫人之异于物者,人能明于必然,百物之生各遂其自然也。(《孟子字义疏证》卷上)

"必然"指自然界的客观规律，"自然"指自然而然的状态。客观而言，自然界的万物都有其客观规律，这些客观规律使其能够自然而然地成长、发展、变化，但只有人能够认识到这种自然而然背后的必然。因此，戴震在此从人能够洞察自然界万物"各遂其自然"背后的"必然"肯定了人超越动物。张岱年强调："人之所以为贵，以其有他物所未有之特性。禽兽可谓有知，然人之知实高出于禽兽之上。"①尽管中国古人并没有将大脑与"心"严格区别开来，将思维器官称为"心之官"，但充分地认识到人正是因为拥有了思考能力，拥有了意识和精神，归根结底拥有了灵明，才使自己成为人类。人为万物之灵，首先肯定的就是人最有灵性，人拥有自己的精神性存在。最终使人区别于万物，特别是区别于动物的根本之处，不仅是得秀气、精气，还在于因得了秀气、精气而具有的清醒意识。

从物质基础上来说，人为万物之灵，关键在于人拥有在长期的演化过程中日益发育成熟的大脑，进而在此基础上形成的丰富的意识、思想观念和智慧。夏甄陶指出："从作为一种自然存在物、作为一种动物来说，人之所以能够成为万物之灵，成为地球上其他自然存在物的统治者，就因为人在生理基础方面，有一个作为生物自然进化最高成果的特别发达的脑。"②针对人的大脑所具有的特性和功能，他指出："人脑是一个由巨大数量的神经胶质细胞和神经元组成的组织结构极复杂、极精密、功能极奇特、极多样化的物质网络系统。人脑在脑量和完善程度上都远远超过了与人最相近的猿的脑。脑是人接收、储存、加工信息，进

---

① 张岱年：《天人五论》，中华书局 2017 年版，第 239 页。
② 夏甄陶：《人是什么》，商务印书馆 2000 年版，第 86 页。

行意识、思维活动并保证人的活动的自觉性、计划性、目的性的物质器官。"①因此，人拥有特别发达的大脑，才使人成为有意识、有精神的存在。"人之知"远高于禽兽，除大脑作为生理基础外，尤其在于人拥有禽兽所不能拥有的智慧。实际上，相比荀子仅仅强调人有"知"，王充则明确指出："人，物也，万物之中有智慧者也。"（《论衡·辨祟》）焦循在阐释孟子在人与禽兽区别问题上亦强调了智慧的意义：

> 明人之所以异于禽兽者，在此利不利之间，利不利即义不义，义不义即宜不宜。能知宜不宜，则智也。……智人也，不智禽兽也。几希之间，一利而已矣，即一义而已矣，即一智而已矣。（《孟子正义·卷十七·天下之言性也章》）

这就不只是在强调知觉高于禽兽，还是在强调智慧才是人彻底地使自身区别或超越禽兽的关键因素。如果说孟子已经认识到"人之所以异于禽兽者几希"，认识到在人与禽兽相区别问题上"庶民去之，君子存之"（《孟子·离娄下》），那么，焦循则明确强调这种区别就在于"利不利""义不义"的辨别与选择上，而"利"和"义"的问题又归结到"宜不宜"问题。因此，在焦循看来，"能知宜不宜"，就能够知"利不利""义不义"，这才是智慧的实质，才是人区别于禽兽的关键所在。刘禹锡对人是"动物之尤者"的解释是：

> 保虫之长，为智最大，能执人理，与天交胜，用天之利，立人之纪。（《刘宾客文集·天论下》）

---

① 夏甄陶：《人是什么》，商务印书馆2000年版，第86页。

所谓"倮虫",指人。即在刘禹锡看来,人是有智慧的动物,是动物中的最优越者,人能够根据自身的生存机理,自觉地与自然界相交往,利用自然界,创造人类社会规范和制度。

> 物物运动蠢然,若与人无异。而人之仁义礼智之粹然者,物则无也。(《朱子语类》卷四)

如上所述,朱熹非常重视人的道德意识的重要性,在此,他更强调人之所以超出万物,就在于人在仁义礼智等方面更为突出和优秀。显然,朱熹对人与万物相区别的解释,已经从得清气、秀气、精气上升到是否拥有明确的伦理道德规范、制度和智慧层面。各种为了人类自身活动合理化的规范、制度和秩序的创建,是人类重大的发明,标志着人类社会的正式形成和日益完善。

实际上,人在认识和改造客观世界的过程中表现出来的生存、生活智慧,更能够佐证人为万物之灵。张祥龙则强调:"'灵'不是任何特别的能力,而只是一种生存的状态,即能让万物灵—活起来的状态。按照中国古代哲理,灵则虚也,虚则灵矣;所以'万物之灵'意味着人处于万物中那不现成、不实在之处,也就是虚活而要求生成之处。"[①]在此,张祥龙主要从大脑拥有意识以及"灵"是大脑意识活动的表现引申出"灵"是一种生存状态,强调"灵"对人的生成发展的意义。这种对人为万物之灵的解读,更深刻地把握了中国传统文化关于人的理解。

相信人得天地之秀,为万物之灵,本质上反映了中国人的自信。这既是一种坚定的信仰,也反映了中国人的胸怀和担当。中国人对生命

---

① 张祥龙:《孝意识的时间分析》,《北京大学学报(哲学社会科学版)》,2006 年第 1 期。

价值和意义的认识和定位都是立足整个宇宙或天地的,人要充分地发挥自己的主体性,使自身及天地万物都能够得到最高程度的发展和完善,即要在成己成物的过程中实现生命的最高价值和意义。

## 二、为三才之一,乃万物最贵

宇宙本身是一个绝对的客观存在,万事万物自然而然地演化着,生生灭灭,无休无止,本无所谓高低贵贱,不存在什么价值体系和价值秩序。但人以自身为尺度梳理了天地万物彼此间的价值关系,从而塑造了一定的价值秩序。正如楼宇烈所强调的:"如果没有人参与的话,这个天地的万物也是无序的,所以天地跟人并列为三,称为天地人三才。"①特别是,在"三才"之中,人恰好处于中间的位置。老子所说"域中有四大,而人(王)居其一焉"(《道德经·第二十五章》),庄子强调"天地与我并生"(《庄子·齐物论》),也是将人与天地并列。无疑,将人与天地并列,充分肯定了人超越其他一切生命,成为天地间万物最优、最贵的事实。总之,中国古人坚信人为"三才"之一,注定成为天地万物中最有价值的存在。

所谓"三才"之说,是由《易传》明确提出来的。早于《易传》,《周礼》已经有关于天、地、人的思想萌芽:

> 天有时,地有气,材有美,工有巧。合此四者,然后可以为良。(《周礼·冬官·考工记》)

---

① 楼宇烈:《中国的品格》,南海出版公司 2011 年版,第 46 页。

在此，并不是只有天、地、人三才，而是有四者，即天、地、材、工。显然，"工"即是人，所说的是，只有在适当的时候，借助大地运行的适宜气候，利用最好的材料，掌握最精湛的手工技术，才能创造出最好的产品。这也就是说，如想造就最好的产品就必须同时具备四个方面的因素，缺一不可。

当然，更根本的是，人在创造产品，人是能动地认识和改造世界万物的主体。孟子在治国安邦问题上曾强调说："天时不如地利，地利不如人和。"（《孟子·公孙丑下》）相比天地自然因素，孟子显然更看重人和的因素。荀子在此基础上亦强调：

上不失天时，下不失地利，中得人和，而百事不废。（《荀子·王霸》）

荀子在此并没有偏重任何一种因素，强调天、地、人都要达到最好的状态，而且他得出了一个普遍结论，即无论做什么事情，只要实现了天、地、人三个方面的最佳结合，都能够取得成功。无论是《周礼》还是孟子、荀子的思想，无疑都为《易传》正式提出"三才"之说奠定了思想基础。

《易传》以天、地、人"三才"之说解说卦爻辞，来阐明天地间一切自然、社会、人事现象。《易传》阐释卦爻的道理时说：

《易》之为书也，广大悉备，有天道焉，有人道焉，有地道焉。兼三才而两之，故六爻。（《易传·系辞下》）

昔者圣人之作《易》也，将以顺性命之理，是以立天之道曰阴与阳，立地之道曰柔与刚，立人之道曰仁与义。兼三才而两

之,故《易》六画而成卦。(《易传·说卦》)

在这里,《易传》从阐释圣人作《易》以揭示天道、地道、人道的高度来揭示天、地、人三者之间的关系。因此,《易传》中的"三才"实际上不仅蕴含着天、地、人三者,而且蕴含着天道、地道、人道三道。在此,天与地不是笼统地指天地,即类似于宇宙或自然界的整体,而是各有其道,天道为阴与阳,地道为柔与刚,正是以此天道、地道,阐明人道为仁与义。

> 道未始有天人之别,但在天为天道,在地则为地道,在人则为人道。(《二程集·河南程氏遗书》第二十二上)

即在二程看来,天道、地道、人道都是相比而言的,其本质相同。相对"三才"之说,尽管表述方式不一样,但从根本上依然承认人在天地之间具有自己独立的存在。如上所述,老子有"域中有四大"之说,进而强调:"人法地,地法天,天法道,道法自然。"(《道德经·第二十五章》)在此,仿佛老子承认有独立的"道",实际上,老子所谓的"道"本质上是融贯天、地、人三者之中的,在天、地、人之外并没有独立存在的道,它只是天地生成之前的状态而已。因此,如果不拘泥于字面,应当承认,尽管表述不同,中国古代思想家事实上都承认人在天地间的地位,并将人与天、地并列,视为"三才"之一。

中国古人在充分肯定人与天、地并列的基础上,进而强调人在"三才"之中处于中间的位置。

> 天下之理得,而成位乎其中矣。(《易传·系辞上》)

"成位乎其中",即成人之位于天地之中。换句话说,人顶天立地,正处于天地之间。而且也正是因为人的出现,天地才构成了一个以人为中心的天地结构,归根结底才成为以人的生活为中心的现实世界。与老子的"域中有四大,而人(王)居其一焉"紧密相关,董仲舒在"三才"说基础上,更进一步明确强调了挺立天地之间的人就是"王":

> 古之造文者,三画而连其中,谓之王。三画者,天、地与人也,而连其中者,通其道也。取天地与人之中以为贯而参通之,非王者孰能当是?(《春秋繁露·王道通三》)

也就是说,只有君王能够贯通天地。董仲舒的这种观点,体现了中国传统儒家对圣王的一贯认识,即圣王不仅是道德高尚的人,是参悟透天地之道与人之道,从而贯通天地人的最高智慧者,而且是平治天下、教化众庶的君王。如前所述,人能先天地化育,并最终"与天地参"。"参"(sān)同"叁",即三。因此所谓"与天地参",就是与天地并列为三。但能够赞天地化育,关键在于能够参悟天地之道。

> 唯天下至诚,为能尽其性。能尽其性,则能尽人之性;能尽人之性,则能尽物之性;能尽物之性,则可以赞天地之化育;可以赞天地之化育,则可以与天地参矣。(《中庸·第二十二章》)

朱熹注说:"……能尽之者,谓知之无不明而处之无不当也。赞,犹助也。与天地参,谓与天地并立为三也。"(《中庸章句》)事实上,任何一个人只要能够贯通天地之道,能够尽己之性,尽人之性、尽物之性,因而能够赞天地化育,都可以与天地并列为三,从而成为"王",但这种"王"不是世俗统治地位上的君王,而是每个人自己的最高状态和最佳表现。

人拥有精神意识或灵明而使自身区别于万物,特别是超越禽兽而存在。人不但在意识能力上使自身区别于、优越于禽兽,而且深刻地认识到人自身的价值。整个宇宙本身无所谓价值问题,严格地说价值问题是拥有价值意识的人才能提出的问题。张岱年指出:"中国古代哲学以'人'为中心议题。人是否可贵? 人如何生活才可贵? 这是古代思想家经常注意的问题。"①"人是否可贵"以及"如何生活才可贵"的问题,本质上都是人自身的价值问题。中国古人对价值问题的提出和回答本质上反映了人在整个宇宙或天地间究竟具有什么样的位置和意义的思量。张岱年强调:"人类价值的问题亦即人在天地间的位置的问题。天地之间,物类纷繁,古代人称之为万物。人在万物之中居于何种地位呢? 古代儒家认为人是万物中最贵的。"②《孝经·圣治》记载:"子曰:'天地之性,人为贵。'"尽管这段话是否为孔子原话并不确切,但《孝经》作为儒家的经典,这种从"天地之性"论证"人为贵"的思路对后世影响深远。据《后汉书·光武帝纪》记载,汉光武帝刘秀也特别强调"天地之性人为贵"这一尊重人格的价值理念。事实上,"天生万物,唯人为贵"(《列子·天瑞》),本身是中国人几千年来形成的重要价值观念。

中国人相信,宇宙间万物皆有价值,而人具有最高意义上的价值,即为天下之最贵。不言而喻,人在生理基础上超越万物,然而这种超越只是一种生物学意义上的客观事实,并不具有特殊的价值和意义。相反,人的生命活动之所以具有特殊的价值和意义,首先在于人能够自觉

---

① 张岱年:《文化与哲学》,中国人民大学出版社 2009 年版,第 199 页。
② 张岱年:《文化与哲学》,中国人民大学出版社 2009 年版,第 199 页。

地在宇宙或天地间审视自己的生存。

> 天覆地载，万物悉备，莫贵于人。人以天地之气生，四时
> 之法成。(《黄帝内经·素问·宝命全形论》)

这是承认人为天地间万物中最有价值的存在。《列子·天瑞》载："吾乐甚多。天生万物，唯人为贵。而吾得为人，是一乐也。"这更以一种乐观的态度从天地万物中来看待自己的价值和意义。承认人为万物中最宝贵的，是中国古代思想家的普遍观念。董仲舒说："人之超然万物之上，而最为天下贵也。"(《春秋繁露·天地阴阳》)周举说："二仪交构，乃生万物，万物之中，以人为贵。"(《后汉书·周举传》)刘禹锡说："天，有形之大者也；人，动物之尤者也。"(《天论上》)因此，在中国古人看来，人超然于万物，是整个天地间最有价值的存在。这种观念为中国人所重视。

当然，中国古人的思想还不止于此。孟子说："人人有贵于己者。"(《孟子·告子上》)所谓"人人有贵于己者"，就是承认每个人都有自己不可抹杀的独特价值。因此，中国人在承认人贵于万物的同时还主张每个人都有自己独到的价值。陈献章说："人一身与天地参立，岂可不知自贵重。"(《陈献章集·卷二·与董子仁》)这是更加自觉地认识和珍爱自身作为人的价值。石成金说："人为万物之灵，上配天地，谓之三才。世人只想到自己尊并天地，何等重大。若自己看得轻易，便不成人。"(《传家宝·二集卷三·人事通三集第四》)也就是说，既然人坚信自己与天地参，与天地一样尊贵，就不能看不起自己，否则将不成为人。洪秀全继承和阐发了这种思想。

> 呜呼！天地之中人为贵，万物之中人为灵。……人贵于

> 物、灵于物者也,何不自贵而贵于物乎?何不自灵而灵于物
> 乎?(《原道·觉世训》)

在此,洪秀全也要求人要自觉地珍爱自己。《列子》也有所强调:

> 为鸡狗禽兽矣,而欲人之尊己,不可得也。人不尊己,则
> 危辱及之矣。(《列子·说符》)

就是说,鸡狗禽兽不可能赢得人的尊重,而人如果不尊重自己,也必将
侮辱到自己。人具有不可抹杀的价值,值得统治者尊重。孟子对人的
价值的肯定,尤其体现在他对当时统治者的批评上:

> 庖有肥肉,厩有肥马,民有饥色,野有饿莩,此率兽而食人
> 也。……仲尼曰:"始作俑者,其无后乎?"为其象人而用之也。
> 如之何其使斯民饥而死也!(《孟子·梁惠王上》)

　　孟子批评统治者"率兽而食人",与孔子批评俑者制陶俑而祭祀鬼
神,异曲同工,精神一致,所反映的是同样的价值观念,即要充分地尊重
人,不能忽视和否定人的生命价值和意义。当然,中国人在承认人的独
立价值的同时,也承认万物所具有的价值。楼宇烈指出:"中国文化虽
然突出人的地位,但也非常尊重人生存的环境,尊重万物。"[①]从根本上
说,中国古人对天地万物实质上抱有一贯的敬畏之心。
　　就人何以能够贵于万物因而最为天下贵,中国思想家给出了不同

---

① 　楼宇烈:《中国的品格·再版赘言》,南海出版公司 2011 年版,第 1 页。

的解答。墨子对人与动物的区别,有更为精确的论述:

> 今人固与禽兽、麋鹿、蜚鸟、贞虫异者也。今之禽兽、麋
> 鹿、蜚鸟、贞虫,因其羽毛以为衣裘,因其蹄蚤以为绔屦,因其
> 水草以为饮食。故唯使雄不耕稼树艺,雌亦不纺绩织纴,衣食
> 之财固已具矣。今人与此异者也:赖其力者生,不赖其力者不
> 生。君子不强听治,即刑政乱;贱人不强从事,即财用不足。
> (《墨子·非乐上》)

在墨子看来,人"赖其力"而"生",是与动物的根本区别所在。如前
所述,在荀子看来,人不只是一种自然造化的产物,不只是一种生命存
在,其借助"义",借助伦理道德观念、原则和秩序,超越了水火和草木乃
至禽兽成为天下之贵,成为万物中的最高存在。除非常看重人"有义"
之外,荀子还从是否能够组织成群体来区别人与禽兽。在他看来,人之
所以能够区别于禽兽,成为最宝贵的生命存在,关键在人能"群"而禽兽
不能,即人能够按照一定的秩序、等级和分工组成群体,而人能"群"归
根结底就在于人能"分"和有"义":

> 力不若牛,走不若马,而牛马为用,何也? 曰:人能群,彼
> 不能群也。人何以能群? 曰:分。分何以能行? 曰:义。(《荀
> 子·王制》)

因此,荀子主要是从是否拥有伦理道德观念、原则和秩序,即是否
能够"有义",来区别人与禽兽的。在此,人有"义",既包括人有伦理道
德观念和意识,又包括体现着"义"的伦理道德原则和规范以及具体

行为。

> 天地之精所以生物者，莫贵于人。人受命乎天地，故超然
> 有以倚。物疢疾莫能为仁义，唯人独能为仁义；物疢疾莫能偶
> 天地，唯人独能偶天地。（《春秋繁露·人副天数》）

"疢"（chèn），指热病，"疢疾"这里指缺陷。即在董仲舒看来，百物有缺
陷，唯有人能处灾患之中突破万物而为仁行义，自觉地帮助其他人或生
命。换句话说，充分肯定人拥有伦理道德观念和意识，能够超越自身局
限，区别于动物受本能支配的局限。董仲舒说：

> 人受命于天，固超然异于群生，入有父子兄弟之亲，出有
> 君臣上下之谊，会聚相遇，则有耆老长幼之施，粲然有文以相
> 接，欢然有恩以相爱，此人之所以贵也。生五谷以食之，桑麻
> 以衣之，六畜以养之，服牛乘马，圈豹槛虎，是其得天之灵，贵
> 于物也。故孔子曰："天地之性人为贵。"明于天性，知自贵于
> 物；知自贵于物，然后知仁谊；知仁谊，然后重礼节；重礼节，然
> 后安处善；安处善，然后乐循理；乐循理，然后谓之君子。故孔
> 子曰"知天命，亡以为君子"，此之谓也。（《汉书·董仲舒传》）

此"亡"通"无"。因此，在董仲舒看来，人之所以贵于禽兽者，在于人有
伦理道德，而伦理道德体现于父子兄弟伦理关系之中的"亲"，体现于君
臣上下伦理关系之中的"谊"（义），体现于耆老长幼伦理关系中的"施"，
能够使人做到彼此和谐和睦。同样着眼于伦理关系，周敦颐说："道义
者，身有之，则贵且尊。"（《通书·师友下第二十五》）即人因为有伦理道

德或道义，才真正有自身价值，让人尊敬。程颐强调："君子所以异于禽兽者，以有仁义之性也。苟纵其心而不知反，则亦禽兽而已。"（《二程集·河南程氏遗书》第二十五）这是说，人拥有仁义之性从而区别于禽兽，但如果人放纵其心而不知回归仁义本性，就只不过是禽兽而已。

正因为人有礼义、道义，戴震指出："人以有礼义，异于禽兽，实人之知觉大远乎物则然。"（《孟子字义疏证》卷中）即戴震充分肯定了人的知觉实际上比禽兽要高明得多。楼宇烈指出："礼乐教化就是教人之所以为人，使人认识到自己是万物中最尊贵最灵的，要发挥自己的主动性、能动性；同时又不能藐视万物，而要善待其他事物，认识到天地万物是一体的。"[①]

当然，还有思想家强调人之所以区别于、贵于禽兽，在于人拥有自觉的智慧。王充对此有深刻的认识：

> 倮虫三百，人为之长，天地之性，人为贵，贵其识知也。今闭暗脂塞，无所好欲，与三百倮虫何以异？而谓之为长而贵之乎！（《论衡·别通》）

智慧体现为认识和推理能力，这也是邵雍所认可的。

> 人也者，物之至者也。……唯人兼乎万物，而为万物之灵。如禽兽之声，以其类而各能得其一，无所不能者人也。推之他事亦莫不然。……人之生，真可谓之贵矣。（《皇极经世·观物外篇》）

---

① 楼宇烈：《中国的品格》，南海出版公司 2011 年版，第 3 页。

这就是说,只有人能够突破自身局限、拥有无限的能力,而禽兽只拥有自身的本能。当然,人拥有自觉意识,还需要自觉学习,如此才能拥有知识和智慧。康有为强调:

> 同是物也,人能学则贵异于万物矣;同是人也,能学则异于常人矣;同是学人也,博学则胜于陋学矣;同是博学,通于宙合则胜于一方矣,通于百业则胜于一隅矣。(《长兴学记·学记》)

在此,康有为不仅强调自觉学习是人区别于动物而具有价值的关键因素,而且强调只有博学且贯通,才能超越寡陋和偏执。因此,正如张岱年所指出的:"人可谓有自觉且有理想之动物。人自知其存在,且知人与他物之关系,是谓自觉。人常悬拟尽美尽善合于当然之境界,以为行动之归趋,是谓理想。此所谓理为当然之理,而理想即对于当然之想望。人有自觉,而亦觉知一切物;人有理想,而亦尝试改变他物使合于理想。物类之演进,至于人由无自觉而有自觉,乃由自然演进而有自觉演进。然人亦一物,亦自然物类之一,故人对于自然之辨别亦即自然之自己辨别,人对于自然之改造亦即自然之自己改造。"[1]即在张岱年看来,人有自觉,有灵明,能够自觉自己的存在,进而使自己区别于周围的万事万物,且人有理想,能在自己的思想观念里谋划出未来的理想境界,在现实生活基础上展望出一个未来的生活景象。事实上,正是人这种自觉且有理想的存在者,才能彻底地从天地万物之中超脱出来。

---

[1] 张岱年:《天人五论》,中华书局 2017 年版,第 240 页。

客观而言,尽管中国人对人之所以区别于万物的认识多少偏重于伦理道德方面,但依然具有极为重要的价值和意义。

# 三、为天地之心,乃生命主宰

中国古人将人与天、地并举称为"三才",已经极大地提高了人在整个宇宙间的地位、价值和意义,整个宇宙也正是因为人的参与而形成了一定的价值体系和价值秩序。然而,人在整个宇宙的价值体系之中,究竟意味着什么呢? 正是在"三才"思想基础上,中国人将人视为"天地之心"。人作为天地之心,内在地蕴含着两个方面的意义:一是人因自身的意识觉醒或精神灵明而使天地万物的价值得以彰显;二是人因积极主动自觉地参与宇宙生命活动,参与天地万物生成化育而成为宇宙或天地的核心,成为自身生命和自我天地的主宰。

客观而言,只有人能够自觉地通过自己的大脑积极地认识和反思整个宇宙或天地间的万事万物,揭示万事万物存在的价值和意义。除了强调人"有气、有生、有知,亦且有义"外,荀子还特别强调人"有辨":

> 人之所以为人者,何已也? 曰:以其有辨也。饥而欲食,寒而欲暖,劳而欲息,好利而恶害,是人之所生而有也,是无待而然者也,是禹、桀之所同也。然则人之所以为人者,非特以二足而无毛也,以其有辨也。……夫禽兽有父子而无父子之亲,有牝牡而无男女之别,故人道莫不有辨。辨莫大于分,分莫大于礼,礼莫大于圣王。(《荀子·非相》)

荀子在此强调的"辨"属于"有知"的范畴,将"辨"视为人区别于禽兽的关键标志，即这是"人之所以为人者"。当然，荀子所强调的"辨"，体现在"圣王"以"礼"对人道能"分"，即对人类社会制定出各种规范和等级，并配以各种相应的德性要求。人正是因为能辨、能分，才区别于禽兽而成为人，遵循人道而过上人的生活。如前所述，"分"的根据在于"义"。实际上，这正是说明，人类社会原本源自自然界，但因为人类拥有了文化，开创了文明而超越单纯的自然界。何承天说："人非天地不生，天地非人不灵。……安得与夫飞沈蠕蠕并为众生哉？"（《达性论》）因此，尽管人与昆虫乃至飞禽走兽都拥有生命，但实际上并不能与之并称为"众生"。在此，何承天强调的就是人实际上超越天地间其他生命而拥有独特的能力、价值和意义，即人类能够因自己的存在而使整个天地的存在和意义得以彰显。当然，正如荀子强调"圣王"才能"辨"和"分"一样，张载也强调这种能力并非一般人所能拥有：

> 大其心则能体天下之物，物有未体，则心为有外。世人之心，止于闻见之狭。圣人尽性，不以见闻梏其心，其视天下无一物非我，孟子谓尽心则知性知天以此。天大无外，故有外之心不足以合天心。（《正蒙·大心》）

即在张载看来，圣人区别于世人，能够扩大其心胸或意识视野，不受闻见的狭隘束缚，尽心尽性，包容天下万物，做到了以己之心契合天之心。也就是说，人类只有充分地发挥自己的意识作用，才能审视和把握整个天地。

> 故人者，天地之心也，五行之端也，食味、别声、被色而生者也。（《礼记·礼运》）

人为天地之"心",不仅意味着人为天地的核心,而且意味着人的意识为整个天地的自觉意识,正是这种自觉意识能够辨别万物,能够"食味别声被色",即感受味道、辨别声音和颜色。张岱年指出:"人之自觉且觉知一切物,亦可谓为宇宙之自觉,而人可谓为宇宙之心。"[①]他还说:"能知能觉者谓之心,人为宇宙之能知能觉者,故可谓天地之心。"[②]人类是自然界造化的最高产物,人类的意识本质上就是宇宙或自然界的最高意识。当然,从现代科学意义来说,宇宙或天地本无自觉意识,而所谓宇宙的自觉意识正是通过人实现的,因为人是宇宙生成化育的最高产物,但又始终存在于宇宙之中,是宇宙不可分割的组成部分,人的自觉意识从某种意义上来说代表着宇宙的意识。因此,所谓"天心",最终不过是人类的意识而已,但它不是每个普通人的意识,而是能够自觉地从整个宇宙或天地来反思的意识,按照中国古人的说法,实际上就是超越了世人的圣人的意识。

就人之所以能够实现己之心契合天之心的根据,王夫之说:

> 天地之化,与君子之德,原无异理。天地有川流之德,有敦化之德,德一而大小殊,内外具别,则君子亦无不然。天地之化、天地之德,本无垠鄂,唯人显之。(《读四书大全说》卷五)

即在王夫之看来,天地造化与君子之德本质上具有相同的道理,正是由此,君子能够使天地造化、天地之德得以彰显。也就是说,正是君子或

---

① 张岱年:《天人五论》,中华书局 2017 年版,第 240 页。
② 张岱年:《天人五论》,中华书局 2017 年版,第 240 页。

圣人，通过这种自觉的意识使天地万物开显出来，使其价值和意义彰显出来。谭嗣同说：

> 仁之至，自无不知也。牵一发而全身为动，生人知之，死人不知也。伤一指而终日不适，血脉贯通者知之，痿痹麻木者不知也。吾不能通天地万物人我为一身，则莫测能通者之所知，而诧以为奇；其实言通至于一身，无有不知者，至无奇也。知不知之辨，于其仁不仁。故曰，天地间亦仁而已矣，无智之可言也。（《仁学·卷上》）

在这里，谭嗣同是以"仁"为整个宇宙的本体的，因而强调"仁之至"就能"无不知"，从而强调"知不知之辨"在于其"仁不仁"，而真正做到仁之至，就能够贯通天地，不再惊奇、诧异于任何事物。事实上，每个人都生活在特定的天地里，如果他能够具有这种自觉的意识，能够将整个宇宙或天地纳入自己的意识之中，那么，他就开显出了自己的天地。

> 一人之心即天地之心，一物之理即万物之理，一日之运即一岁之运。（《二程集·河南程氏遗书》第二上）

因此，在中国人看来，每个人实际上都是通过自己的意识而开显出自己的天地的。中国人不仅坚信人通过自身意识的觉醒而成为天地之心、宇宙之心，即成为整个宇宙或天地认识自己的条件，还强调人本身就是整个宇宙或天地的核心。所谓宇宙或天地的核心，即是说人处于整个宇宙或天地的核心位置，发挥着在整个宇宙生命演化过程中的特殊作用。当然，对"天地之心"，道家以"无"为本，也以"无"为心。王弼

在释"复其见天地之心乎"时,运用老子道家本无的思想,强调:

> 天地以本为心者也。凡动息则静,静非对动者也;语息则
> 默,默非对语者也。然则天地虽大,富有万物,雷动风行,运化
> 万变,寂然至无,是其本矣。故动息地中,乃天地之心见也。
>
> (《周易注·复卦》)

即在王弼看来,整个运动的停息而静就使得天地之本、之心得以呈现。

中国古人不仅相信人为天地之心,还强调人为生命的主宰。客观而言,宇宙遵循着自身的规律运动和演化着,并没有什么主宰。任何对至高无上的主宰的设想,只不过反映了人类在蒙昧时期对外在客观的力量、规律或必然性的错误臆测。上帝乃至各种神仙鬼怪不过是人的本质的虚幻、歪曲反映而已。中国人在无法科学认知和把握自然界各种客观规律或必然性却又试图去控制和驾驭它们时,经过拟人化和神秘化使其成为不依赖人而存在的神秘主体。中国传统文化在根本上更强调人的地位和价值,强调人对客观自然规律或道的遵循,强调人在整个宇宙或天地间的作用。中国人相信,人不仅与天地并举,成为天地之心,而且天地间万物皆备于我,为我所长养,因而人虽然没有成为整个宇宙或天地的主宰,却成为个人自我生命、自我天地的决定力量。

事实上,中国人心目中的"天地",既内在地蕴含着自然意义,又蕴含着文化意义。作为自然意义上的天地,它实际上指一定意义上的生存空间,其内涵与纯粹客观的宇宙基本等同。何宁指出:"四方上下曰

宇,古往今来曰宙,以喻天地。"①也就是说,天地与宇宙几乎是同义语。而作为文化意义上的天地,指人基于自身一定的生存空间而营造起来的精神文化世界。这种意义上的天地,实际上就是每个人现实而具体的生活世界,它是人根据自己的生活、生存和发展的主体性需要而建构起来的,其中的各种要素,围绕着作为主体的人而形成了一定的价值体系和价值秩序。正是在这种意义上,孟子才能说:

> 万物皆备于我矣。(《孟子·尽心上》)

其实质就是说"我"是整个天地万物的中心,而万物也因为我而具有价值和意义,万物都纳入了以我为中心的价值体系,并在其中找到了各自的位置,与其他事物形成了一定的价值关系和价值秩序。使天地万物形成一定的价值关系、价值体系和价值秩序,本质上旨在使天地万物达到和谐有序。按照中国传统说法,就是达到"治"的境界。荀子说:

> 天有其时,地有其财,人有其治,夫是之谓能参。(《荀子·天论》)

人参与天地运行和万物生命演化,发挥着独特的作用,这就是"治"。在荀子看来,天地能够生养万物,却不能治理万物,而人能够"明分使群",区别对待不同的事物,理顺其关系,使之形成一个有序的整体,因此只有人能够支配万物、治理万物。楼宇烈指出:"人参与到天地中间去治

---

① 　何宁:《淮南子集释》,中华书局1998年版,第4页。

理万物,使得万物有一个秩序,所以说'人有其治'。"①归根结底,正是因为人的存在和参与,天地万物才得到治理,变成具有一定秩序的世界。

中国古人并没有无限地膨胀自己,虽然主张人参与天地治理,生长万物,但并没有把自己无限地推崇为天地万物的主宰,相反,坚信人治理和生长万物,是顺从天地万物本性或人的天职而完成的工作,是顺从道而无为的表现。无疑,人生活于现实世界之中,与周围万物存在着物质、能量和信息的交换,离开现实世界就无法生存。人只有善于利用万物才能很好地生存和发展。荀子强调:

> 君子……其于天地万物也,不务说其所以然而致善用其材……(《荀子·君道》)

即在荀子看来,君子不必深入阐明天地万物存在的缘由,而在于最合理地使用它们。董仲舒说:

> 天覆育万物,既化而生之,有养而成之,事功无已,终而复始,凡举归之以奉人。(《春秋繁露·王道通三》)

显然,"善用其材"以及"以奉人",无不体现了人作为自己现实天地里的价值主体而存在的事实。然而这一切建立在人要对万物加以养育和治理这一前提下。董仲舒强调:

> 人下长万物,上参天地。(《春秋繁露·天地阴阳》)

---

① 楼宇烈:《中国的品格》,南海出版公司 2011 年版,第 46 页。

所谓"长万物",就是培育万物,使之生长。

> 天地人,万物之本也。天生之,地养之,人成之。天生之
> 以孝悌,地养之以衣食,人成之以礼乐,三者相为手足,合以成
> 体,不可一无也。(《春秋繁露·立元神》)

在此,"人成之以礼乐",显然所说的是使人成为人、成为社会人,而不是
就自然事物而言的。

尽管如此,人治理和生养万物,包括教化人,并不是要主宰万物、主
宰人。这种思想尤其体现在道家思想中。就道的最高境界,老子曾
经说:

> 生而不有,为而不恃,长而不宰,是谓玄德。(《道德经·
> 第十章》)

所谓"玄德",指幽渺深远之德,是道自然无为的最高德性。玄德不仅指
道的德性,亦指得道圣人的德性。老子所阐明的这种德性境界,深远地
影响了中国人的思想观念。

> 夫太上之道,生万物而不有,成化像而弗宰。(《淮南子·
> 原道训》)

楼宇烈指出:"中国文化的核心,强调人在天地万物中的核心地位,突出

了人本主义精神。"①在他看来，这种"以人为本"的人本主义的核心精神
为"以人为中心"："以人为中心是指，保持人的主体性、能动性、独立性，
而不是现在批判的'人类中心主义'，不要让人沦为神的奴隶、物的奴
隶，同时也不要让人成为天地万物的主宰。"②中国传统文化既没有强化
外在至上神的存在，要求人做神的奴隶，也没有强化人的存在，使自己
凌驾于万物之上，使万物成为人的奴隶。客观而言，人与天地万物毕竟
不具有同样的性质，只有人才能成为认知主体和评判主体，观照和评判
天地万物究竟是否有价值以及有什么样的价值。尤其是，正如列宁所
说："世界不会满足人，人决心以自己的行动来改变世界。"③自然界并不
能主动地满足人生存和发展的客观需要，人则决意根据自己的需要和
意志而改造客观世界，使之成为人的天地或生活世界。因此，人虽然并
不主宰天地万物，但需要改造乃至役使万物。在中国人看来，这种改造
乃至役使就是顺从天职的行为。

> 不为而成，不求而得，夫是之谓天职。如是者，虽深，其人
> 不加虑焉；虽大，不加能焉；虽精，不加察焉；夫是之谓不与天
> 争职。天有其时，地有其财，人有其治，夫是之谓能参。舍其
> 所以参而愿其所参，则惑矣。（《荀子·天论》）

因此，人参与天地万物的生长化育，完全是顺从天职的行为，是不假思
虑的行为，不勉强作为的事情。荀子强调顺其天职，不与天争职，并不

---

否认人的作为。

> 圣人清其天君，正其天官，备其天养，顺其天政，养其天情，以全其天功。如是，则知其所为，知其所不为矣，则天地官而万物役矣。（《荀子·天论》）

即只要真正地清净心思，端正各种官能，充实营养，顺应自然，涵养情感，就能够完成天功。荀子强调，人只有如此才能知道该做什么、不该做什么，最终天地为他所掌握，万物为他所役使。荀子虽然主张人参与自然要顺天职，但并不主张人放弃任何作为。荀子强调"伪"的作用，而所谓"伪"，即人为改造。

> 性者，本始材朴也；伪者，文理隆盛也。无性则伪之无所加，无伪则性不能自美。性伪合，然后成圣人之名，一天下之功于是就也。故曰：天地合而万物生，阴阳接而变化起，性伪合而天下治。（《荀子·礼论》）

"性伪合而天下治"可以说是荀子在处理人与自然关系问题时最完整的思想。由此，他强调：

> 大天而思之，孰与物畜而制之！从天而颂之，孰与制天命而用之！望时而待之，孰与应时而使之！因物而多之，孰与骋能而化之！思物而物之，孰与理物而勿失之也！愿于物之所以生，孰与有物之所以成！故错人而思天，则失万物之情。（《荀子·天论》）

"物畜而制之""制天命而用之""应时而使之""骋能而化之""理物而勿失之"都属于人的主动作为,而不是盲目地推崇天、赞美天,不是消极地等待,听任自然、幻想自然、仰慕自然。尽管荀子提出了"从天而颂之,孰与制天命而用之",蕴含"人定胜天"思想,但荀子所主张的是"顺天职"意义上的"性伪合",而不是一味地要求人"制天命"。这种思想实际上与道家有很多相似之处。

道家所主张的"无为而无不为",实际上重点也在于强调人不要强为。

> 道常(恒)无为而无不为。侯王若能守之,万物将自化。
> (《道德经·第三十七章》)

对此,王弼注释说:

> 顺自然也,万物无不由为以治以成之也。(《老子道德经
> 注·第三十七章》)

因此,所谓"无为",实质上重点在于强调"顺自然",即遵循自然规律,这与荀子的主张近似。人为了参与天地万物的治理和生长,为了完成天职,就必须自觉地加强自己的德性修养。《淮南子》载:

> 是故圣人内修其本,而不外饰其末;保其精神,偃其智故;漠然无为而无不为也;澹然无治也而无不治也。所谓无为者,不先物为也;所谓不为者,因物之所为。所谓无治者,不易自然也;所谓无不治者,因物之相然也。万物有所生,而独知守

其根;百事有所出,而独知守其门。故穷无穷,极无极,照物而不眩,响应而不乏,此之谓天解。(《淮南子·原道训》)

是故圣人将养其神,和弱其气,平夷其形,而与道沉浮俯仰。恬然则纵之,迫则用之;其纵之也若委衣,其用之也若发机。如是则万物之化无不遇,而百事之变无不应。(《淮南子·原道训》)

因此,只有加强修养,做到心的纯净、虚灵,不夹杂任何东西,自然而然能够达到对事物本质和规律的认识,达到对事物的驾驭。

中国传统文化强调人要不断地加强自身修养,特别是提高德性,确立起自己在整个宇宙或天地的中心地位,并在此基础上将自己确立为生命的主宰或自己天地的主人。钱穆指出:"中国文化最著(着)重讲'人',要叫每一人成为天地中心,作天地主宰。纵不是作全天地的主宰,却能作我一小天地的主宰。"[1]针对"万物一太极,物物一太极",他解释说:"其为太极则一。我们每一个人,要能与天地参,要能'天、地、人'三位一体,则此人便是圆满无亏一太极。"[2]因此,任何人都能够做自己天地的主宰,成为圆满无亏的"一太极"。与西方文化中的上帝不同的是,金克木指出:"中国没有创世兼主宰的上帝,但是又有不固定的上帝。"[3]所谓"不固定的上帝",实则指每个人都能够成为自己天地里的主宰。总之,中国人既没有成为神的奴隶,也没有成为物的奴隶,而是通过提升德性成为自己,在自己所创造的世界或天地里决定自己的命运、

---

[1]　钱穆:《中华文化十二讲》,九州出版社2011年版,第113页。
[2]　钱穆:《中华文化十二讲》,九州出版社2011年版,第113页。
[3]　金克木:《文化三型·中国四学》,载金克木著,黄德海编选:《文化三书》,东方出版中心2008年版,第139页。

价值和意义。

## 四、道之弘扬者，圣乃人生至境

人是整个宇宙间最自觉的存在，也是积极主动地追求和创造美好生活的存在。人为了追求和满足自己对美好生活的期待，通过改造无机的自然界而创造出了真正属于自己的生活世界，即自己生存活动的天地。在中国人看来，人诞生于天地之间，只有在深刻洞察和体验天地之道的基础上，演绎出人道，循道而行，才能实现自身的存在和发展。不仅如此，中国人深刻地认识到，只有全面地弘扬道，发挥道对整个宇宙生命化育的功能，赞天地化育，才能促进天地创造和万物繁荣。归根结底，人不仅是道的遵循者，更是道的最高弘扬者。在此过程中，人处理和解决发生在生活各个领域里的矛盾、冲突和问题，规范和协调人与自然、人与社会、人与他人以及人与自身之间的关系。在中国人看来，规范和协调生活中任何维度上的关系，都客观地要求人提升自身的素养，要求人不断地完善和改进自己，以使自己达到人生或生命的至高境界。这种至高的境界就是圣人的境界。圣，意味着品德最高尚、智慧最高超、能力最高强，是中国人所向往和追求的人生至境。作为人生至境，圣全面地体现于人最佳地规范和协调上述各种关系上。当然，在不同的思想流派中，圣的意义各有侧重，过分强调或弱化任何一种关系维度，都不能反映中国人对人生至高境界的向往和祈求。

毫无疑问，"道"蕴含于天地万物之中，不可直观把握，不易为人所觉察和了解，它客观地发挥着自己的功能，化育着万物，维护着整个宇宙的秩序与和谐。然而，宇宙、天地之道总是由人来认识和了解的，也是由人来更好地发挥其功能的。在人与道的关系问题上，孔子强调：

人能弘道,非道弘人。(《论语·卫灵公》)

所谓"人能弘道",就在于强调人有彰明、弘扬道的主体性、能动性,即正是人使道得以弘扬,得以充分发挥其化育生成万物的功能。客观而言,孔子的这一思想体现着对人的主体性的充分肯定,更反映着对人与作为外在客观规律的道之间相互关系的正确认识。《易传》载:

苟非其人,道不虚行。(《易传·系辞下》)

显然,这里也继承了孔子"人能弘道"的人的主体能动性思想。人能够弘扬道的功能,由此达到了人之所以为人的最高境界。

规矩,方员之至也;圣人,人伦之至也。(《孟子·离娄上》)

故绳者,直之至;衡者,平之至;规矩者,方圆之至;礼者,人道之极也。然而不法礼,不足礼,谓之无方之民;法礼足礼,谓之有方之士。礼之中焉能思索,谓之能虑;礼之中焉能勿易,谓之能固。能虑,能固,加好之者焉,斯圣人矣。故天者,高之极也;地者,下之极也;无穷者,广之极也;圣人者,道之极也。故学者,固学为圣人也,非特学为无方之民也。(《荀子·礼论》)

人也者,天地之全也。而何以知其全乎?万物有有父子之亲者焉,有有君臣之统者焉,有有报本反始之礼者焉,有有兄弟之序者焉,有有救灾恤患之义者焉,有有夫妇之别者焉。至于知时御盗如鸡犬,犹能有功于人,然谓之禽兽,而人不与

为类,何也? 以其不得其全,不可与为类也。……是故君子必
戒谨恐惧,以无失父母之性,自别于异类,期全而归之,以成吾
孝也。(《胡宏集·知言·往来》)

也就是说,人之所以最终异于禽兽,就在于人能够得其全,成就天地之
全,即充分地成为自身。戴震指出:"人之材,得天地之全能,通天地之
全德。"(《原善中》)戴震与胡宏两人虽然在表述上不尽相同,但从总体
上而言,彼此的思想是一致的。也就是说,"人之材,得天地之全能"与
"天地之全"本质上是一回事,都意味着人通过弘扬道而达到了自身最
高的境界,成为整个天地间最有才能和力量的存在。戴震还说:"善,其
必然也;性,其自然也;归于必然,适完其自然,此之谓自然之极致,天地
人物之道于是乎尽。"(《孟子字义疏证》卷中)也就是说,人所实现的自
然的极致,本身也是人的极致,而这是人使天地人物之道得到彻底弘扬
的结果。

　　人能弘道,其最高的境界在于人全身心地体悟道,深刻地把握道,
进而完全愉悦于道,与道浑然一体。《礼记·乐记》载:"君子乐得其道,
小人乐得其欲。"君子求道、爱道而乐得其道,能够达到最自然而然的境
界。孟子说:"可欲之谓善,有诸己之谓信,充实之谓美,充实而有光辉
之谓大,大而化之之谓圣,圣而不可知之之谓神。"(《孟子·尽心下》)这
实际上是说,圣以及神实质上是人生得道的极致。针对道家的"道德"
概念,楼宇烈指出:"'道'就是属于整个天地万物的共同的自然本性。
那么'德'呢? 就是指每个个体从道那里得到的天然本性。道德的'德'
也就是得到的'得',德者得也。得之于哪儿呢? 得之于天道。老子强
调要尊重天地万物,包括人在内的一切事物自然的、天然的本性,实际

上就是以此来批评，或批判儒家所倡导的仁义礼教的规范。"①

道家更倾向于自然而然地体认和发挥道的功能，他们所谓的道更多地指自然之道，即天道，而不是社会生活之中的人道。而针对自然之道，庄子强调："圣人怀之，众人辩之以相示也。"（《庄子·齐物论》）即圣人只是默默体认一切事理，而众人则喋喋不休地争辩竞相夸示。当然，道家强调人法地、地法天、天法道、道法自然，也是将道融贯在一起理解的，即天道、地道、人道本质上存在着内在的一致性，归根结底是一个道。然而也正是因为这种情况，总存在着将天道、地道、人道相混淆的倾向。

> 安有知人道而不知天道者乎？道一也，岂人道自是人道，天道自是天道？……天地人只是一道也。才通其一，则余皆通。（《二程集·河南程氏遗书》第十八）

这种将天道、地道、人道视为一道的做法，不无道理，但在强调三者具有统一性时，确实有将三者混为一谈的嫌疑。在张岱年看来，《中庸》就存在着这种情况："《中庸》讲诚，把天道与圣人的精神境界混为一谈，表现了唯心主义倾向；另一方面肯定天是真实的具有一定规律的，又表现了唯物主义的倾向。"②但不管如何，在中国古人看来，人是道的弘扬者，只有人才能将道弘扬和发挥到极致。

中国人不仅认识到人是道的弘扬者，而且认识到当人极力弘扬道时，也超越了自身世俗的状态而进入自身的极致境界，即人所追求的至

---

① 楼宇烈：《中国的品格》，南海出版公司 2011 年版，第 122 页。

② 张岱年：《文化与哲学》，中国人民大学出版社 2009 年版，第 147 页。

圣境界。中国人对一切问题的认识，都基于对天、天道的认识，人通过对天道的弘扬而最终进入的至圣境界，也是整个人生所追求的最高价值世界。人本质上不同于动物，更区别于其他事物，而自觉地意识到这一点，则意味着人真正地脱离了动物而存在，使自己成为人而存在。荀子强调："故明于天人之分，则可谓至人矣。"（《荀子·天论》）当然，仅仅明于天人之分还不够，还必须在改造客观自然界的过程中有所作为。如前所述，荀子强调"性伪合"：

> 性伪合，然后成圣人之名，一天下之功于是就也。故曰：天地合而万物生，阴阳接而变化起，性伪合而天下治。天能生物，不能辨物也；地能载人，不能治人也；宇中万物、生人之属，待圣人然后分也。（《荀子·礼论》）

因此，既要遵从天地万物生成演化规律，又要自觉主动地顺应自然而改造客观世界，如此才能创造出有秩序的天地，才能创造真正属人的生活世界。《中庸》区分了"诚者"和"诚之者"：

> 诚者，天之道也；诚之者，人之道也。诚者，不勉而中，不思而得，从容中道，圣人也；诚之者，择善而固执之者也。（《中庸·第二十章》）

这是说，真诚是自然纯朴的品德，具备自然真诚的人，不必勉为其难做事就能够符合道理，不必苦心思虑就能够言行得当，而这样从容不迫、自然而然地遵循中庸之道的人就是圣人，但要使自己达到这一点，就必须择取至善的道德而坚定执着地去做。圣人做事遵循自然万物的客观规律而改造世界、改造万物,普通人也需要使自己达到这样至高的境界。

> 夫微者至人也。至人也,何强,何忍,何危? 故浊明外景,清明内景。圣人纵其欲,兼其情,而制焉者理矣。夫何强,何忍,何危? 故仁者之行道也,无为也;圣人之行道也,无强也。仁者之思也,恭;圣人之思也,乐。此治心之道也。(《荀子·解蔽》)

即达到精微境界的人是至人,他能够直接地专注于自己所要认识和思考的对象而不再受任何外物的干扰和影响,不需要再时时刻刻强调必须自强、自忍和自警,他的内心已经澄明,已无任何杂念,能够顺从人的欲望和情感处理一切事物,从而达到合情合理的境界。他既不再有意而为,也不再勉强而为,达到了精神上的愉悦。王弼亦强调:

> 夫察见至微者,明之极也。探射隐伏者,虑之极也。能尽极明,匪唯圣乎? 能尽极虑,匪唯智乎? 校实定名,以观绝圣,可无惑矣。(《老子指略》)

显然,圣不是任何人都能达到的境界,圣人是那些做事极为精微、细致且谦虚谨慎、顺道而为、不勉强行动的人。不强为、遵道顺势而为,在某种意义上就是"无为",而无为是圣人才能达到的境界。王充所著《论衡》记载,有人问:"人生于天地,天地无为。人禀天性者,亦当无为。而有为,何也?"他回答说:

　　　　至德纯渥之人，禀天气多，故能则天，自然无为。禀气薄
　　少，不遵道德，不似天地，故曰不肖。不肖者，不似也。不似天
　　地，不类圣贤，故有为也。天地为炉，造化为工，禀气不一，安
　　能皆贤？贤之纯者，黄、老是也。黄者，黄帝也；老者，老子也。
　　黄、老之操，身中恬淡，其治无为。正身共己，而阴阳自和；无
　　心于为，而物自化；无意于生，而物自成。（《论衡·自然》）

无论道家还是儒家，无为都不是没有任何作为，都在于强调不强为，强
调遵道顺势而为，而能达到这种境界的只能是圣人，如道家意义上的
"贤之纯者"，儒家称之为"大人""贤人""圣人"。

　　　　夫"大人"者，与天地合其德，与日月合其明，与四时合其
　　序，与鬼神合其吉凶，先天而天弗违，后天而奉天时。天且弗
　　违，而况于人乎？况于鬼神乎？"亢"之为言也，知进而不知
　　退，知存而不亡，知得而不知丧。其唯圣人乎！知进退存亡，
　　而不失其正者，其唯圣人乎！（《易传·乾·文言》）

实际上，《易传》揭示了大人、圣人在规范和协调人与自然关系方面的至
高境界：

　　　　与天地相似，故不违。知周乎万物，而道济天下，故不过。
　　旁行而不流，乐天知命，故不忧。安土敦乎仁，故能爱。范围
　　天地之化而不过，曲成万物而不遗，通乎昼夜之道而知，故神
　　无方而易无体。（《易传·系辞上》）

《淮南子》亦强调：

> 大丈夫恬然无思，澹然无虑；以天为盖，以地为舆；四时为
> 马，阴阳为御；乘云陵霄，与造化者俱。（《淮南子·原道训》）

这种"大丈夫"所达到的境界亦是圣人境界，不过这种"大丈夫"如同道
家的圣人，甚至像道教中的仙人。

由于圣人是人在各种方面所达到的极致，圣人定然超乎常人成为
出类拔萃者。据《孟子》记载：

> 有若曰："岂惟民哉！麒麟之于走兽，凤凰之于飞鸟，太
> （泰）山之于丘垤，河海之于行潦，类也。圣人之于民，亦类也。
> 出于其类，拔乎其萃，自生民以来，未有盛于孔子也。"（《孟
> 子·公孙丑上》）

在此，"太"通"泰"，"丘垤"指"小土堆"，"行潦"指"小溪流"。孔子弟子
有若在此通过类比麒麟与走兽、凤凰与飞鸟、泰山与土堆、江海与溪流，
认为圣人已经出类拔萃，与民众实质上属于不同的类。孟子举舜为例，
强调：

> 舜之居深山之中，与木石居，与鹿豕游，其所以异于深山
> 之野人者几希。及其闻一善言，见一善行，若决江河，沛然莫
> 之能御也。（《孟子·尽心上》）

如果说孟子更多地强调人成为圣人在于闻善而行，那么，邵雍更强

调圣人在智识能力上强大无比。

> 人之所以能灵于万物者,谓其目能收万物之色,耳能收万物之声,鼻能收万物之气,口能收万物之味。……有一物之物,有十物之物,有百物之物,有千物之物,有万物之物,有亿物之物,有兆物之物。为兆物之物,岂非人乎?有一人之人,有十人之人,有百人之人,有千人之人,有万人之人,有亿人之人,有兆人之人。为兆人之人,岂非圣乎?是知人也者,物之至者也;圣也者,人之至者也。(《皇极经世·观物篇之五十二》)

在此,邵雍实质上强调了圣人能够超越不同层面上的人的智识水平从而达到人的极致,成为人之至者,成为圣人,在他的数字背后,实质上隐含着对现实生活中圣人之所以为圣的历史把握,即圣人是在无限丰富的实践经验中不断提升自己的思维和认知能力,从而形成对事物的理性认识和抽象把握,形成对整个宇宙的全面把握。这种思想为颜元所继承,不过他主要是从道德的角度阐明圣人的:

> 有为一人之人,有为十人之人,有为百人之人,有为千人之人,有为万人之人;有为一室之人,有为一家之人,有为一乡之人,有为一国之人,有为天下之人;有为一时之人,有为百年之人,有为千年之人,有为万年之人,有为同天地不朽之人。然则为之者愿为何许人也哉!(《习斋记余》卷六)

显然,这种超越有限之人而为天下之人、超越一时之人而为万年之人,彻底达到了同天地不朽境界的人,就是圣人。罗伦说:"生而必死,圣贤无异于众人也。死而不亡,与天地并久,日月并明,其惟圣贤乎!"(《文集》)因而,圣人在肉体上与众人无任何区别,但由于他们超越了个体有限生命,突破了时代局限,做出了丰功伟绩,实现了生命的不朽,实际上是死而不亡,与天地并久,与日月并明的。尽管中国人对圣人的认识有不同的维度,但从根本上来说重点都在于强调圣人能够超越常人,能够超越时空,是真正的出类拔萃者,最终死而不朽,与天地长存,与日月同辉。

中国古人肯定圣人出类拔萃,为人之至者,但总体上并没有无限地夸大圣人,盲目抬举和膜拜圣人,而是认识到圣人也存在着自身的不足,普通人亦能通过自觉学习和努力修行成为圣人。

> 夫妇之愚,可以与知焉,及其至也,虽圣人亦有所不知焉;
> 夫妇之不肖,可以能行焉,及其至也,虽圣人亦有所不能焉。
>
> (《中庸·第十二章》)

这就是说,君子之道广大而精微,普通的男女都能够知道一二,也能够做到一些,但其最高的境界,纵使圣人也有所不知,也有所不能。众所周知,后世尊奉孔子为圣人,他却自谦地说:"加我数年,五十以学《易》,可以无大过矣。"(《论语·述而》)孔子那么勤奋好学,依然相信自己五十岁通过努力学习《周易》才可以无大过。如上所述,孟子承认圣人为"出类拔萃"者,相信圣人与普通人属于不同的类。但从另一个角度看,孟子也承认圣人与自己为同类。

> 故凡同类者,举相似也,何独至于人而疑之? 圣人与我同

类者。……故曰：口之于味也，有同耆焉；耳之于声也，有同听
焉；目之于色也，有同美焉。至于心，独无所同然乎？心之所
同然者何也？谓理也，义也。圣人先得我心之所同然耳。
（《孟子·告子上》）

这就是说，在孟子看来，圣人之所以为圣人，在于圣人在"心之所同然
者"（即理和义）上先于我而已。归根结底，中国人相信圣人超越普通人
的关键在于他们能够先于常人把握普遍性的理和义。在人与禽兽的比
较上，孟子说：

人之所以异于禽兽者几希，庶民去之，君子存之。（《孟
子·离娄下》）

道德高尚的人，即君子，能够保存人区别于禽兽的天赋善性。孟子强调
"人人有贵于己者"，他称为"良贵"。程颐也强调：

人人有贵于己者，此其所以人皆可以为尧、舜。（《二程
集·河南程氏遗书》第二十五）

所谓"贵于己者"，就是指人所具有的天赋善性。即是说，每个人只要能
够充分地挖掘和发挥各自隐藏的天赋善性，都能够成为圣人。孟子实
际上承认每个人都有其不可抹杀的内在价值。据《孟子》记载，曹交问：
"人皆可以为尧舜，有诸？"孟子回答说："然。……亦为之而已矣。"他进
而引述颜回的话说："舜，何人也？予，何人也？有为者亦若是。"（《孟
子·告子下》）就是说，只要努力去做、去追求，任何人都可以成为像尧

舜那样的圣人。这里所强调的就是每个人都是人，只要努力作为，都能够成为圣人。程颐也强调：

> 人与圣人，形质无异，岂学之不可至耶？（《二程集·河南程氏遗书》第十八）

相比孟子，荀子更注重从德性实践和习惯养成来看待圣人的成长过程。荀子充分肯定圣人与其他人都具有相同的自然属性：

> 凡人之性者，尧、舜之与桀、跖，其性一也；君子之与小人，其性一也。（《荀子·性恶》）
>
> 凡人有所一同：饥而欲食，寒而欲暖，劳而欲息，好利而恶害，是人之所生而有也，是无待而然者也，是禹、桀之所同也。目辨白黑美恶，耳辨音声清浊，口辨酸咸甘苦，鼻辨芬芳腥臊，骨体肤理辨寒暑疾养，是又人之所生而有也，是无待而然者也，是禹、桀之所同也。（《荀子·荣辱》）

即自然属性是人生而有之的，就此来说，任何人，无论是高尚的圣人还是万恶的暴君，无论是君子还是小人，本质上都是一样的。但圣人毕竟区别于常人，究其原因，荀子强调：

> 可以为尧、禹，可以为桀、跖，可以为工匠，可以为农贾，在注错习俗之所积耳。（《荀子·荣辱》）

所谓"注错习俗"，指言行举止与风俗习惯。荀子在承认人拥有共同的自然属性基础上，更注重从日常言行举止和风俗习惯的积累和养成上来揭示圣人形成的原因。

> 今使涂之人伏术为学，专心一志，思索孰察，加日县久，积善而不息，则通于神明，参于天地矣。故圣人者，人之所积而致矣。(《荀子·性恶》)
>
> 涂之人百姓，积善而全尽谓之圣人。彼求之而后得，为之而后成，积之而后高，尽之而后圣；故圣人也者，人之所积也。人积耨耕而为农夫，积斫削而为工匠，积反货而为商贾，积礼义而为君子。……故人知谨注错，慎习俗，大积靡，则为君子矣；纵性情而不足问学，则为小人矣。(《荀子·儒效》)

荀子不仅强调积习，还强调践行。

> 闻之不若见之，见之不若知之，知之不若行之。学至于行之而止矣。行之，明也。明之为圣人。(《荀子·儒效》)

尤其是，荀子强调圣人能够在遇到忧患变故时自觉加强修养，尽力做到各方面的最高境界而达到至圣境界。

> 尧、禹者，非生而具者也，夫起于变故，成乎修为，待尽而后备者也。(《荀子·荣辱》)
>
> 人有是，士君子也；外是，民也；于是其中焉，方皇周挟，曲得其次序，是圣人也。(《荀子·礼论》)

在此，"有"通"域"，即居住、居处。"有是"即在礼的范围内活动。就是说，能够自觉地将自己的活动限定在礼的范围内的人，就是士君子；不在礼的范围内，不能自觉地遵循礼的人，就是普通人；能够在礼的范围内随意活动而又完全符合礼的次序要求的人，就是圣人。我们知道，孔子曾经说过："七十而从心所欲，不逾矩。"(《论语·为政》)即到七十岁时，他已经达到了遵循礼义规范而随心所欲的自由境界，这一境界实质上也是德性修养上的至圣境界。

去禽而人，由常人而善人，而贤人，而圣人，而人道始尽。

(《魏源集·默觚上·学篇一》)

魏源在此所描述的就是一个人通过修行人道而成圣的渐进过程。因此，尽管中国人坚信圣是人生的至高境界，但也认识到圣人本身不是天生的，不是完美无缺的，而是存在着一个成长、发展和完善的过程。因此，中国人没有盲目地抬举圣人，没有对圣人顶礼膜拜，而是在坚信圣人与其他人同类，坚信圣人最初不过是普通人、常人，以及承认圣人为出类拔萃者的基础上，相信任何人都能够通过学习和效仿成为圣人。尤其是，任何常人只要自觉地在长期的道德修行实践中去除动物性的一面，就能够逐渐地完善和提升自己，最终变成善人、贤人以至圣人。

圣人是人之至者，圣人所达到的至圣境界意味着做人、做事的极致。中国传统儒家重人伦，并从人伦关系推演政治关系，因此儒家意义上的圣人，特别是圣王，兼具道德意义和政治意义。实际上，这种观念也体现在其他思想学派中。

大哉！尧之为君也。巍巍乎，唯天为大，唯尧则之。荡荡

乎！民无能名焉。巍巍乎其有成功也，焕乎其有文章。(《论语·泰伯》)

其事上尊天，中事鬼神，下爱人。故天意曰："此之我所爱，兼而爱之；我所利，兼而利之。爱人者此为博焉，利人者此为厚焉。"故使贵为天子，富有天下，业万世子孙，传称其善，方施天下，至今称之，谓之圣王。(《墨子·天志上》)

圣也者，尽伦者也；王也者，尽制者也；两者尽，足以为天下极矣。(《荀子·解蔽》)

因此，在中国语境中，在孔子、墨子、荀子等中国思想家的眼里，圣人、圣王不仅是体悟天道、化解人与自然矛盾和冲突的真正智慧者，而且也是规范和协调人伦社会关系、实现天下治理的最高智慧者。在人与社会的关系维度上，人伦之至实际上表现为公私分明和客观公正。据《礼记》记载，孔子说：

天无私覆，地无私载，日月无私照。奉斯三者以劳天下，此之谓三无私。(《礼记·孔子闲居》)

这种思想也体现在《列子》《管子》《吕氏春秋》等著作中。

不横私天下之身，不横私天下物者，其唯圣人乎！公天下之身，公天下之物，其唯至人矣。(《列子·杨朱》)

"横"(hèng)，无理、粗暴。"不横私"，即不无理粗暴据为己有。这是说，只有圣人能够将属于天下的身子、属于天下的事物化为公有。圣人实质上即是至人。

> 是故圣人若天然，无私覆也；若地然，无私载也。私者，乱
> 天下者也。（《管子·心术下》）

即圣人能够像天和地一样无私。《管子·牧民》载："如地如天，何私何
亲？如月如日，唯君之节！""节"指"气节"，即像天地一样没有偏私偏
爱，像日月一样普照才算彰显君主的气节。

> 天无私覆也，地无私载也，日月无私烛也，四时无私行也。
> 行其德而万物得遂长焉。……尧有子十人，不与其子而授舜；
> 舜有子九人，不与其子而授禹：至公也。（《吕氏春秋·去私》）
> 昔先圣王之治天下也，必先公。公则天下平矣。平得于
> 公。尝试观于上志，有得天下者众矣，其得之以公，其失之必
> 以偏。凡主之立也，生于公。……天下，非一人之天下也，天
> 下之天下也。阴阳之和，不长一类；甘露时雨，不私一物；万民
> 之主，不阿一人。（《吕氏春秋·贵公》）

"阿"指"偏私""偏袒"。这种思想也为宋明思想家所普遍接受。周敦颐
强调："圣人之道，至公而已矣。"（《通书·公第三十七》）又说："圣人定
之以中正仁义，而主静，立人极焉。"（《太极图说》）所谓"立人极"，就是
确立做人的最高标准。程颐更强调至公的境界实际上就是无我的境
界："至公无私，大同无我，虽眇然一身，在天地之间，而与天地无以异
也。"（《二程集·河南程氏粹言·论道》）薛瑄则描述了圣人"大公无我"
的气象："圣人大公无我，真天地之气象。后人区区小智自私，昼夜图

为,无非一身佚欲之计宜,其气象之卑陋也。"(《读书录·卷四》)吕坤说:"只大公了,便是包涵天下气象。"(《呻吟语·存心》)王夫之说:

> 是故圣人尽人道而合天德。合天德者,健以存生之理;尽
> 人道者,动以顺生之几。(《周易外传·无妄》)
> 天地之道虽无为而不息,然圣人以裁成辅相之,则阴阳可
> 使和,五行可使协,彝伦可使叙,赞之以大其用,知之以显其
> 教,凡此皆人之能。(《读四书大全说》卷六)

如果说儒家意义上的圣人倾向于裁成辅相,调和阴阳、五行,赞天地化育,那么,道家意义上的圣人能够彻底融入天地宇宙之中。据《庄子》记载,瞿鹊子问于长梧子,说他听孔子说:

> 圣人不从事于务,不就利,不违害,不喜求,不缘道,无谓
> 有谓,有谓无谓,而游乎尘垢之外。(《庄子·齐物论》)

即圣人游乎尘垢之外。按照庄子所说,圣人所达到的境界是:"忘年忘义,振于无竟,故寓诸无竟。"(《庄子·齐物论》)即"不计岁月、超越仁义,畅游于无穷的境域,这样就把自己寄寓在无穷的境地"[①]。因此,道家意义上的圣人神游于无穷之境和尘垢之外,彻底享有自由与逍遥。

总之,中国古人视圣人为人之至者,而至圣境界实际上就是至公、无私、无我的境界,乃至像道家所说,进入了忘年忘义、自由逍遥的无穷之境。

---

① 　陈鼓应注译:《庄子今注今译》,中华书局 2009 年版,第 100 页。

# 第四章　执中致和：中华传统生活智慧的方法论原则

中国人热爱并执着于尘世的生活，将自己的全部生命价值和意义都寄托于现实生活之中，而极少幻想超越的、彼岸的理想天国。对中国人来说，现实生活每天充满着事务、问题、矛盾、冲突、风险和挑战，任何人只有直面生活、洞察矛盾和问题、化解风险、迎接挑战，才能在充分尊重生活事实的基础上，把握好为人、处世、做事的尺度和分寸。生活中能否把握好为人、处世、做事的分寸，在哲学上就是度的问题，而在中国传统生活哲学语境中就是"中"与"不中"以及"过犹不及"的问题。中国人正是在长期的生活实践中积累起丰富的经验和智慧，提炼出一些认识、分析、解决问题的方法和原则，讲究"守中""得中""适中""正中""中正"，避免"过犹不及"、走极端。"和"则是人追求的价值目标，"执中致和"蕴含着"执中"与"致和"，前者是人们处理和解决问题的根本方法，后者则是人们对理想生活的价值追求，"执中"与"致和"紧密地联系在一起，体现了中国人思想和行动前后一贯的生活逻辑，是中国传统生活哲学中的方法论，也是中华传统生活智慧的方法论原则，体现着中国传统生活哲学存在论、意识论、价值论和方法论的内在统一。

# 第一节　中国人对适度的科学认识

人所生活的世界客观地存在着万事万物，而万事万物无时无刻不处于运动、发展和变化之中，处于彼此间不断的生成和转化之中。对中国人来说，人所生活的世界并不是纯粹的自然世界，而是人的生活世界。在人所处的生活世界里，万事万物的存在始终是人的生活之中的存在，而人正是从处理和对待生活事务的当下来认识和分析事物的存在、作用和意义，来规范和协调自身与事物之间的关系。对事物存在、发展和变化以及对事物规范、协调的最理想状态或分寸的认识，实际上涉及哲学中许多重要的论题，而"度"或"适度"问题则是所有问题的焦点。"度"不仅是自然事物存在、运动、发展、变化过程中由一种质态向另一种质态飞跃的关节点、临界点，还是人在复杂的生活中规范和协调各种事物，把握事态发展，以达到最佳效果或理想状态的关键点、恰当处。中国人热爱生活、深入生活，无论是对自然事物还是对生活中的万事万物，实际上都有深刻的认识和体悟，而且上升到哲学的高度，形成了关于"度"的丰富思想，"中"是中国人判定人与事物彼此互动最佳状态或适度的哲学范畴，"中道"则成为中国人为人处世的恒常法则。

## 一、中国人对度的重视与把握

人在建构自身天地或生活世界的过程中，客观地面临着复杂的情形，需要科学地处理和解决生活中的各种冲突、矛盾和问题，需要规范和协调周围人、事、物与自己之间的关系。在此过程中，如何控制和驾驭周围世界里的事物,规范和协调与其他人的言行举止,决定和支配自己的行动,就存在着一个"度"的问题。李泽厚强调:"什么是'度'? '度'就是'掌握分寸,恰到好处'。为什么? 因为这样才能达到目的。人类(以及个人)首先是以生存(族类及个人)为目的。为达到生存目的,一般说来,做事做人就必须掌握分寸,恰到好处。"[①]高度重视度,科学把握度,广泛地体现于中国古人的生产劳动和日常生活之中,许多中国古代哲学家对此都有大量的论述。概括说来,中国人向来强调自然合理,因而总是从这种自然状态或本然状态来认识和驾驭事物,来把握为人处世的度。

按照西方传统哲学(特别是黑格尔哲学),"度"是全面揭示事物发展状态或程度的哲学范畴,是质与量的统一。从人类认识发展的角度来看,辨别事物之所以为某种事物,以及确定事物为某种事物基础上的数量,即质与量的问题,都是进一步认识的重要基础,然而度相对质与量,意味着更高层次的认识。从根本上说,无论是对自然界事物生长、发展和变化的度的认识,还是对社会生活中待人接物、为人处事方面的度的认识,都无法彻底地与人的生存、生活和其他生命活动分割开来。

基于中国思想文化传统,李泽厚提出了"人类学历史本体论",高度重视"度"的意义。他强调:"'度'并不存在于任何对象(object)中,也不存在于意识(consciousness)中,而首先是出现在人类的生产—生活活动中,即实践—实用中。它本身是人的一种创造(creation),一种制作。从而,不是'质'或'量'或'存在'(有)或'无',而是'度',才是人类学历

---

① 李泽厚:《历史本体论·己卯五说(增订本)》,生活·读书·新知三联书店 2006 年版,第 8 页。

史本体论的第一范畴。"①

实际上，中国人对"度"的认识，充分地体现在中国传统生活哲学之中，这种哲学从根本上区别于西方哲学传统。李泽厚强调："从上古以来，中国思想一直强调'中'、'和'。'中'、'和'就是'度'的实现和对象化（客观化），它们遍及从音乐到兵书到政治等各个领域，其根源则仍然来自上述《周官》所说的'工有巧'，即生产技艺中的'和'、'中'、'巧'、'调'。'度'是'中'、'和'的本义，是'中'、'和'的实现行动。teche 的希腊文本义也是让事物从隐蔽中涌出，倒正好点明人通过制造—使用工具的'度'的把握而实现出的创造力量。用我以前的话说，这也就是在成功的实践活动中主观合目的性与客观合规律性的一致融合。人的本源存在来自此处。"②"度"是一个外来范畴，很难确切地用一个标准的中国传统哲学范畴对等地把握。赵汀阳强调："李泽厚论证过，'度'虽然难以一般地定义，但在具体实践中总是清楚明显的，因此'度'只能在具体语境下去理解。"③中国人话语中的"度"之所以难以把握，就在于它本质上紧密地关涉人的各方面的事务。对度的更具现实意义的把握，体现于不同人为人做事的不同事态和场景之中。因为每个人实际上都是一个具体而现实的人，每个人性情、禀赋和爱好各有区别，当身处各种具体事态和场景时，往往会有不同的态度、选择和行动。楼宇烈指出："客观世界是很复杂的，是整体关联、动态平衡的，要达到自然合理才能

① 李泽厚：《历史本体论·己卯五说（增订本）》，生活·读书·新知三联书店 2006 年版，第 9—10 页。
② 李泽厚：《历史本体论·己卯五说（增订本）》，生活·读书·新知三联书店 2006 年版，第 10 页。
③ 赵汀阳：《没有答案：多种可能世界》，江苏凤凰文艺出版社 2020 年版，第 216 页。

相对符合事物的特性。"①

中国人对度的认识，源于对自然现象千变万化的客观规律的深刻领悟。

> 周公曰："冬日之闭冻也不固，则春夏之长草木也不茂。"天地不能常侈常费，而况于人乎！故万物必有盛衰，万事必有弛张。(《韩非子·解老》)

即自然界有其客观规律，盛衰与弛张都是事物遵循自然规律演化的结果，既不可能盛而不衰，也不可能弛而不张，它们之间的变化和过渡都是顺乎规律的表现。中国古人在感悟自然规律的基础上将自然规律与社会生活中的礼义规范紧密地联系起来，在两者的关系中把握进退与分寸。贾谊说：

> 三代之礼：天子春朝朝日，秋暮夕月，所以明有敬也；春秋入学，坐国老，执酱而亲馈之，所以明有孝也；行以鸾和，步中《采荠》，趋中《肆夏》，所以明有度也。(《新书·保傅》)

在单纯自然事物上，"度"事实上取决于事物自身运动、发展、演化的内在逻辑，因而取决于事物自身运动变化的规律和趋势，而在人依据和参照自然规律的人情世故和礼义规范上，"度"则取决于人与外在事物、其他人、周围环境和条件等多种因素的交互作用。"度"的问题还深刻地体现于社会历史发展和社会制度演化上。针对"封建"制度的历史

---

① 楼宇烈：《中国文化的根本精神》，中华书局2016年版，第29页。

形成及其原因,柳宗元说:

> 盖非不欲去之也,势不可也。势之来,其生人之初乎? 不
> 初,无以有封建。封建,非圣人意也。(《封建论》)
> 自天子至于里胥,其德在人者,死必求其嗣而奉之。故封
> 建非圣人意也,势也。(《封建论》)

这是说,"封建"并不出于所谓"圣人意",而是客观社会历史发展的规律
所造成的必然趋势,是不以人的意志为转移的必然现象。客观事物发
展过程中所呈现出来的客观规律、必然趋势在特定的时刻就体现为相
对而言的"度",而善于判断和把握"度"就能够控制和驾驭事物的发展、
变化,使之最终符合自己的目的和要求。苏洵说:

> 凡主将之道,知理而后可以举兵,知势而后可以加兵,知
> 节而后可以用兵。知理则不屈,知势则不沮,知节则不穷。
> (《宋史·苏洵传》)

在此,"理""势""节"本质上是中国人对事物运动、发展、变化的客观规
律、必然趋势以及相应的"度"认识和把握的深化。显然,"知理""知势"
"知节"都是善于统兵打仗的将帅必备的素养,也是任何一个人应当具
有的素养。

"宜""当"或"得体",是中国人对度、适度的概括表述,也是中国人
为人处世追求的理想状态。荀子将"度"释为"曲适":

> 好恶、喜怒、哀乐臧焉,夫是之谓天情;耳、目、鼻、口、形,

能各有接而不相能也,夫是之谓天官;心居中虚,以治五官,夫
是之谓天君;财非其类,以养其类,夫是之谓天养;顺其类者谓
之福,逆其类者谓之祸,夫是之谓天政。暗其天君,乱其天官,
弃其天养,逆其天政,背其天情,以丧天功,夫是之谓大凶。圣
人清其天君,正其天官,备其天养,顺其天政,养其天情,以全
其天功。如是,则知其所为,知其所不为矣,则天地官而万物
役矣。其行曲治,其养曲适,其生不伤,夫是之谓知天。(《荀
子·天论》)

在此,荀子阐明了好恶、喜怒、哀乐这些情感的抒发与表现本质上都应
是顺应自然的、合乎分寸或度的,如果不能很好地控制和驾驭就可能导
致凶灾。在他看来,人的主观意志和自觉修养实际上起着引领和控制
作用,即只有清其"天君"(心),才能进而正其"天官"(耳、目、鼻、口、
形),备其"天养",顺其"天政",最终达到养其"天情"、全其"天功"的目
的,而且只有圣人才能做到这一点。荀子强调,圣人做到这一点的表现
是"其行曲治,其养曲适,其生不伤",即行为的各方面都处理得很好,身
体保养得完全恰当,生命不会受到任何伤害[1]。在此,"曲适"就是各个
方面、各个环节都达到了适度、恰当。因此,在荀子看来,真正的"知
天",就在于人能够使自己的各个方面、各种行为与天地万物的运行彻
底地达到彼此间的和谐有度,最终使自己的生命达到最完美、最完善、
最适度、最恰当的境界。韩非子将"度"称为"当",并视为"宝":

　　事必万全而举无不当,则谓之宝矣。(《韩非子·解老》)

---

[1]　楼宇烈主撰:《荀子新注》,中华书局 2018 年版,第 331 页。

"当"就是最佳状态，就是最好结果，这是中国古人表达度、适度的重要范畴。世俗之人往往将看得见的珍宝视为"宝"，实不知韩非子所谓的"事必万全"和"举无不当"，才是人为人处世最重要的"宝"。"宝"是对价值的积极肯定，从重视看得见的珍宝到肯定人对最恰当的度的把握和驾驭，说明中国人价值意识的深化。韩愈将"度"释为"宜"：

> 行而宜之之谓义，由是而之焉之谓道。（《原道》）

"宜"即适宜，为人处世各方面的行为达到适宜，因而举止得体、恰到好处，就是义。陆绍珩还从"体"来阐释"度"：

> 待富贵人，不难有礼，而难有体；待贫贱人，不难有恩，而
> 难有礼。（《小窗幽记·集醒篇》）

"有体"即得体、得当、适宜之意。这里所强调的就是面对不同的境遇，人们必须把握分寸，既得体又不失礼。显然，如何做到适宜、恰当需要长期的交际实践体验与总结，而中国人所强调的世事练达，所蕴含的就是为人处世中对度的把握的实践智慧。

中国古人对适宜、适度的把握表现在生活中的各个方面，例如审美活动。中国人热爱生活，具有独特的审美观念，其中尤其体现为对适宜、适度的追求。美本身体现了适度与和谐。在中国文人中，认识到"适度"为美，对"美人"或"佳人"的描写最为传神的，莫过于宋玉。宋玉刻画了"东家之子"的美貌：

> 天下之佳人莫若楚国，楚国之丽者莫若臣里，臣里之美者

> 莫若臣东家之子。东家之子,增之一分则太长,减之一分则太短;著粉则太白,施朱则太赤;眉如翠羽,肌如白雪;腰如束素,齿如含贝;嫣然一笑,惑阳城,迷下蔡。(《登徒子好色赋》)

在此,宋玉先从地域范围上将"东家之子"推崇到极致,即东家之子是天下最美的人,然后又从身高、妆容以及眉毛、肌肤、腰肢、牙齿等多个角度全方位地刻画了其美貌,最后又从嫣然一笑所产生的超强影响力来形容其魅力。宋玉的描述、刻画可谓达到了赞美美人的最高艺术水平。而其中,"增之一分则太长,减之一分则太短;著粉则太白,施朱则太赤",实际上就是对最佳状态或适度的精准把握,成为经典名句,为后人所津津乐道。中国古人在生活的其他方面对度或适度的类似理解和把握不胜枚举。

适度、适宜或得当、恰当是最好的结果,过度或不及则就存在偏颇、不足和问题。在此方面,中国古人也形成了相应的范畴,如"过""不及""失当"等。孔子谈起自己的弟子,就曾特别指出每个人的优点和不足,从而对他们给予不同的教导,以使他们为人做事把握好度。据《论语》记载,子贡问:"师与商也孰贤?""师"即颛孙师,字子张,"商"即卜商,即子夏。孔子回答说:"师也过,商也不及。"子贡并没有明白"过"与"不及"究竟哪种情况更好,但有点自认为"过"要比"不及"强,因此问:"然则师愈与?"而孔子则明确地强调:"过犹不及。"(《论语·先进》)孔子对"过犹不及"的认识,实际上深刻地揭示了这样的道理:不同的人在面对不同的事态和场景时,会出于性情、禀赋和兴趣而采取具体的行动,以达到恰到好处。

中国人非常注重养生,因此对养生方面适度的认识和把握非常深刻。

久视伤血，久卧伤气，久坐伤肉，久立伤骨，久行伤筋。

（《黄帝内经·灵枢·九针论》）

在此，古人从"血""气""肉""骨"和"筋"五个方面强调了"过度"的危害。淳于髡讽谏齐威王说："酒极则乱，乐极则悲，万事尽然。"（《史记·滑稽列传》）这是从"酒"与"乐"的过度引申出具有普遍意义的道理，即过度使人受到危害或造成不利后果。正所谓"物不至者则不反"（《列子·仲尼》），"否极泰来"，中国古人很早就认识到物极必反的道理，而这恰恰体现了对"度"及"过度"的认识。由于认识到"过犹不及"，中国人特别强调要自觉地运用一定的规则或要求保持适度，防止过犹不及，并认为君子或圣人善于把握度。尉缭说："臣谓欲生于无度，邪生于无禁。"（《尉缭子·治本》）又强调："无过在于度数。"（《尉缭子·十二陵》）这就清楚地说明了贪欲应有所节度，邪恶应有所禁止，而"度"或"度数"，则是衡量的标准。陆贾说：

> 是以君子博思而广听，进退顺法，动作合度，闻见欲众而采择欲谨，学问欲博而行己欲敦，见邪而知其直，见华而知其实，目不淫于炫耀之色，耳不乱于阿谀之词，虽利之以齐、鲁之富而志不移，谈之以王乔、赤松之寿而行不易，然后能壹其道而定其操，致其事而立其功也。（《新语·思务》）

因此，为了防止过度，中国人积累了很多具有警示意义的格言。

> 太强必折，太张必缺。（《六韬·三疑》）
> 故天子不处全，不处极，不处盈。全则必缺，极则必反，盈

则必亏。(《吕氏春秋·博志》)

太刚则折，太柔则卷，圣人正在刚柔之间，乃得道之本。(《淮南子·氾论训》)

物不极则不反，恶不极则不亡。(《旧五代史·唐书·庄宗纪一》)

这些格言都从治国理政、为人处世上强调了物极必反、刚柔之间才为得道之本的道理，要求人们不可走极端。朱用纯《治家格言》："施惠勿念，受恩莫忘。凡事当留余地，得意不宜再往。"即无论施惠或是受恩，不可贪求，凡事当留余地，要把握度。王正德说："学诗当识活法，所谓活法者，规矩备具而能出规矩之外，变化不测则卒亦不背规矩也。"(《余师录·吕居仁》)这是从学诗的角度强调对规则的运用必须把握度，既不能脱离规矩也不能违背规矩，要做到游刃有余、灵活变化。葛洪说："枚皋文章敏疾，长卿制作淹迟，皆尽一时之誉；而长卿首尾温丽，枚皋时有累句，故知疾行无善迹矣。"(《西京杂记》卷三)这是从文人写文章的角度，强调行文过快注定导致出现废话的弊病。

此外，中国古代的广大人民群众在日常生活中也积累了丰富的谚语，体现了对度、适度的认识和把握，充满着无穷的生活智慧。例如，"鼻之所喜不可任，口之所嗜不可随"，就在于强调人不可随着自己的性子做事，而必须有所节制，不可过度；"八月潮头也有平下来的时候"，所喻示的就是人在得势得意时，做事也要留有余地，不可做绝。

客观而言，怎么才算适度、应该留有多少余地，的确是非常考验人的问题，不经过长期的实践、感悟，难以达到世事练达、行动得体。由此，中国古人倾向认为，对度的理解、把握和驾驭，绝非普通人所能够做到的，只有圣人才能如此。《孔子家语》记载：

　　　　孔子曰：“中人之情也，有余则侈，不足则俭，无禁则淫，无
　　度则逸，从欲则败。”(《孔子家语·六本》)

即强调要有节度，不可过分纵欲，但在孔子看来，一般人往往不能把握
“度”。吴兢《贞观政要》记载：

　　　　[魏征]对曰：“嗜欲喜怒之情，贤愚皆同。贤者能节之，不
　　使过度；愚者纵之，多至失所。”(《贞观政要·慎终》)

　　“失所”即失度、失宜、失当。这是说，圣人、贤者或有智慧的人能够
驾驭和节制自己的情感，不使其过度，而愚蠢的人则大多对情感失去控
制。实际上，中国古人对圣人的定义，不仅包含对道德品质的考量，而
且包含对智慧的考量，而智慧往往占有很重要的地位，因为没有很高明
的智慧根本不可能判定自己究竟应该如何为人处世、应该如何以自身
相应的道德品质来行动和做事。从这种意义上说，中国古人相信只有
圣人、贤者或有智慧的人才能理解、把握和驾驭度，从而做到适度，是有
一定道理的。
　　中国人对度的认识和把握体现在生活的各个领域、各个方面，尤其
体现在治国安邦的政治智慧中和为人处世的伦理智慧中。《尚书》记载
了夏王太康的兄弟对其治国“无度”的指责：

　　　　太康尸位，以逸豫灭厥德，黎民咸贰。乃盘游无度，畋于
　　有洛之表，十旬弗反。(《尚书·夏书·五子之歌》)

这是说，夏王太康身为天子不管事、贪图安逸、吃喝玩乐，丧失君王品

德,黎民百姓无不怨恨,而他优游取乐,毫无节制,远到洛水之南打猎,百日不归。《尚书》也记载了周武王对商纣王"无度"的指责:

> 今商王受,力行无度,播弃犁老,昵比罪人,淫酗肆虐。(《尚书·泰誓中》)

在此,"无度"即无法度,亦指无节制。《左传》记载蔡国声子说:

> 归生闻之:"善为国者,赏不僭而刑不滥。"赏僭,则惧及淫人;刑滥,则惧及善人。(《左传·襄公二十六年》)

《左传》还记载:

> 君子曰:"酒以成礼,不继以淫,义也。以君成礼,弗纳于淫,仁也。"(《左传·庄公二十二年》)

这是要求用"义"和"仁"来规范人们的行为,使之合度。吕坤强调:

> 雨泽过润,万物之灾也;恩宠过礼,臣妾之灾也;情爱过义,子孙之灾也。(《吕语集粹·伦理》)

因此,做到恰到好处,才能够使人真正地享有美好生活。李密庵创作有《半半歌》来教导人生活做到适度的道理:

> 一半还之天地,让将一半人间。半思后代与沧田,半想阁

罗怎见。酒饮半酣正好，花开半吐偏妍。(《半半歌》)

《半半歌》真实地反映了诗人对生活各方面应当适度的感悟。陆贽指出：

> 夫地力之生物有大限，取之有度，用之有节，则常足。
> (《均节赋税恤百姓六条》)

这实质上是治国理政中所体现的生态文明智慧，其根本精神在于简约适度。

当然，中国古人在日常生活中，在为人处世方面，更是处处强调把握分寸、掌握度，做事要留有余地，体现着人情练达的生活智慧。

## 二、中：事物的最佳状态与人物相互关系的适度状态

整个宇宙处于无穷无尽的运动变化之中，万事万物生生灭灭，经历了无数的生成与转化。然而，运动中总存在着相对的静止，变化中总存在着相对的不变。作为宇宙万物运动变化的感受者、体验者，人类不仅深刻地感受到有规律的四季更替，感受到风雨雷电的变幻莫测，还深刻洞察到海枯石烂、沧海桑田以至天翻地覆意义上的根本变化。尽管如此，人类总根据自身生命活动和生命限度来观察和衡量万事万物，来认识和把握它们的生成、存在、发展，根据它们的属性、功能和特征，来确定它们与自身之间的价值关系，从而通过适当的改造或重新安排来创造自身的生活世界，来追求和实现自己的美好幸福生活。如何更好地把握和驾驭万事万物，使之与自身达到最佳的、最理想的关系状态，是

任何民族都会遇到的问题。对于中国人来说,"中"的含义很多,已经从具体事物的结构和时空关系超脱出来,上升到哲学高度,属于哲学范畴,强调的是"度"或"适度"。在这种意义上,"中"既用来描述事物自身发展和运动的最佳状态,也用来描述人与事物相互关系的适度状态,因而"中"这一价值范畴所揭示和描述的就是中国人的价值理想和为人处世的理想境界。

中国人对"中"字并不陌生,但其意蕴丰富。郭齐勇强调:"这个'中'字,相对于'外'来说是'内',里面;在方位上,相对于四周来说是等距离的'中心';在程度上,是相对于上等与下等的中等;在过程中,是相对于全程来说的'一半';而相对于'偏'来说,那就是'正',不偏不倚。段玉裁指出,'中'是相对于'外',相对于'偏'来说的,同时又是指'合宜'的意思。我们今天讲'中庸'之'中',即是指适中,正当,恰如其分、不偏不倚、无过无不及的标准。"[1]应该说,中国传统语境中,"中"包含着下列含义:一是空间位置意义上的中间、中段;二是事物结构意义上的中心、中央;三是事物的存在和发展处于最佳状态;四是事物与人之间的关系处于最和谐的状态;五是人对自己的思想和行为把控得恰如其分,使其符合礼义道德规范;六是人对生活中各种事情的处理和解决达到自然和谐。显然,后面几种情况都是在哲学意义上使用"中"的。

作为表达度这一哲学意义的"中",有两种读音,即平声"zhōng"和去声"zhòng",而这两种读音所表达的意义实际上存在着紧密的联系,分别描述了事物自身存在的最佳状态和事物与人相互关系的适度状态。

---

① 郭齐勇:《中国人的智慧》,中华书局 2018 年版,第 108—109 页。

> 喜怒哀乐之未发，谓之中；发而皆中节，谓之和。中也者，
> 天下之大本也；和也者，天下之达道也。（《中庸·第一章》）

此段文字最好地反映了这种情况：前一"中"读为"zhōng"，意思为人自身内部和谐、恰到好处、无所偏倚，而后一"中"读为"zhòng"，意思为击中、打中、射中，符合事理、符合礼义规范。南怀瑾强调："《中庸》所谓的'中'，必须以中原音和鲁南一带的发音来读，等于打靶打中或射箭射中的中（音仲）发音一样。"[①]在此，南怀瑾所强调的就是第二种意义上的"中"。实际上，"未发"与"发"，反映了不同情形，前一种所描述的是人或事物自身的状态，是人自身所实现的和谐状态，而后一种情形所描述的是人在做事时，或者说在表达喜怒哀乐时，所实现的与外在事物、他人的和谐状态，即一切言行举止皆符合事理、符合礼义规范。孔子曾说：

> 夫人不言，言必有中。（《论语·先进》）

此所谓"中"，杨伯峻指出："去声，音仲，不及物动词，中肯，符合客观事理。"[②]扬雄在孔子的基础上指出：

> 君子不言，言必有中也；不行，行必有称也。（《法言·君
> 子》）

---

① 南怀瑾：《话说中庸》，东方出版社 2015 年版，第 139 页。
② 杨伯峻译注：《论语译注》，中华书局 2009 年版，第 218 页。

"中"即中肯,"称"即得当,都是言行符合事理、达到恰到好处或理想境界的判断词。这种最恰当的状况就是中庸。

赵汀阳指出:"'中庸'概念需要明确:中庸不是事情的中间点,不是取中之法,而是适度。适度未必是中间点,在给定区间之内的任何一点都有可能是适度的。假定在 1 与 10 的区间,1 和 10 都是极端,是临界点,而 2—9 都有可能是适度的选择,这取决于需要解决的问题和条件。因此,我把'中庸点'理解为一个因事情变化而变化的动态适度点。"①因此,严格说来,对于任何具体事情来说,是否适中、正当、恰如其分、不偏不倚以及无过无不及,完全没有绝对必然的规定,而如果说从高度抽象的意义上有所规定,那么,这一规定就是为事情在变化中找到动态适度点。如果深究这两个"中"之间的关系,完全可以这样说:作为动词,"中节""击中"之"中"(zhòng),就是对"动态适度点"的击中,而作为价值目标或理想境界,"中"(zhōng)是"中节""击中"的结果。因此,"中"蕴含着不可分割的双重意义,既强调击中的动态过程,又强调击中的结果或效果。

实际上,预测、判断、把握事情因变化而产生对人来说的最佳动态适度点——"中",是一项具有高度挑战性的智慧活动,而如何精准地使自己的行动"中节",即击中这一最佳的"动态适度点",则是更能考验人的机智、敏捷和能力的事情。因此,正如赵汀阳所强调的:"中庸的关键还不在于事情需要适度(这是众所周知的),而在于找到那个适度点的方法。有趣的是,中庸虽是儒家理念,但寻找中庸点的方法论却是道家和兵家的贡献,其中包括老子的'水的方法论'和孙子的'知己知彼'(应

---

① 赵汀阳:《没有答案:多种可能世界》,江苏凤凰文艺出版社 2020 年版,第 18 页。

该是最早博弈论的'共同知识'概念）。"①总之，中国人用"中"字所表达的是人能够根据事物的属性、功能和特征以及自身的生活、生存和发展需要实现与事物之间的恰当关系或最佳状态。

对于现实的人来说，人与事物之间的关系是否处于最佳的状态，是一个能够衡量和判断的问题。然而，在中西哲学思想史上，这却是一个极为复杂的问题，引起不少的论辩，这些论辩从人的现实生活的角度来看，多少显得荒谬、怪诞。个别中国古代哲学家就非常具有代表性，例如庄子。

> 自其异者视之，肝胆楚越也；自其同者视之，万物皆一也。（《庄子·德充符》）
>
> 物故有所然，物故有所可。无物不然，无物不可。故为是举莛与楹，厉与西施，恢诡谲怪，道通为一。……天下莫大于秋毫之末，而太山为小；莫寿于殇子，而彭祖为夭。天地与我并生，而万物与我为一。（《庄子·齐物论》）

"无物不然，无物不可"，说明任何事物都有其自身的样子、状态或独特性。庄子认识到万物之间的差异，强调万物各自在一定的意义上具有自身的独立性、特殊性，这种独立性、特殊性不可否定和消除；但如果从共同性来看，万物之间的差异性、独立性和特殊性就消除了，从而混融为一体。在他看来，这种独立性、特殊性、差异性，来自不同人各自的主观性，因而具有相对性。

---

① 本刊特约记者：《给我一个支点：第一哲学转向——访赵汀阳研究员》，《哲学动态》，2015 年第 1 期。

> 物无非彼，物无非是。自彼则不见，自知则知之。故曰彼出于是，是亦因彼。彼是方生之说也。虽然，方生方死，方死方生；方可方不可，方不可方可；因是因非，因非因是。是以圣人不由而照之于天，亦因是也。是亦彼也，彼亦是也。彼亦一是非，此亦一是非。果且有彼是乎哉，果且无彼是乎哉？彼是莫得其偶，谓之道枢。枢始得其环中，以应无穷。是亦一无穷，非亦一无穷也。故曰莫若以明。（《庄子·齐物论》）

这就是说，彼此、是非、生死本质上都是相对的，只有超越狭隘的立场和视角才能全面地看待事物，而这一超越的立场和视角就是圣人的立场和天道的视角。由此，《庄子》借北海若之口说：

> 以道观之，物无贵贱；以物观之，自贵而相贱；以俗观之，贵贱不在己。以差观之，因其所大而大之，则万物莫不大；因其所小而小之，则万物莫不小。知天地之为稊米也，知毫末之为丘山也，则差数睹矣。（《庄子·秋水》）

这种从道来观看事物的做法，确实超越了世俗眼光的狭隘性，但也抹杀了事物各自存在的相对稳定性。客观而言，庄子等相对主义者虽然揭示了万事万物始终处于永无休止的运动变化之中，事物的存在具有一定的相对性，但过分地夸大了这种变动性、相对性，从一定程度上否定了事物的稳定性、静止性。庄子强调理应立足圣人的立场，将万事万物参照于天道，从所谓"道枢"出发来看待、评判一切事物，然而客观的现实是，这种做法超出了人的生活实际。现实的人无法达到庄子所谓圣人的境界，也不可能从"道枢"出发对天下万物"以道观之"，因此虽然庄子揭示了一定的道理，但这种道理却不能更多地适应人们现实生活的需要，不是能够现实地指导人们思想和行动的生活智慧。

客观而言，人不仅应当立足于人的立场来观察和评判天地间的万事万物，认识到万事万物自身的存在状况、属性和特征，认识到事物内部的和谐是其自身存在的根本条件，也应当根据自己的本性、本质以及生活、生存和发展的客观需要来认识和评判事物，来规范和协调自身与它们之间的关系。这种意义上的立场和角度，绝非纯粹主观性的问题，实际上是一个主体性的问题。确切地说，"主观性"是一个偏重个人思想、观念、意见、意志的概念，而"主体性"是内在地蕴含着主体自身的本性、本质、生存和发展等客观实际内容的概念。尽管运用这两个概念时，都可能表达了事物因人而异的含义，但"主体性"实际上蕴含着不可抹杀的客观性，是一种现实、具体、客观的因人而异。因此，相对于作为主体而存在的人来说，任何事物归根结底都是具体而现实的，虽然它们始终处于运动变化之中，但在一定的时间点上或历史时期，又绝对是确定的、稳定的，有自己相对固定的存在和本质，有自身不可抹杀的独立性和特殊性，也能够为人们所认识、理解和把握。人在追求美好幸福生活、在创造和建构真正属于自己的生活世界的时候，能够准确地规范和协调与它们之间的关系，控制、驾驭和改造它们，使之成为自身生活世界的构成要素。总之，每一个生活在一定的生活世界里的主体或现实的人，不仅能够判断出万事万物或自身究竟是否处于最和谐的状态，而且能够判断出它们与自身彼此间是否处于最佳的状态或最理想的境界。这种判断总是现实的、具体的。对中国人来说，这种判断就是"中"，"中"是具有高度概括性的价值判断，是充分体现着生活气息的动态判断。

"中"作为最高的价值判断，表达了中国人对价值理想的最高追求。

作为中国人最高的价值理想和价值追求，"中"意味着和谐、适中、正当、恰如其分、不偏不倚以及无过无不及。《尚书·洪范》："沉潜，刚克；高明，柔克。"对此，程颐强调："不偏之谓中。"（朱熹《四书章句集注·中庸》）蔡沈解释说："沉潜者，沉深潜退，不及中者也。高明者，高亢明爽，过乎中者也。盖习俗之偏，气禀之过者也。故平康正直，无所事乎矫拂，无为而治是也。强弗友刚克，以刚克刚也。燮友柔克，以柔克柔也。沉潜刚克，以刚克柔也。高明柔克，以柔克刚也。"（《书经集传》）即无论是"沉潜"还是"高明"，都不是适中状态，沉潜刚克，以刚克柔，高明柔克，以柔克刚，就能够实现适中，即蔡沈所谓"平康正直"的理想境界。当然，孔子也以此评述过舜：

> 舜其大知也与！舜好问而好察迩言，隐恶而扬善，执其两端，用其中于民，其斯为舜乎！（《中庸·第六章》）

"迩言"，即浅近平凡的话。在此，孔子强调"用中"，还提出了一种比较具体的方法论，即"执其两端用其中"。所谓"两端"，即对立的两头，如"过"和"不及"。因此，"用中"本身就意味着通过"执其两端"实现无过无不及。贾谊说："故过犹不及，有余犹不足也。"（《新书·容经》）朱熹说："事至于过当，便是伪。"（《朱子语类》卷十三）事实上，"过"而不中，不仅不当，是伪，而且直接有害。程文德指出："天下事过则有害。雨泽非不善也，过多则涝，其为害也与旱同。"（《明儒学案·卷十四·论学书》）黄榦指出："中者，无所偏倚，无过不及之名也。存诸心而无偏倚，措之事而无过不及，则合乎太极矣。"（《宋元学案·卷六十三·圣贤道统传授总叙说》）因此，针对"中"的实质，楼宇烈强调："中就是不偏于任何一边,不把任何一边绝对化。"①也就是说,"中"意味着恰到好处,为人做事不走极端。但这本身是一个很难把握的事情,要根据具体的情形做出具体的判断。张岱年指出:"'中'反对'过'与'不及',承认事物的发展有一个适度的问题。'中'要求维持现有制度,具有保守倾向。但在日常生活中,在一定范围内,确定'中'还是必要的。"②因此,既不能僵化也不能无原则地理解"中",它处处需要辩证认识和理解,需要具体感悟和体验。尤其是,正像张岱年所强调的,人们判断是否"中""过"或"不及",往往以现有的制度和规定为标准,无意之中倾向保守,因此,只有深切洞察整个社会发展的趋势和规律,才能做到对事物发展规律和趋势是否适中的准确判断。

中国人视"中"而"无过不及"为事物存在或相互关系的最佳状态,并把能够达到这种境界的人视为君子或圣人。

> 礼者,以财物为用,以贵贱为文,以多少为异,以隆杀为要。……文理情用相为内外表里,并行而杂,是礼之中流也。
>
> 故君子上致其隆,下尽其杀,而中处其中。(《荀子·礼论》)

即在荀子看来,君子能够"中处其中",而所谓"中处其中"就是"对中等的礼要适中"③。如前所述,荀子尤其强调,人能否在礼的范围内随意活动可以区别士君子与普通人,而既能处处随意活动又符合礼的次序要求的人就是圣人。

---

① 楼宇烈:《中国文化的根本精神》,中华书局 2016 年版,第 30 页。
② 张岱年:《文化与哲学》,中国人民大学出版社 2009 年版,第 11—12 页。
③ 楼宇烈主撰:《荀子新注》,中华书局 2018 年版,第 385 页。

然而,能够根据具体境遇,面对不同的对象采取相应的礼义规范,做到适中、恰到好处,从而避免过与不及,对一般人来说的确很难做到。《中庸》记载孔子不仅强调"君子中庸,小人反中庸",而且认识到时时处处做到中庸实际上很困难,因而感叹说:

> 中庸其至矣乎! 民鲜能久矣。(《中庸·第三章》)

孔子并夸赞自己的得意弟子颜回说:

> 回之为人也,择乎中庸,得一善,则拳拳服膺,而弗失之矣。(《中庸·第八章》)

他甚至说:

> 天下国家可均也,爵禄可辞也,白刃可蹈也,中庸不可能也。(《中庸·第九章》)

就是说,在孔子看来,天下国家可以公正治理,爵位和俸禄可以推辞不受,明晃晃的刀刃可以踏过,但要做到中庸则很不容易。周敦颐在解读《中庸》时说:

> 惟中也者,和也,中节也,天下之达道也,圣人之事也。故圣人立教,俾人自易其恶,自至其中而止矣。(《通书·师第七》)

也就是说，在中国古人看来，只有圣人或有智慧的人才能实现自身的和谐以及自身与外在事物、他人乃至整个世界之间的和谐。

那么，在"中"或度的把握上，什么样的人是圣人呢？刘向《说苑》记载孔子说：

> 中人之情，有余则侈，不足则俭。无禁则淫，无度则失，纵欲则败。饮食有量，衣服有节，宫室有度，畜聚有数，车器有限，以防乱之源也。故夫度量不可不明也，善欲不可不听也。（《说苑·杂言》）

其中，"善欲"疑为"善教"，即好的教诲①。这是说普通人很难做到中，因为这需要具有较高素质和德性修养，能够做到的人就是君子乃至圣人，而孔子就是这样的人。就圣人具有的素质和德性修养，老子说："多言数穷，不如守中。"（《道德经·第五章》）这就是说，与其多说，不如坚守中正原则，显然这里强调的是人的实际行动和内在德性而不是外在的言语。

> 先王之道，仁之隆也，比中而行之。曷谓中？曰：礼义是也。（《荀子·儒效》）

在此，"比"指顺从。中正在于不偏不倚，如同水没有波浪。刘阳说："水之激，失水之真矣；情之激，失情之真矣。君子之情不激也，故不激其

---

① 参见罗国杰主编：《中国传统道德·规范卷》，中国人民大学出版社1995年版，第87页。

言。"(《明儒学案·卷十九·三五先生洞语》)这里用水的性情来比喻真正的君子实际上是完全顺从礼义规范的,性情完全达到中和、平静、不偏不倚的境界。《易传·乾·文言》强调:"大哉乾乎! 刚健中正,纯粹精也。"对此,朱熹解释说:"中者,其行无过不及;正者,其立不偏,四者乾之德也。纯者,不杂于阴柔。粹者,不杂于邪恶。盖刚健中正之至极而精者,又纯粹之至极也。"(《周易本义·乾》)在这里,《易传》及朱熹不仅强调中正,而且更进一步揭示德性的内在规定性,即刚健与纯粹。君子或圣人应具有刚健、纯粹的德性,只有如此才能坚守"中正"。

儒家的圣人不只是道德上的纯粹者,还是坚持中正原则治国平天下的圣王。

> 无偏无党,王道荡荡;无党无偏,王道平平。(《尚书·洪范》)

这里,"无偏无党"从而达到王道"荡荡"与"平平",都在于强调中正所能够达到的效果,这与上述以水的性情所做的"不激"比喻是根本一致的。《管子》说:

> 为人君者,中正而无私。(《管子·五辅》)

"中正"也注定"无私",因为任何偏私都不可能实现王道的"荡荡""平平"。当然,也只有真正地做到了中正而无私,才有资格做统治天下的君王。周敦颐说:

> 天以春生万物,止之以秋。物之生也,既成矣,不止则过

焉，故得秋以成。圣人之法天，以政养万民，肃之以刑。民之
盛也，欲动情胜，利害相攻，不止则贼灭无伦焉。故得刑以治。
情伪微暧，其变千状。苟非中正、明达、果断者，不能治也。
（《通书·刑第三十六章》）

事实上，“中”而“无过不及”本质上就是最理想的境界，是一种极致。因
此，在为人处世和治国理政上，能够始终坚持中正原则，就是在一定意
义上达到了极致。这种精神体现在《尚书》中，就是“皇建其极”思想。

皇极：皇建其有极，敛时五福，用敷锡厥庶民。惟时厥庶
民于汝极，锡汝保极。（《尚书·洪范》）

在此，“极”即中，而“皇建其有极”，即“为君立其中道以成万事”，所谓
“保极”，即“守中道①”。“皇”本义为盛大、盛美，多赞美天，如《诗经·大
雅·皇矣》载：“皇矣上帝，临下有赫。”“皇”后演化为对神明、上帝的尊
称，进而演化出“三皇”，即天皇、地皇、人皇（或泰皇），而秦始皇统一天
下后称自己为“皇帝”，《史记》有相关记载：

王曰：“去‘泰’，著‘皇’，采上古‘帝’位号，号曰‘皇帝’。”
（《史记·秦始皇记》）

因此，在中国古人看来，作为最高统治者的君主，即“皇帝”，实际上
内在地蕴含着坚持中正原则以君临天下的精神。当然，这种意义上的

---

① 　郭齐勇主编：《中国古典哲学名著选读》，人民出版社 2005 年版，第 13 页。

权力极致,随着历史的发展已经丧失了存在的合理性。但不可否定的是,其中所蕴含的中国古人对中、适度和极致的价值追求,至今具有不可抹杀的意义。

## 三、中道:中国人为人处世的恒常法则

世界上各个民族的人们在认识和改造世界的过程中都自觉不自觉地形成了一些指导思想和行动的根本性原则。人们不仅将这些根本性原则贯彻于生活的各个领域,而且时时刻刻自觉遵循,将它们推崇为恒常法则。对中国人来说,"中"不仅是对事物自身存在状况、对人与事物相互作用过程中的发展状况和程度进行判断的根本尺度,还是为人处世的恒常法则,是需要终生奉行的道,即"中道"。中道是中华民族在长期生存实践中对各种事情和问题做出根本性评估从而指导思想和行动的核心生存法则,是最具有普遍意义和指导价值的原则。中道作为中国人为人处世的恒常法则,贯彻在日常生活之中,见诸行为之中,时时处处均有体现,因此也被称为"中庸之道"。

针对什么是中庸之道或中道,《中庸》载:

> 诚者,天之道也;诚之者,人之道也。诚者,不勉而中,不思而得,从容中道,圣人也。(《中庸·第二十章》)

如前所述,"中"指符合节度,"不勉而中"即不必勉强就符合,"从容中道"即自然而然地就符合"道",而这个"道",就是中道。"道"是法则、原则,具有普遍必然性和高度统摄性,能够贯彻生活的各个领域和为人做事的全部过程。孔子有很多思想,但他强调说:"吾道一以贯之。"(《论

语·里仁》)这种思想为荀子所继承：

> 百王之无变，足以为道贯。一废一起，应之以贯。理贯，
> 不乱；不知贯，不知应变。贯之大体未尝亡也，乱生其差，治尽
> 其详。故道之所善，中则可从，畸则不可为，匿则大惑。(《荀
> 子·天论》)

在此，荀子提出"道贯"的观念，所谓"道贯"，即一贯之道或一贯的原则。因此，孔子、荀子都提出了这种"一贯之道"的要求。那么，这种"一贯之道"究竟是什么呢？实际上，它就是"中道"。陈确指出："道止一中，过一分即是过，不及一分亦是过。"(《陈确集·别集·辰夏杂言·闻过》)也就是说，所谓的一贯之道，虽然有各种表述，如孔子称之为"忠恕之道"，但其核心精神归根结底就是中道，即"道止一中"，即处于任何情形和场合，人都应当把握适度、适中、中和、和谐，避免过与不及，避免极端化。

中国人时时处处都追求适度、适中、中和，将这种恒常不变的中道变成了每天必须坚守的法则，即"中庸之道"。针对什么是"庸"，何晏说："庸，常也，中和可常行之德。"(《论语集解·雍也注》)二程亦强调："不偏之谓中，不易之谓庸。中者天下之正道，庸者天下之定理。"(《二程集·河南程氏遗书》第七)这就是说，"庸"实际上指恒常、恒定、不变、不易。但是在这种意义之外，朱熹等人强调"庸"指"用"。

> 以性情言之，谓之中和；以礼义言之，谓之中庸，其实一
> 也。……以中和对中庸而言，则中和又是体，中庸又是用。
> (《朱子语类》卷六十三)

即在朱熹看来，"中和"与"中庸"本身是一回事，从性情发挥的角度来说，称之为中和，而从遵循礼义的角度来说，称之为中庸，它们不过是体与用的关系。

> 中、庸，只是一个道理，以其不偏不倚，故谓之"中"；以其不差异可常行，故谓之"庸"。未有中而不庸者，亦未有庸而不中者。惟中，故平常。（《朱子语类》卷六十二）

显然，在此，朱熹实际上融合了两个方面，即一方面中道是恒常的，另一方面这种恒常体现为常行不易。薛瑄继承了这一思想：

> "中"是性情恰好的道理，以其平常而不可易，故又谓之"庸"，非"中"之外别有所谓"庸"也。"中"之理所包甚大，存于心而不偏不倚，发于情而无过不及，以其可以常行不可易，故又谓之"庸"。（《薛瑄全集·读书录》卷八）

中道因为坚持中，做到不偏不倚，能够恒常不变，称为"中庸之道"。阮逸在阐释"中"时说："过则抑之，不及则劝之，皆约归中道。"[1]就"中庸"的定义究竟是什么，南怀瑾强调："简单明白地说，是以孔颖达所引用汉儒郑玄的解释为最恰当，最平实，即'名曰中庸，以其记中和之用也。庸，用也'。"[2]张岱年指出："《说文》：'庸，用也。'中庸即用中，指随

---

[1]　张沛撰：《中说校注》，中华书局 2013 年版，第 85 页。

[2]　南怀瑾：《话说中庸》，东方出版社 2015 年版，第 138 页。

时运用中的原则,处事恰如其分。"①楼宇烈也指出:"中庸实际上可以反过来讲,就是孔子讲的'执其两端,用其中'的'用中'的意思,强调过犹不及,要把握适当的度,把握中道。"②注重中道或中和之道,称其为"中庸之道",视其为体用统一的道,讲究其"用",说明在中国人看来,它本质上就是一个具有实践品格的原则。楼宇烈还强调:"只要掌握这样一个原则,掌握这个分寸,那不管大小事情,都可以做到得心应手。所以,中庸也可以说是中国人的一个实践原则。"③可以说,中道、中和之道、中庸之道就是鲜明地体现着中国传统哲学生活气息和生活智慧的为人处世的实践原则。

作为恒常的原则,中道具体地体现于现实生活之中,而中国古人常说的现实生活更多地指社会伦理道德生活。中庸之道所体现的中庸之德,是中国古人追求的最高的伦理道德德性和境界。孔子说:"中庸之为德也,其至矣乎!民鲜久矣。"(《论语·雍也》)即孔子是将中庸视为一种德的,而且是普通民众很难长期地坚持或做到的德。由于孔子并没有对"中庸"观念做进一步的解释,张岱年强调:"说'中庸之为德',而不是说'中庸之为道',足证中庸是指一种修养境界,而不仅是指一种抽象原则。"④如前所述,周敦颐在《太极图说》中指出:

圣人定之以中正仁义。

并自注:"圣人之道,仁义中正而已矣。"(《通书·道第六》)但中庸与中

---

① 张岱年:《文化与哲学》,中国人民大学出版社 2009 年版,第 76 页。
② 楼宇烈:《中国的品格》,南海出版公司 2011 年版,第 113 页。
③ 楼宇烈:《中国的品格》,南海出版公司 2011 年版,第 85 页。
④ 张岱年:《文化与哲学》,中国人民大学出版社 2009 年版,第 76 页。

正、中和毕竟还存在着区别,如上所述,朱熹强调:"以性情言之,谓之中和;以礼义言之,谓之中庸,其实一也。"即"中庸"是从遵从礼义规范角度来说的,强调的是性情发挥或言行举止符合礼义规范,达到了恰到好处、不偏不倚,即适当、适度,没有出现极端现象。显然,人能够做到这种境界,本质上是具有高度修养或德性的表现。朱熹还强调说:

> 君子之所以为中庸者,以其有君子之德,而又能随时以处中也。小人之所以反中庸者,以其有小人之心,而又无所忌惮也。盖中无定体,随时而在,是乃平常之理也。君子知其在我,故能戒谨不睹、恐惧不闻,而无时不中。小人不知有此,则肆欲妄行,而无所忌惮矣。(《四书章句集注·中庸》)

刘劭亦说:

> 是故兼德而至,谓之中庸。(《人物志·九征》)

楼宇烈指出:"中庸是什么样的德呢?它有两个根本的意义,一个就是中,即什么事情都要做到恰如其分,也就是要掌握一个度。中庸的庸是通常的意思,也就是用的意思。所以中庸也可以反过来讲'用中',即我们要'用'这个'中','中'可以说是一个常道。"[①]中道、中庸之道虽然是恒常的法则或"常道",但其运用却需要无比地灵活。甘绍平指出:"我们现实的实践表明,中庸、中道的确是人们应对道德两难时经常需要应用的原则,是一种不偏不倚、中正中和、把握均势、保持平衡、使人们不

---

① 楼宇烈:《中国的品格》,南海出版公司 2011 年版,第 85 页。

致迷失于任何一项极端的道德智慧。"①因此，中道、中庸之道本身是一种高妙的道德智慧，需要人们在极端复杂的动态变化中把握适度、适中、中和，做到恰到好处。

中道或中庸之道这种旨在既遵循规范和原则又追求和谐适度的道德智慧，如果没有辩证思维，不能领悟其奥妙，很容易遭到误解、误用，造成僵化、保守。

一方面，人们往往根据现实的伦理道德规范或礼义来判断是否适宜、适中或过犹不及，但如果只遵循社会日常生活中的伦理道德规范或礼义，而不考察这些规范或礼义本身是否具有合理性，不考虑行为是否最终达到了和谐的目的，那么，这种层次上对中道、中庸之道的坚持，意义是有限的，很容易陷于僵化和保守。张岱年指出："中庸至少包括两层意义，一肯定事物的变化到达一定限度即将转化为反面，二要求保持这一定限度，避免向反面转化。前一层意义是辩证的，后一层意义就背离了辩证法了。中庸观念承认对立面的转化，又要求遵循一定的标准。在通常情况下，遵循一定标准是必要的；但在变革的时代，须要打破旧标准建立新标准，中庸就表现出保守性了。"②在他看来，通常情况下人们做事必须把握限度，不能过和不及，但也要历史地看待事物的发展。他强调："许多事情的限度是随时代的演进而改变的。……在历史上，在一定的范围内，超越传统的限度，往往可以实现巨大的飞跃。如果固守'过犹不及'的中道，就不可能大步前进了。"③他甚至说："'中庸'观念，虽然在过去曾经广泛流传，但是实际上不能起推动文化发展的作

---

①　甘绍平：《伦理学的当代建构》，中国发展出版社 2015 年版，第 214 页。
②　张岱年：《文化与哲学》，中国人民大学出版社 2009 年版，第 27 页。
③　张岱年：《文化与哲学》，中国人民大学出版社 2009 年版，第 77 页。

用。所以,我以为,不能把'中庸'看做中国文化的基本精神。"①他总结说:"我认为,中庸不是无条件的,中庸观念不如'和'的观念更为重要。"②严格说,张岱年所说的亦不无道理,他所指出的问题应当引起警惕和重视。

另一方面,由于中庸的目的在于追求和谐,很多人不能理解它所希望达到的恰如其分的意义,简单地将其视为调和,导致中道、中庸之道的庸俗化、粗俗化。楼宇烈指出:"很多人误认为中庸就是无原则的调和,其实中庸恰恰是讲原则,有标准的,不能过度,也不能不及。中庸不是调和各方面的意见使之适中,或哪里力量强了就往哪里去,这种调和是'德之贼',是乡愿。也有一些人把中庸与折中主义混为一谈,这也是错误的。"③甚至如南怀瑾所说:"一般人们所谓的中庸,大概就是马马虎虎,糊涂敷衍的意思。也正如现代人用湖南话来说,就是和稀泥;用上海话来说,就是捣浆糊。万事得过且过,不必太认真,大概像煞有介事就可以,那便是中庸之道了。比较好一点来说,只要不左不右,应付得过去,自己不做任何确定的主张,做个随波逐流的滥好人,便是中庸之道了。这样地理解《中庸》,这样地用《中庸》,当然就会使人个个成为庸庸碌碌之辈,所谓国将不国,的确是误国之学,实是不值一谈。"④客观而言,至今仍然有不少中国人是以这种态度看待中庸之道的。因此,不能简单地将中庸视为调和或折中,而是要认识到中庸的实质在于用中,在于达到恰如其分,它不是不讲原则,恰恰是最讲究原则的,本质上体现

---

① 张岱年:《文化与哲学》,中国人民大学出版社 2009 年版,第 77 页。

② 张岱年:《客观世界与人生理想——平生思想述要》,载陈来主编:《张岱年选集》,吉林人民出版社 2005 年版,第 248 页。

③ 楼宇烈:《中国文化的根本精神》,中华书局 2016 年版,第 60 页。

④ 南怀瑾:《话说中庸·前言》,东方出版社 2015 年版,第 2 页。

为对原则恰如其分的运用和把握。作为做事的原则，即时时处处根据一定的原则、规范、标准来评判行为，避免过犹不及，做到适度、适宜或恰到好处、恰如其分，是中庸之道的根本精神。

中道思想对中国思想文化的形成有深远的影响，塑造了中华民族的文化心理和精神品格。林语堂指出："中庸之道在中国人心中居极重要之位置，盖他们自名其国号曰'中国'，有以见之。中国两字所包含之意义，不止于地文上的印象，也显示出一种生活的轨范。中庸即为本质上合乎人情的'常轨'，古代学者遵奉中庸之道，自诩已发现一切哲学的最基本之真理，故曰：中者天下之正道，庸者天下之定理。"①楼宇烈指出："中国传统文化强调，掌握中道，不偏不倚，看问题一定要看到事物的两面，然后以中道来加以平衡。"②他概括说："中国传统文化最根本的特点就是中庸之道。"③这种中道思想体现和贯彻于中国人生活的各个方面，人们用它来解决面临的各种复杂矛盾和问题，来规范和协调各种生活关系。在人与自然关系上，特别是人与动物关系上，尽管人生而食肉，却坚持中道思想，采取辩证的态度，既认真区别不同的动物，如服务于人类劳动的牲畜不轻易宰杀，又强调不能残忍地宰杀动物，孟子更强调"君子远庖厨"的仁爱理念。特别是，中道思想文化深刻地影响着中国人生活的各个方面和领域，非常具体而实用，因而使中国人的生活消除了宗教色彩。林语堂指出："中庸之道覆被了一切，包藏了一切。它冲淡了所有学理的浓度，毁灭了所有宗教的意识。"④

这种对中国人产生了深远影响的思想方法和原则，如上所述，并不

---

① 林语堂：《中国人的智慧》，陕西师范大学出版社 2007 年版，第 69 页。
② 楼宇烈：《中国文化的根本精神》，中华书局 2016 年版，第 21 页。
③ 楼宇烈：《中国的品格》，南海出版公司 2011 年版，第 207 页。
④ 林语堂：《中国人的智慧》，陕西师范大学出版社 2007 年版，第 69 页。

是完全无缺的。但从普遍的情况来看,中道、中和之道、中庸之道,的确是中华传统文化的基本精神,它广泛地影响着中国人的生活和为人处世方式;而从中华传统文化的创新和发展来说,与这种注重中和、适度、不偏不倚的中道、中庸之道相比,变易、变革、斗争思想更为重要。因此,要认识到中道、中和之道、中庸之道的根本精神,认识到在日常生活中时时处处做到适度、适中、恰到好处,既要避免过与不及、避免走极端的重要意义,又要避免将其庸俗化,尤其是要避免一味追求适度、适中、恰到好处而错失推动事物发生质变的最佳时机。可以说,这是我们实现中华优秀传统文化创造性转化和创新性发展时理应注意的关键问题。

# 第二节　中国人对万物和谐的价值追求

整个宇宙始终处于生成、演化的过程之中,一方面,万事万物在造化力量的推动之下生生灭灭,另一方面,万事万物共同遵循着宇宙间最普遍的规律和自身运动的规律,在相互影响和相互作用的过程中形成了和谐的秩序。宇宙的和谐、万事万物的和谐、人类社会的和谐、人们彼此间的和谐,成为人类向往和追求的价值目标。然而,和不仅是人们向往和追求的价值目标,在中国人看来,它更是事物和谐共生的根本条件。客观地摆正每个事物的关系,使其处于中的位置,就能够达到中和理想状态,乃至达到太和的最高理想境界。

# 一、和:事物的和谐状态与化生条件

万物何以能够生生不息? 从根本上说,事物之所以能够发生运动和变化,完全在于其内在的矛盾。内在矛盾处于激烈的冲突和斗争之中,双方力量不平衡,促使事物发生质和量的改变。虽然事物的内在矛盾,即内因是决定事物运动变化的根本动力,但是外因也极为重要。作为外因的环境和条件,客观地构成了事物得以发生变化的重要因素。全面地认识和评价内因外因在事物整体运动变化中的地位和作用,就成为能否深刻、正确地认识和把握事物的关键。据《尚书》记载,周武王向箕子请教治国安邦的道理。周武王感叹说:"呜呼! 箕子,惟天阴骘下民,相协厥居,我不知其彝伦攸叙。"(《尚书·洪范》)也就是说,周武王相信上天覆育下民,而他受命辅助人民和谐安居,但他却不知道治国安民的常理得以确立的根本原因。自觉地探索万物和谐的原因,是周武王突破现实政治统治活动而追溯深层次道理的表现。因此,中国人很早就激起了探索事物运动、变化的根本原因和条件的欲念,并形成了"和"(包括和谐、和顺等)是宇宙万物化生的根本条件的思想。

"和"乃宇宙万物生成化育的根本条件的思想,最早反映于《国语》记载的史伯的观点。史伯说:

> 夫和实生物,同则不继。以它平它谓之和,故能丰长而物生(归)之;若以同裨同,尽乃弃矣。(《国语·郑语》)

这种意义上的和主要指"和谐"或"合和"。所谓"和实生物",就是各种不同因素实现了和谐,彼此搭配、互补、协调,事物就能够发展,而完全相同的东西则没法继续发展下去。《庄子》外篇说：

> 至阴肃肃，至阳赫赫。肃肃出乎天，赫赫发乎地，两者交通成和而物生焉。（《庄子·田子方》）

在这里，庄子学派的人亦承认"和而物生"的道理。《管子》说：

> 和乃生，不和不生。察和之道，其情（精）不见，其征不丑。（《管子·内业》）

陈鼓应译为："有了和气就有生命，没有和气就没有生命。考察和气，其中的精微不可察见，其中的信验也不可言喻。"①在他看来，稷下道家这种重视由天与地相互作用产生精与形之"和"的思想，继承了老庄相关的思想，都承认和是万物生成的根本条件。荀子指出：

> 列星随旋，日月递炤，四时代御，阴阳大化，风雨博施。万物各得其和以生，各得其养以成。（《荀子·天论》）

荀子更加明确地强调了万物之所以能够生，根本上在于能够"各得其和"，也就是说，万物内部的和谐就是自身生长的条件。在荀子看来，这种"各得其和以生"的原则实质上体现在人类社会生活的方方面面：

> 弓矢不调，则羿不能以中微；六马不和，则造父不能以致

---

① 陈鼓应注译：《管子四篇诠释》，商务印书馆2016年版，第124页。

远。(《荀子·议兵》)

荀子强调协调统一,但他深刻地认识到协调统一得益于各种因素彼此的搭配与和谐。正如陈来所强调的:"不同事物的调和、融合才能生成繁盛的、新的事物。差别性、多样性、他性的存在是事物生长的前提,多样性的调和是生生的根本条件。"[①]赵汀阳亦指出:"'和'是多样配合,'同'是普遍同一。'同'之所以不可取,就在于'同'消除了事物的多样性和丰富性,使生活失去意义和生机,而且没有一种生物能够独活;'和'则是万物之生机所在,多样性和丰富性的互补配合使万物得以成长。因此,和是万物存在和生长的条件。"[②]因此,和是事物生成化育的必要的、根本的条件。正是由此,《吕氏春秋》强调:

天地合和,生之大经也。(《吕氏春秋·有始》)

"和"有兼容并包的意思,厚德载物就是这种兼容并包精神的体现。《管子》说:

夫五音不同声而能调,……五味不同物而能和。(《管子·宙合》)

在中国古代,"五音"指宫、商、角、徵、羽,而"五味"指酸、甜、苦、辣、咸,

---

① 陈来:《中华文明的核心价值:国学流变与传统价值观》,生活·读书·新知三联书店 2015 年版,第 33 页。
② 赵汀阳:《天下的当代性》,中信出版社 2015 年版,第 90—91 页。

即五种不同的声音能够相互协调成和谐的美乐,而五种不同味道的调料能够相互调和成美味。显然,这一说法虽然与史伯说法不矛盾,但意思有所区别。

> 于是先王聘后于异姓,求财于有方,择臣取谏工而讲以多
> 物,务和同也。声一无听,物一无文,味一无果,物一不讲。
> (《国语·郑语》)

这是从两个方面说明了多种因素相互配合、协调的重要意义。针对"和"究竟意味着什么,张岱年指出:"中国古代哲学中所谓和有两层意义:(1)西周末年史伯云:'以他平他谓之和。'(《国语·郑语》)以他平他即会合不同的事物而达到平衡,即多样性的统一。(2)汉初贾谊云:'刚柔得道谓之和,反和为乖。'(《贾子·道术》)和即相互顺应,不相冲突。一般所谓调和、和顺,都是此义。第一层意义强调必须包容不同的方面,第二层意义强调不同方面必须相互顺应,避免冲突。两层意义的'和为贵',对于中国文化的发展都有深刻影响。"[1]在现实治国理政问题上,张岱年指出:"什么叫'和'? 就是重视不同的意见,吸收容纳其中正确的部分,这就是'和'。晏子解释说:'君所谓可,臣献其否。'——这样就叫做'和',如果君说可,臣不敢提不同意见,就叫做'同'。"[2]因此,"和"区别于"同",即"和"在于能够容纳不同的内容或意见,而"同"只意味着具有完全相同的内容,实质上是单一、整齐划一的。楼宇烈强调,和谐、平衡不是简单的比例关系,很多事情不能一概而论。他说:"和

---

[1]　张岱年:《文化与哲学》,中国人民大学出版社 2009 年版,第 6 页。
[2]　张岱年:《文化与哲学》,中国人民大学出版社 2009 年版,第 94 页。

谐、平衡不是我迁就你，你迁就我，而是你尊重我，我尊重你，保持各自的差异和特点，不需要改变我的看法来附和你，也不需要改变你的看法来附和我，这才叫和谐、平衡。"[①]赵汀阳强调："把'和'翻译为 harmony 是不准确的，因为 harmony 暗示某种整齐划一的和谐。'兼容'才是正确理解，兼容才是和而不同。"[②]安乐哲亦指出："我们会把'和'翻译成 harmony，但这是不够的。'礼之用，和为贵'，其中的'和'意味着最大化，即我们在人群中能够得到最多。"[③]因此，对于中国传统文化中的"和"，我们不能简单地用英文"harmony"来翻译，而应认识到它在中国语境中的意义，这蕴含着综合、兼容与会通，蕴含着彼此相互尊重与共生共赢。可以说，正是看到中国传统文化中各思想流派都普遍地认识到这一点，楼宇烈概括说："中国传统文化的根本特点之一是：观念上的'和而不同'和实践中的整体会通。……尚'和'而卑'同'是中国传统文化中的一个重要观念，'和'是综合会通的意思，'同'是单一附和的意思。任何事物，只有不断地综合会通才能发展创新，若是一味地单一附和则将萎缩死亡。"[④]从根本上说，中国传统文化就是一种体现着和而不同、兼容并包精神的和谐文化。

　　"和"更是中国人参与宇宙生命生成演化所遵循的最高价值原则和所追求的最高理想境界。和的观念早在《尚书》中就已经出现。《尚书》记载帝尧的伟业说：

　　　　克明俊德，以亲九族。九族既睦，平章百姓。百姓昭明，

---

①　楼宇烈：《中国文化的根本精神》，中华书局 2016 年版，第 90 页。
②　赵汀阳：《没有答案：多种可能世界》，江苏凤凰文艺出版社 2020 年版，第 37 页。
③　陈来：《儒家文化与民族复兴》，中华书局 2020 年版，第 263 页。
④　楼宇烈：《中国文化的根本精神》，中华书局 2016 年版，第 220 页。

协和万邦。黎民于变时雍。(《尚书·尧典》)

所谓"协和万邦",就是指帝尧使各个部落关系和谐、和睦。此后,和成为重要的价值理想。孔子弟子有若说:"礼之用,和为贵,先王之道,斯为美。"(《论语·学而》)即礼所发挥的作用以和谐、恰当为可贵,过去圣明君主治理国家,最可贵的地方就在这里。中国古人对和这种价值的认识和感悟源自天地运行和万物演化的秩序。儒家的礼乐思想最能够反映对天地万物和谐的效法。

乐者,天地之和也。礼者,天地之序也。和,故百物皆化;序,故群物皆别。乐由天作,礼以地制,过制则乱,过作则暴。明于天地,然后能兴礼乐。(《礼记·乐记》)

故乐者,天地之命,中和之纪,人情之所不能免也。(《礼记·乐记》)

乐极和,礼极顺,内和而外顺,则民瞻其颜色而弗与争也。(《礼记·乐记》)

是故乐在宗庙之中,君臣上下同听之则莫不和敬;在族长乡里之中,长幼同听之则莫不和顺;在闺门之内,父子兄弟同听之则莫不和亲。故乐者,审一以定和,比物以饰节,节奏合以成文,所以合和父子君臣、附亲万民也。是先王立乐之方也。(《礼记·乐记》)

大乐与天地同和,大礼与天地同节。和,故百物不失;节,故祀天祭地。(《礼记·乐记》)

上述几段话包含至少五层意义:(1)天地和谐,百物皆能化育生长。(2)

天地所呈现出来的秩序与和谐,是人不可回避和否定的,人应当模仿天地和谐以制定乐。(3)由天地和谐秩序得到启发而模仿制定的礼乐,规范了人类社会生活中的各种关系,使人与事物处于和谐秩序中,避免了混乱无序。(4)只有乐达到高度的和谐,礼达到高度的顺畅,内和而外顺,治理天下才能和谐顺畅,因而在任何场合,乐发挥着使各种关系和谐、和顺的作用。(5)最高意义上的乐,与天地相和谐,最高的礼义与天地具有共同秩序,由此万物各得其所。既然乐有上述诸种价值和意义,《礼记》总结说:

> 故乐行而伦清,耳目聪明,血气和平,移风易俗,天下皆宁。(《礼记·乐记》)

无疑,"天下皆宁"就是从"乐"这一维度所实现的天地万物和谐的最理想境界或状态。《淮南子》深化了这种思想,从气、阴阳解释万物生长与四季更替:

> 天地之气,莫大于和。和者阴阳调,日夜分而生物。春分而生,秋分而成,生之与成,必得和之精。故圣人之道,宽而栗,严而温,柔而直,猛而仁。太刚则折,太柔则卷,圣人正在刚柔之间,乃得道之本。积阴则沉,积阳则飞,阴阳相接,乃能成和。(《淮南子·氾论训》)

在此,"和"是"天地之气"运化的最高境界和最佳状态,因为"和"意味着阴阳协调、日夜分判、万物生长、四季运行。《淮南子》尤其强调圣人由此得到感悟和启发,而圣人之道,其实质就是和,体现了阴阳、刚柔的最佳结合。

中国古人对"和"这种价值的重视体现于社会生活的各个方面。孟子非常重视"和",认识到"和"在治国安邦方面的重要意义。在他看来,"天时""地利"和"人和"是保障国家安全的三个重要条件,但相比而言,他更重视"人和",因而强调:

> 天时不如地利,地利不如人和。(《孟子·公孙丑下》)

无疑,孟子更深刻地认识到治国安邦归根结底在于得人,在于实现整个国家、社会的人心和睦、和谐、统一。荀子也强调:

> 上不失天时,下不失地利,中得人和,而百事不废。(《荀子·王霸》)

《汉书》记载公孙弘在评述汉武帝治理国家的成效时说:

> 今人主和德于上,百姓和合于下,故心和则气和,气和则形和,形和则声和,声和则天地之和应矣。(《汉书·公孙弘传》)

周敦颐说:

> 礼,理也;乐,和也。礼,阴也;乐,阳也;阴阳理而后和,君君、臣臣、父父、子子、兄兄、弟弟、夫夫、妇妇,万物各得其理,然后和。故礼先而乐后。(《通书·礼乐第十三章》)

中国古人重视礼乐使人际和谐的思想影响深远。楼宇烈指出："社会是一个群体，用礼来把这个群分成各种不同的身份、地位、等级，明确各自不同的责任、权利、义务；同时又通过乐教来使得这个有不同等级的社会达到和谐一体。人们通过乐来表达自己的志向、情感，通过乐来交流，从而构建起和谐的人际关系。在中国文化中，礼、乐这两个方面是紧密结合在一起的。通过礼乐教化使人成为一个真正的人、合格的人、有高尚品德的人。"①中国古人也认识到统兵作战取胜的关键在于全军人心的和谐统一：

> 师克在和，不在众。（《左传·桓公十一年》）

这就说明，单纯的人数众多并不是克敌制胜的关键因素，乌合之众不如人数上虽不占优势但思想统一、行动一致的精干队伍。针对统帅来说，韩非子强调：

> 积德而后神静，神静而后和多，和多而后计得，计得而后能御万物，能御万物则战易胜敌，战易胜敌而论必盖世，论必盖世，故曰"无不克"。（《韩非子·解老》）

在此，韩非子更深入将帅的内心和精神世界，强调积德而内心宁静和谐、从容筹划从而统御万物、克敌制胜的重要意义。李渔亦强调：

> 有务本之法，止在善和其心。心和则百体皆和。即有不

---

① 楼宇烈：《中国的品格》，南海出版公司 2011 年版，第 177—178 页。

和,心能居重驭轻,运筹帷幄,而治之以法矣。(《闲情偶寄·颐养部·却病第五》)

即"心和"是实现生活中一切方面和谐的前提和基础。《礼记》说:

夫敬以和,何事不行?(《礼记·乐记》)

中国人讲究"家和万事兴",就是认识到"和"是人们推进事业繁荣发展的重要条件。

与之相反,中国人也认识到违背"和"的危害。《管子》说:

上下不和,虽安必危。(《管子·形势》)

刘向指出:

桓公曰:"金刚则折,革刚则裂;人君刚则国家灭,人臣刚则交友绝。"夫刚则不和,不和则不可用。是故四马不和,取道不长;父子不和,其世破亡;兄弟不和,不能久同;夫妻不和,室家大凶。《易》曰:"二人同心,其利断金。"由不刚也。(《说苑·敬慎》)

韩星指出:"中国传统文化的和谐思想内容非常丰富,集中体现在四个方面,即天地人(宇宙)的整体和谐,人与社会关系的和谐,人与人关系的和谐，人与自身（内在精神世界）关系的和谐。"①因此，对和的价值追求体现在中国人生活的方方面面，中国人正是根据这种价值追求来为人处世的，来塑造和建构自己的生活世界的。

当然，中国古人，特别是儒家学派，相信只有具备极高的德性修养、全面地认识和体验天地之和，才能实现社会生活各领域的和谐，内心虚伪奸诈则无法达到这一最高境界。孔子强调：

> 君子和而不同，小人同而不和。（《论语·子路》）

即只有具备宽容之德的君子，能够容纳其他人的意见，实现彼此间的和谐，小人则盲从附和只求完全一致，却不追求不同意见的协调统一。

> 故君子和而不流，强哉矫！中立而不倚，强哉矫！国有道，不变塞焉，强哉矫！国无道，至死不变，强哉矫！（《中庸·第十章》）

这是说，君子和顺而不随波逐流，坚持自己的中立而不偏不倚，在任何环境里都始终不改变自己的操守和志向，才是真正的强。因此，君子拥有自己的德性，既能够容纳其他人，也能够坚守自己的立场、操守和志向，不为任何外在环境和因素所改变。

> 和于形容，见于肤色。（《管子·内业》）

---

① 韩星：《社会主义核心价值观植根于中华文化沃土》，载张岂之主编：《中华文化的底气》，中华书局 2017 年版，第 102 页。

达至道者则不然，理情性，治心术；养以和，持以适；乐道而忘贱，安德而忘贫；性有不欲，无欲而不得；心有不乐，无乐而弗为；无益情者，不以累德；而便于性者，不以滑。故纵体肆意，而度制可以为天下仪。（《淮南子·精神训》）

与之相反，《礼记》说：

心中斯须不和不乐，而鄙诈之心入之矣。（《礼记·乐记》）

即人若内心不和、不乐，卑鄙、奸诈的观念就会进入人心。《淮南子》对具有不同德性修养的孔子弟子进行了点评，指出：

夫颜回、季路、子夏、冉伯牛，孔子之通学也。然颜渊夭死，季路菹于卫，子夏失明，冉伯牛为厉，此皆迫性拂情，而不得其和也。（《淮南子·精神训》）

也就是说，这些人都是孔子的通学弟子，但由于性情并不舒展、自然，实际上都没有实现自身的和谐，都有所不足。《淮南子》还描述了"和"所具有的性状：

无为为之，而合于道；无为言之，而通于德；恬愉无矜，而得于和；有万不同，而便于性。神托于秋毫之末，而大与宇宙之总。（《淮南子·原道训》）

圣人不以身役物，不以欲滑和。（《淮南子·原道训》）

"滑"（gǔ），即滑乱、扰乱，"滑和"即圣人不让身受外物的役使，不让欲望扰乱内在的和谐。薛应旂指出：

> 君子和而不流。圣人与天地同流，唯其与天地同流，所以
> 和而不流也。（《薛子庸语》）

因此，只有真正的圣人，具有高度道德修养的人，才能彻底摆脱外在环境、条件或因素对内心的扰乱，实现内外充分的和谐。

## 二、中和：万物和谐共生的理想境界

客观的宇宙是一个由万物彼此联系、相互作用构成的复杂整体。在人所创造和建构的生活世界或天地里，万物以新的形象、属性、功能、价值和意义形成了共处共在的和谐关系。中国人所追求和向往的万物和谐共处的理想境界实际上就是"中和"。"中和"概念不仅内在地蕴含着"中"，即事物自身内在的和谐稳定状态，而且蕴含着"和"，即万物和谐共生的理想境界。《中庸》云：

> 中也者，天下之大本也；和也者，天下之达道也。致中和，
> 天地位焉，万物育焉。（《中庸·第一章》）

在此，"中"是万物存在的根本，它意味着事物自身的和谐，是每个事物得以稳定存在或保持最佳状态的根本条件，而"和"说明不同事物达到了和谐共处。天地各正其位，万物得以生成发育，整个宇宙和谐、和睦实际上就是最高的理想境界。中国人不仅认识到"和"是自然界万物生

成化育的根本条件,而且将这种深刻体悟推广到人类社会生活的各方面,认识到"和"是各方面生活顺畅、事业成功的根本前提。司马光对"中和"有深刻的体验和感悟:

> 光闻一阴一阳之谓道,然变而通之,未始不由乎中和也。阴阳之道,在天为寒燠雨旸,在国为礼乐刑赏,在心为刚柔缓急,在身为饥饱寒热。此皆天人之所以存,日用而不可免者也。然稍过其分,未尝不为灾。是故过寒则为春霜、夏雹,过燠则为秋华、冬雷,过雨则为淫潦,过旸则为旱暵。礼胜则离,乐胜则流,赏僭则人骄溢,刑滥则人乖叛。太刚则暴,太柔则懦,太缓则泥,太急则轻。饥甚则气虚竭,饱甚则气留滞,寒甚则气沉濡,热甚则气浮躁。此皆执一而不变者也。善为之者,损其有余,益其不足,抑其太过,举其不及,大要归诸中和而已矣。故阴阳者,弓矢也;中和者,质的也。弓矢,不可偏废,而质的不可远离。《中庸》曰:"中者,天下之大本也;和者,天下之达道也。致中和,天地位焉,万物育焉。"由是言之,中和岂可须臾离哉!(《司马光集·卷六一·答李大卿孝基书》)

"中和"本质上表现为各个方面的因素相辅相成,形成了不偏不倚的状态。

对于自然界客观的事物来说,如果它自身内部各因素能实现相辅相成,就达到了中和状态;对于人来说,如果七情六欲皆能符合社会礼义规范,即达到了适宜的状态,也就是中和状态。因此,陈淳说:

> 已发之中,当喜而喜,当怒而怒,那恰好处,无过不及,便

是中。此中即所谓和也。(《北溪字义·中和》)

聂豹强调：

> 过与不及，皆恶也。中也者，和也，言中即和也。致中而
> 和出焉。(《明儒学案·卷十七·困辨录》)

"过"与"不及"皆是根据现实的礼义规范而对人的当下行为做出的评判，两者皆有问题，而"中"则意味着"和"，努力追求"中"就能促成"和"。朱熹说：

> "中和"二字，皆道之体用。(《传习录·附录·朱子晚年
> 定论·答或人》)

王恕说：

> 天下之事，处之得中则成，不得中则不成，故中为天下处
> 世之大本。天下之事，行之以和则行，不和则不行，故和为天
> 下行事之达道。(《明儒学案·卷九·石渠意见》)

"中"为处世之"大本"，"和"为行事之"达道"，两者只是内外、体用而已，本不可分割。

实际上，在现实生活中，人所遇到的很多事情都是多种因素综合作用的结果，都需要辩证地看待。谭嗣同说：

　　有利必有害,有损必有益,相纠相寻,至于无尽,此君子所
以贵乎中也。……是知天地万物果为一体,心正莫不正,心乖
莫不乖,而决无顽空断灭之一会,此君子所以贵乎和也。中和
所以济阴阳之穷也。然中和亦分阴阳:中,体也,静之类也;
和,用也,运之类也。然中之中,和之中,亦各有阴阳,偏全纯
驳,过不及是也。(《石菊影庐笔识·思篇八》)

即在谭嗣同看来,"中"与"和"各有侧重,其各自内部实际上亦可深入分
辨,因而必须辩证地看待中和,切不可偏执,造成过与不及。

　　从根本上说,和、和谐本身存在着程度高低问题,并没有既定的标
准。在各种复杂的环境和条件下,面对不同的情形,人实际所塑造出来
的和、和谐,其表现更是千差万别。"太和"为"和之至",该词最早出现
在《易传》中:

　　保合大和,乃利贞。(《易传·乾·象》)

在此,"大"读为太,而"太和"即极其和谐。贾谊说:

　　制服之道,取至适至和以予民,至美至神进之帝。(《新
书·服疑》)

在此,"至和"也是"太和"的意思。针对"太和"本质上意味着什么,最具
有代表性的解释来自张载的《正蒙》。

　　太和所谓道,中涵浮沈、升降、动静、相感之性,是生细缊、

相荡、胜负、屈伸之始。其来也几微易简,其究也广大坚固。
起知于易者乾乎! 效法于简者坤乎! 散殊而可象为气,清通
而不可象为神。不如野马、絪缊,不足以谓之太和。(《正蒙·
太和》)

显然,在张载这里,"太和"的境界极高,它意味着和谐的极致,即最理想
的境界或最佳的状态,而且其本身不是脱离客观事物的抽象的、空洞的
和谐。"太和"作为和谐的最高境界,是事物彼此作用所形成的最佳存
在状态,而这源于阴阳二气的和谐。朱熹指出:

"太和",阴阳会合冲和之气也。(《周易本义·乾》)

在此,朱熹明确强调"太和"本质上是阴阳二气相互作用——会合所形
成的冲和状态,或者说,是阴阳二气通过会合这种相互作用而形成的冲
和之气。因此,不能简单地将太和看成是一种抽象状态。针对张载对
"太和"的解释,王夫之注曰:

太和,和之至也。道者,天地人物之通理,即所谓太极也。
阴阳异撰,而其絪缊于太虚之中,合同而不相悖害,浑沦无间,
和之至矣。未有形器之先,本无不和,既有形器之后,其和不
失,故曰太和。(《张子正蒙注·卷一·太和》)

如果说最初意义上的太和仅仅意味着阴阳二气的冲和状态,意味着阴
阳二气的最佳和谐,那么,由此延伸而拓展出来的太和概念,是指天地
万物之间最理想的、最佳的和谐状态,即人所追求的至高境界。

中和及其最高境界太和，因为揭示了天地万物最理想的、最和谐的状态，也是中国人为人做事所遵循的最高价值原则和追求的最高生存境界，在日常生活中体现为中国人的中庸处世原则。在与唯物辩证法的核心精神对比中，董洪根指出："唯物辩证法的实质和核心就是关于对立面统一的学说，它认为事物又好又快地发展在于对立面的统一关系，事物的最佳发展就在于矛盾对立面之间的最佳统一状态中，而'和'正是表征着对立面之间的最佳统一协同关系，传统的'中''中和'或'和合'正是在追求实现对立面之间形成一种最优统一或同一关系，即结构上最佳的'不偏不倚'关系和数量比例上最佳的'无过不及'关系，由此实现最佳的'共生共荣'发展。这是万事万物不能违背的普遍发展规律，这是'大本''达道'，是'中和之道'。"①事实上，中和之道及中和精神体现在中国人生活的方方面面，融入中国人的骨髓和血脉之中。陈来强调："中华文化在五千年的发展中，以儒家倡导的仁孝诚信、礼义廉耻、忠恕中和为中心，形成了一套相当完整的价值体系。这一套中华文化的价值体系，深刻影响了中国政治、法律、经济制度建设和政策施行，支撑了中国社会的伦理关系，主导了人们的行为和价值观念，促进了中华民族凝聚力的形成，支配和影响了中国历代与外部世界的关系。这一套体系是中华民族刚健不息、厚德载物精神的价值基础和根源，亦即中华民族精神的价值内涵。"②在陈来所概述的中华文化价值体系中，"中和"实际上构成了这一整套价值体系的最终价值。

当然，虽然"中和"是人们自觉、自愿追求的目标，但不能一味不分

① 董洪根：《习近平同志对中华"和"文化的传承创新》，载张岂之主编：《中华文化的底气》，中华书局 2017 年版，第 150 页。
② 陈来：《儒家文化与民族复兴》，中华书局 2020 年版，第 188 页。

原则地讲究和、委曲求全。因为如果那样,所得到的只是表面的和,而不是实质上的和,即虽是一团和气,其间必然蕴含着不可化解的矛盾和冲突。

# 第三节　执中致和:方法与价值相统一的核心原则

现实生活中各方面关系的和谐,不是人消极等待的必然结果,而是人自觉追求和创造的成就。《尚书》说:"人心惟危,道心惟微;惟精惟一,允执厥中。"(《尚书·大禹谟》)中国人向来重视对和、中和、太和的自觉追求,尤其体现在儒家所倡导的"执中致和"精神中。实现天人合一、身心和谐、家庭和睦、邻里融洽、天下太平、世界和谐是中国人的根本价值取向,其核心是"和"。和是通过自觉的"执中"实现的。可以说,"执中"是"致和"的根本原则,"致和"是实现"和"的现实努力。"执中"而"致和"所达到的"和",即为"中和"。"执中致和"体现了中华传统生活哲学存在论、意识论、价值论和方法论的统一,其根本目的在于达到"和谐""和顺""和善""和美""和乐"等理想境界,归根结底达到真善美乐相统一的至高境界。

## 一、执中:对中道的秉持

执中是在具体环境、条件和形势下秉执中道的积极行为。从根本上说,中道作为一种恒常法则,体现着人的价值原则和理想追求,人们只有在不同的环境、条件和形势下自觉地坚持和运用它,才能现实地创造出生活的和谐,才能规范和协调生活中各种事物与自身之间的关系,才能科学地把握和驾驭自己的生活,才能不断地提升和改善生命的质量、状况和境界。

中道作为有效指导人们思想和行动的法则,如果停留在抽象的思想上而不能落实到现实生活之中,本质上就是无意义的。如前所述,《中庸》载:"道也者,不可须臾离也,可离非道也。"作为指导生活的原则、法则,中道是人须臾不可离的,必须时刻体现和运用在生活之中。如前所述,中道体现于日常生活之中,称为"中庸之道"。中庸即意味着中或中道思想在日常生活中的运用,它本身就是中道思想的实践原则,以指导人们实现和。然而,问题是,在日常生活中运用和坚持中道并非易事。《中庸》记载了孔子对人们学习、贯彻、坚持中道的态度和效果的评述。孔子承认人们知道中道的价值和意义,但可惜的是,他们并不能很好地坚持中道。孔子指出:

> 人皆曰"予知",驱而纳诸罟擭陷阱之中,而莫之知辟也;
> 人皆曰"予知",择乎中庸而不能期月守也。(《中庸·第七章》)

这是说,人人都认为自己明智,但在利欲的驱使下却像野兽那样落入罗网陷阱,竟不知如何躲避;他们纵使选择了中庸之道,却连一个月都难以坚持下来。所以孔子感叹说:

> 中庸其至矣乎! 民鲜能久矣! (《中庸·第三章》)

孔子的这句话,还出现在《论语》中:

中庸之为德也,其至矣乎! 民鲜久矣。(《论语·雍也》)

尽管这两句话存在着出入,但其基本精神是一致的,说明孔子是有这种思想的。如前所述,《中庸》记载孔子感叹说:

天下国家可均也,爵禄可辞也,白刃可蹈也,中庸不可能也。(《中庸·第九章》)

就是说,中庸作为道德原则,是很难坚持的。人们认识和了解中道、中庸却不意味着能够将其很好地贯彻运用于现实生活之中,特别是不能持之以恒。

在传统观念中,能够长年累月在生活的每个领域都秉执中道的人,就称得上君子乃至圣人。这些人之所以能够成为君子乃至圣人,关键就在于他们在认知、能力和素质等方面超越了普通人。《孟子·尽心上》记载,孟子的弟子公孙丑感叹说:

道则高矣,美矣,宜若登天然,似不可及也。何不使彼为可几及而日孳孳也?

孟子回答说:

大匠不为拙工改废绳墨,羿不为拙射变其彀率。君子引而不发,跃如也。中道而立,能者从之。(《孟子·尽心上》)

即在公孙丑看来,道的境界很崇高、很完美,追求它难如登天,似乎不可能达到。他问孟子,为什么不使它成为有希望达到的目标,以使人们每天孜孜不倦地追求呢? 孟子则回答说,高明的工匠不会为拙劣的工匠废弃绳墨,后羿不会为拙劣的射手变更拉弓的标准,君子确立标准,而有能力的人便会跟从他。即在孟子看来,君子或圣人所确立的最高标准或境界,虽然在普通民众的现实生活中很难得到贯彻和坚持,但它对那些有能力且善于追求和学习的人来说,依然具有价值和意义。《中庸》非常肯定人的这种自觉努力,强调:

> 有弗学,学之弗能,弗措也;有弗问,问之弗知,弗措也;有
> 弗思,思之弗得,弗措也;有弗辨,辨之弗明,弗措也;有弗行,
> 行之弗笃,弗措也。人一能之,己百之;人十能之,己千之。果
> 能此道矣,虽愚必明,虽柔必强。(《中庸·第二十章》)

显然,真正能够一如既往地在日常生活中秉执中道的人,就是能主动、踏实学习、询问、思考、辨别、行动和作为的人,因为坚持,他们学有所能、问有所知、思有所得、辨有所明、行有所果,因而超越多数普通人,自然而然就变得聪明、强大。尽管孔子、孟子都承认中道、中庸在现实生活中的贯彻和坚持存在着很大的困难,但他们也都强调人若自觉地努力学习、思考、追求和践行,还是能够不断改善和进步的。

人对中道的贯彻、坚持,除了自觉地学习、询问、思考、辨别、追求和践行,根本上还在于如何在极端复杂的环境、条件或境遇中就自身所面对的事情找到现实的切入点。无疑,在现实生活中,每个人所身处的环境和条件都极不相同,所遭遇和面对的事情都极为复杂,其中涉及各种因素,因而对事情发展、变化的规律和趋势的把握,特别是对关键时刻的适度点的判定和驾驭,实际上都是极为艰难的事情。如前所说,任何

人都明白需要适度,却不是所有人都清楚适度点在哪里以及如何找到适度点。适度点实际上始终处于动态变化之中,只有身临其境、当下在场而又胸怀大局、头脑清醒的人,才能立足生活场景洞察事情的发展和变化,才能根据事情的来龙去脉科学地判断事情发展变化的趋势和结果,才能根据自己的能力、条件和目的去规范和协调与周围环境或他人的关系,才能清楚地判断动态适度点,从而及时有效地捕捉它,使自己的行动击中它、符合它。

执中,就是秉持中道,本质上是人在具体环境、条件和形势下贯彻、坚持中道的积极行为。在此过程中,人不仅需要内心深刻地领悟中道的核心精神,即中道本质上在于促使自己达成与事物和谐、和睦的状态,使自己的行为适中、适度,不可过和不及;还要在具体的环境、条件和形势下真切地找到和把握好事情发展、变化的动态适度点,使事情各个方面的因素发生变化,从而达成和谐。总之,执中是一种充满着生活实践智慧的方法论,人不仅要有清醒的原则意识,更要有实际的有力行动。

# 二、致和:对和谐的追求

人自觉创造和建构出来的天地,体现着生活主体的价值追求,每个人都需要为了自己所希望的、理想的和谐状态而不懈追求。所谓"致和",就是自觉地追求和谐。对人而言,生活世界最理想的和谐境界并不会自然而然地出现,只有通过自觉追求和努力创造才能成为现实。

和谐作为人所期望的理想境界或状态,对于人类生活来说并不是必然地存在的。孔子的弟子有若指出:

> 礼之用，和为贵。先王之道，斯为美，小大由之。有所不
> 行，知和而和，不以礼节之，亦不可行也。(《论语·学而》)

这就是说，尽管知道礼的最高境界为和，"和为贵"是为人处世的价值原则，但人们如果不能根据具体情形恰当地遵循这一原则，特别是不以礼的规范制度加以节制，在现实中也是行不通的。因此，和谐并不是业已存在的客观实际状态，而是需要人根据各种具体环境、条件和形势去努力追求和创造的。《中庸》指出：

> 致中和，天地位焉，万物育焉。(《中庸·第一章》)

"致中和"就是达到中和的境界。对于人来说，不仅不可须臾远离中和，还应自觉地追求以达到，所谓"致"，就是人的自觉的、能动的主体性追求，是有目的和意志的结果。聂豹说：

> 过与不及，皆恶也。中也者，和也，言中即言和也。致和
> 而和出焉。(《明儒学案·卷十七·困辨录》)

所谓"致和而和出焉"，即通过努力追求，"和"才出现。换句话说，"和"是人自觉主动地追求和创造的结果。楼宇烈强调："中国文化提倡认识自我，主要是认识人的本性。它强调人在天地万物中，既和万物一样，又和万物不同。人具有主动性和能动性，在万物中拥有最大的自由。这种主动性应当正确使用，任意妄为就会损害本性。因此在实践原则中，中国文化坚持'中'与'和'，'中'就是恰如其分，'和'就是平衡，不做

过分的事。"①孔子两次提到"敏则有功"（《论语·尧曰》和《论语·阳货》），即强调勤快地工作就能够取得成效，取得重大成果。孔子要求弟子要"敏于事而慎于言"（《论语·学而》），要"讷于言而敏于行"（《论语·里仁》），即相对表态或发言来说，他更强调勤快地做事，积极地行动。他非常欣赏"敏而好学"（《论语·公冶长》）的孔文子，而他自己在学习上有不懂的学问则"敏以求之"（《论语·述而》）。张岱年说："我认为，中国文化的基本精神来自儒家哲学，来自儒家所提倡的积极有为、奋发向上的思想态度。"②孔子"发愤忘食，乐以忘忧"（《论语·述而》）的刚毅精神，《周易》"天行健，君子以自强不息"的自强精神，都强烈地表达了努力向上、坚忍不拔、勉力向前、孜孜不倦、绝不懈怠的执着追求精神。这种精神浸染于中国人生活的方方面面，影响和塑造着中国人的文化心理和品格，成为中国人身上不可剥夺的内在品质。

　　需要明白的是，当人的自觉意识潜移默化，当人的刻意行为变成习惯和下意识的行动，原本需要时刻警醒自己的执着努力就变成了最自然的行为。因此，致中和的最高境界不再是刻意执着地努力追求的结果，而是自然而然达成的结果。

# 第四节　执中致和的表现与境界

　　人们的现实生活极其复杂多变，执中致和作为中国人根本的、恒常的生活实践原则，其在每个人具体生活中的贯彻和运用表现出不同的

---

① 楼宇烈：《中国的品格》，南海出版公司 2011 年版，第 2 页。
② 张岱年：《文化与哲学》，中国人民大学出版社 2009 年版，第 8 页。

形态、性质和境界。执中的表现主要有守中、得中、适中、中正、大中，大中是中的最高境界；致和的表现主要有和谐、和顺、和善、和美、和乐，和乐为和的最高境界。大中意味着整个人的天地或生活世界都达到了最恰当的度，即时时处处都恰到好处；和乐则意味着人全身心地处于和谐之中，从内至外身心高度愉悦、舒畅。

## 一、执中的表现：守中、得中、适中、中正、大中

具体说来，"守中"意味着作为生活主体的人原本就处于最适中的位置和状态，面临各种复杂的矛盾、冲突和挑战能够始终保持自身的定力，不为各种不利因素所干扰和左右。在这种情形下，积极行动或主动出击，反倒不如坚守自己的根基而不行动。如前所述，老子言"多言数穷，不如守中"，强调的就是，与其说，不如不说，与其多说，不如坚守原则而保持适中。人能够做到守中，本身就是具有高贵品质的表现。

君子依乎中庸，遁世不见知而不悔。（《中庸·第十一章》）

即善于守中的人并不渴望能够如何得到世人的认可，相反，他们总是在自己的生活中默默无闻地解决好问题，使自己的生活、生命活动达到最佳的状态，使自己的人生提高到崇高的境界。

"得中"意味着人原来并没有处于最佳的状态，生活中还存在着各种矛盾和冲突，还没有实现和谐，但通过自觉的努力追求和执中最终达到了所期望的理想状态和境界。因此，"得中"就是获得了最恰当、最理想的状态和位置，规范和协调好了与周围一切事物或人的关系，实现了

和谐、和睦。在人际交往和社会伦理道德生活中,人的言谈举止或道德抉择,是一个考验人的智慧的事情。班固说:

> 义者,宜也,断决得中也。(《白虎通·性情·论五性六情》)

"义"指社会伦理道德生活中的"宜",每个人如果想在具体的社会伦理道德生活中,在礼义活动中达到最佳的状态或境界,即达到"宜",就必须使自己的思想和行为的抉择达到最佳的度,即得中。

"适中"意味着人能够根据客观环境、条件和形势的变化规范和调整自己的行为,使自己达到最佳的状态,从而科学地规范和协调生活中的各种关系。老子说:

> 不失其所者久。死而不亡者寿。(《道德经·第三十三章》)

即能够找到自己的位置,使自己的行为达到最理想的效果,从而不失其所、死而不亡,就是适中的表现。"得中"与"适中",其意思相近,都反映了人对中的自觉追求。

最为中国人所熟悉的莫过于"中正"。"中正"意味着人当前既中又正,处于最佳的位置、状态和境界,而始终坚守中正位置、状态,坚持中正原则,就能够全面地规范和协调生活中的各种关系。作为中国古代文化的重要源泉,《周易》蕴含着丰富的中正思想。按照每一卦的构成来说,无论是上卦还是下卦,都存在着中爻,如果阴爻处阴位或阳爻处阳位,都称为得中得正。《易传》有大量的例子,如离卦"柔丽乎中正,故亨"(《易传·离·彖》),是说离卦的六二、六五两阴爻,处于上下卦的中位,得中得正,比喻人有柔和之德,行中正之道;豫卦"不终日,贞吉,以中正也"(《易传·豫·象》),是说豫卦的六二爻得中得正,象征人处事公正;姤卦"刚遇中正,天下大行也"(《易传·姤·象》),是说姤卦一阴爻遇到五阳爻,为柔遇刚,但九二遇九五,为刚遇中正,既刚直又中正,天下事事都顺利进行;巽卦"刚巽乎中正而志行"(《易传·巽·象》),是说巽卦九二、九五皆为阳爻,因而刚巽乎中正,志向得以实现。"中正"之所以寓示亨通、吉祥,是因为中正本身就是公正,就是义或宜。

> 君子敬以直内,义以方外,敬义立而德不孤。(《易传·坤·文言》)

所谓"义以方外",就是使外在行为端正,因此"义"关键在于规范人的外在行为,使行为符合社会伦理道德规范,即符合礼义。君子以内在的崇敬态度和伦理德性驾驭自己外在的行为,使之符合伦理道德规范或礼义,就能够确立起各种和谐的关系和秩序。

> 文明以健,中正而应,"君子"正也。唯君子为能通天下之志。(《易传·同人·象》)

因此,君子正是借助中正之道而会通天下百姓的意志。《易传》进而坚信能够达到这种境界的人为圣人:

> 知进退存亡而不失其正者,其唯圣人乎!(《易传·乾·文言》)

当然，除《周易》外，中正思想也处处体现于中国古代思想的其他流派之中。

> 儒有居处齐难，其坐起恭敬；言必先信，行必中正。（《礼记·儒行》）
>
> 中正无邪，礼之质也。（《礼记·乐记》）

墨子更强调义的正的意蕴，他说：

> 义者，正也。何以知义之为正也？天下有义则治，无义则乱，我以此知义之为正也。（《墨子·天志下》）

墨子之所以认为义即正，在于他看到义能够实现和维护社会的公正有序。《管子》在义与宜辩证的基础上更强调了礼与情、理之间的关系，指出：

> 义者，谓各处其宜也。礼者，因人之情，缘义之理而为之节文者也。故礼者谓有理也。理也者，明分以谕义之意也。故礼出乎义，义出乎理，理因乎宜者也。（《管子·心术上》）

就是说，礼基于情、出乎义，而义出于理，理因于宜。归根结底，礼本质上在于实现整个社会生活的适宜、合宜，即达到整个生活最佳的、理想的状态。

> 中正比宜，以行礼节。（《管子·五辅》）

> 夫民必知义然后中正,中正然后和调,和调乃能处安,处
> 安然后动威,动威乃可以战胜而守固。故曰义不可不行也。
> (《管子·五辅》)

因此,中正、无邪、合宜是礼义的基本原则。中正因为能够实现适宜、合宜,也是实现和的前提。邵雍说:

> 好正则和。(《伊川击壤集·卷十四·邪正吟》)

这句话简短明了,揭示了正与和之间的关系,即坚持中正的原则就能够实现社会人际关系的和谐稳定。

> 君子居必择乡,游必就士,所以防邪僻而近中正也。(《荀子·劝学》)

荀子在此主要从防邪僻角度使人趋于中正。张九龄强调:

> 治人之道,有从性情之内以治之者焉,有从形骸之外以治
> 之者焉。从性情以治之者,孰有大于礼乐哉! 故情莫不有偏,
> 而以中正者为则;性未能无僻,而以和平者为度。故礼于何防
> 乎,吾情之中正者,即礼之表著也。乐于何象乎,吾性之和平
> 者,即乐之宣畅也。(《千秋金鉴录》)

张九龄在此重点从内在的性情中正、平和来揭示礼乐对治人的重要意义。张载主要从心和与气和、心正与气正的辩证关系上阐释了君子中

正必然体现于外在形象气质的道理,他说:

> 居仁由义,自然心和而体正。更要约时,但拂去旧日所
> 为,使动作皆中礼,则气质自然全好。《礼》曰:"心广体胖",心
> 既弘大则自然舒[泰]而乐也。若心但能弘大,不谨敬则不立;
> 若但能谨敬而心不弘大,则入于隘,须宽而敬。大抵有诸中者
> 必形诸外,故君子心和则气和,心正则气正。(《经学理窟·气
> 质》)

而对整个社会和国家和谐与安定具有重要影响的诉讼、断狱,周敦颐在
解释《周易》相关卦时说:

> 苟非中正、明达、果断者,不能治也,《讼》卦曰:"利见大
> 人",以"刚得中"也。《噬嗑》曰:"利用狱",以"动而明"也。中
> 正,本也;明断,用也。然非明则断无以施,非断则明无所用,
> 二者又自有先后也。《讼》之中,兼乎正;《噬嗑》之明,兼乎达。
> 《讼》之刚,《噬嗑》之动,即果断之谓也。(《通书·刑第三十
> 六》)

周敦颐在此主要强调了中正以及明达、果断在治理刑狱案件中的必要
性。这种要求从内到外适宜、合度的中正思想,全面体现在中国人生活
的各个领域。

"大中"是中的最高境界或最佳状态。《易传》载:

> 《大有》,柔得尊位大中,而上下应之,曰《大有》。(《易

传·大有·象》)

王弼注说:

> 处尊以柔,居中以大。(《周易注·大有》)

孔颖达疏:

> 大中者,谓六五处大以中。柔处尊位,是其大也;居上卦
> 之内,是其中也。(《周易正义·大有》)

这里是说,柔处尊位故大,处中位故中,因而称为"大中"。针对什么是大中,萧兵强调:"'大中'(Great Center)指的是上古世界观里宇宙之根本,地位跟'道'差近。《老子》所说'侯王得一可以为天下正',或'清静可以为天下正',正就是'中',就是'大中';正因为'得一',融汇于'道',或抱一而守中,才能占据天下之'正',之'大中'。《汉书·谷永传》说:'建大中以承天心。'此之谓也。"[1]在他看来,这种体现、契合宇宙意志的"大中",就是《中庸》"中也者,天下之大本也"的精神,"换一种说法,可以是:'大中也者,天下之本也'"[2]。萧兵强调,"大中"表明,对中庸的认识既不能局限在天道之道、自然界的中庸,也不能局限于人世之道、社会性的中庸,而应该实现彼此的贯通。它本身是一种宇宙观、一种哲

---

① 萧兵:《中庸的文化省察——一个字的思想史》,湖北人民出版社 1997 年版,第962 页。

② 萧兵:《中庸的文化省察——一个字的思想史》,湖北人民出版社 1997 年版,第962 页。

学，而不再是，或不再仅是一种伦理观、一种社会学。他指出："君子之'道'，虽然开始于两性伦理学，'造端乎夫妇'，然而最终还是要上升到整个自然界，所谓'及其至也，察乎天地'，建构起宇宙观。所以，《中庸篇》强调必须达成或实现作为'天地之本'之'中'的本质，作为'天下达道'之'和'的本质，这样宇宙才能得到定位，才能达到正道；万物才能从而蓄育，从而繁昌——'天地位焉，万物育焉'。"①方东美亦高度推崇"大中"，他指出："以这么一种符号读《礼记》，《礼记·礼器》篇有一句话是'升中于天'，这么一来，所谓'大中'根本就是原始时代思想上的 great symbol，religious symbol，philosophical symbol，把宇宙及人类世界的一切，凝聚于一个中心，然后把它升到超越世界天神的所在，发掘一个宇宙的中心，以之为真相价值的标准，支配整个宇宙中人类生活的一切。"②也就是说，大中本质上就是衡量天地万物的最高标准，是支配整个宇宙间人类生活的最高原点。大中既然能够衡量天地万物，能够支配人的全部生活，在中国传统哲学中亦被推崇为道。张汝伦指出："这种绝对意义上的道，中国人称为天道，用'天'来规定'道'，是要突出此道具有天之绝对性和总体性。此道常在，故是'常'。常道是至高至大的法则，即《洪范》中的'皇极'是也。它放诸四海而皆准，不偏不倚，乃大中之道。此道之概念，不但与天，而且与命、性等概念都有内在关系。"③

总之，与违背中道结果失中、失度、过与不及相比，始终守中、做事得中、言行适中、坚持中正、实现大中，是执中表现出来的不同状态、性

---

① 萧兵：《中庸的文化省察——一个字的思想史》，湖北人民出版社 1997 年版，第 975—976 页。
② 方东美：《原始儒家道家哲学》，中华书局 2012 年版，第 70 页。
③ 张汝伦：《哲学是什么》，北京出版社 2021 年版，第 130—131 页。

质和境界。

## 二、致和的结果：和谐、和顺、和善、和美、和乐

纯粹自然意义上的宇宙和谐，尽管是整个宇宙得以存在的前提，但绝非人追求的理想状态和境界。宇宙的和谐秩序给人以无限启发，使人渴望在现实生活中亦能够实现和谐有序，因而"和"成为引领人不断进行生活创造的价值目标和理想境界。一般意义上的和，具体体现为和谐、和顺、和善、和美、和乐。和的这些不同表现，本质上反映了人在整个天地中的生命存在及其相应的体验和感受。

"和谐"是和的主要内涵。从根本上说，"和谐"侧重于揭示具有差异性的不同事物之间形成的协同共振的关系。《尚书》记载：

> 帝曰："夔！命汝典乐，教胄子。直而温，宽而栗，刚而无虐，简而无傲。诗言志，歌永言，声依永，律和声。八音克谐，无相夺伦，神人以和。"夔曰："於！予击石拊石，百兽率舞。"（《尚书·尧典》）

即舜命夔制作典乐，借以教育孩子，要他们既正直又温和，既宽宏又严肃，既刚强又不残虐，既简朴又不傲慢，总之，要培养孩子良好、中和的德性。为了达到这一教育目的，舜要求夔在典乐的制作上充分注意诗要表达真实的感情，歌要通过声音来咏唱，声音的高低、长短、清浊要适应咏唱的需要，必须通过音律来调和，然后配合各种乐器，使各种声音和谐悦耳，不致互相扰乱、失其伦次。舜尤其强调，只有这样，无论是神

还是人，都会感到和谐①。在这里，"律和声"指用音律调和各种声音，使之和谐，即实现"八音克谐"，各种声音和谐悦耳。可以说，这是"和谐"观念在中国古代文献中的最早出处。《易传》记载孔子说：

> 同声相应，同气相求。(《易传·乾·文言》)

即声调相同能相互应和，气质相同能彼此聚合。"和谐"并不只是同声相应，而是多种不同的声音之间形成了协调、协和。

> 声出于和，和出于适。和适先王定乐，由此而生。(《吕氏春秋·大乐》)

"适"即谐调，指各种不同声音的协调与和谐造就了优美的音乐，这是先王制定音乐的根本原则。《左传》记载晋侯将乐队分一半赐给魏绛，以感谢他教导自己与各部落戎人和好、整顿中原诸国，其中强调"八年之中，九合诸侯，如乐之和，无所不谐"(《左传·襄公十一年》)。因此，乐之所以为乐，就在于在声律上各种声音不是杂乱无章的，而是无所不谐。和谐的概念源自音乐、声律，但被普遍地应用到人类社会生活的各个领域、各个方面，以表示在一定的场景或情形下各种事物、各种因素彼此间形成的协同共振、协调适当的关系。

如果说"和谐"侧重强调的是各种事物、各种因素彼此间的协同共振、协调适当关系，那么，"和顺"则侧重于揭示人在历史地解决和处理生活事务的过程中比较得心应手，比较顺利、顺畅、自然的状况。顺不

---

① 参见郭仁成：《尚书今古文全璧》，岳麓书社2006年版，第20页。

顺关乎生死大事。司马谈曾说：

> 夫阴阳、四时、八位、十二度、二十四节各有教令，曰"顺之者昌，逆之者亡"，未必然也，故曰"使人拘而多畏"。夫春生、夏长、秋收、冬藏，此天道之大经也，弗顺，则无以为天下纪纲。故曰"四时之大顺，不可失也"。（《汉书·司马迁传》）

实际上，"顺之者昌，逆之者亡"揭示了一个最基本的道理，即一般情况下，只有遵循、顺遂了自然规律或社会发展趋势，才能实现事业的兴旺发达，否则将走向覆灭。孔子曾总结自己的生命历程说：

> 吾十有五而志于学，三十而立，四十而不惑，五十而知天命，六十而耳顺，七十而从心所欲，不逾矩。（《论语·为政》）

所谓"六十而耳顺"，就是到了六十岁时才觉得各种言论比较顺耳，实际上孔子在这里想表达的意思是，提高自身修养，才有能力辨别各种观念的是非，不为外在的各种言论所迷惑。"七十而从心所欲，不逾矩"，就是进一步达到了使自己的一言一行皆符合礼义规范的最高境界。也就是说，在这个年龄，孔子不仅解决了思想上的问题，而且解决了行动上的问题，使自己的一切都能够和顺，能够与周围的社会环境、条件相一致、相协调。庄子也非常重视和顺的意义。

> 适来，夫子时也；适去，夫子顺也。安时而处顺，哀乐不能入也。此古之所谓县解也。（《庄子·大宗师》）

"县"通"悬"，"县解"即哀乐得失无动于心，一切顺其自然。庄子学派还强调：

> 抱德炀和，以顺天下。（《庄子·徐无鬼》）

即强调要坚持自然德性、孕育天和之气，以顺遂天下，并称做到这样的人为真人。《易传》载：

> 和顺于道德而理于义。（《易传·说卦》）

所谓"和顺于道德"，就是在道德上和睦顺遂；所谓"理于义"，则是用义来治理。总之，这是讲人们只有不断加强自身的道德修养，提升德性水平，做到内心宁静和谐，并遵守外在的伦理道德规范或正义原则，才能达到有序治理、顺遂天下的目的。这种注重顺的思想为后人所继承和弘扬。张载曾说：

> 存，吾顺事；没，吾宁也。（《正蒙·乾称》）

"顺事"实质上就是强调做事顺畅。周敦颐强调"行之利"（《通书·道第六》），对此朱熹释为："顺理而行，何往不利！"[1]朱熹进而指出人无所不行、行无不利的根本原因在于顺理而行，即遵循规律、道理。赵鼎说：

> 和顺所以接物。（《家训笔录》）

---

[1]　参见周敦颐：《周敦颐集》，陈克明点校，中华书局 2009 年版，第 19 页。

"和顺"以"接物",实际上就是指以和顺的态度为人处世、待人接物。总之,中国人不仅注重和,而且强调顺,和顺是为人处世、待人接物普遍的价值取向。

"和善"侧重于揭示人在社会伦理道德生活中始终坚持崇德向善的原则,做到谦和至善、与人为善。中国古人很早就认识到在复杂的社会生活和人际交往中,"和"与"善"是紧密相关、相辅相成的,即"和"能够使人与人为善,而内在的善能够塑造和谐、和睦的关系。先秦儒家对善的认识还没有上升到形而上的本体高度,宋明理学则在《周易》和《中庸》的基础上,通过吸收道家和佛家思想中的精华,为善奠定了一个本体基础。其中,周敦颐的《太极图说》所揭示的宇宙生成模式,就具有典型意义。《太极图说》由无极而太极,由太极生阴生阳,由阳变阴合而生五行,进而生男生女乃至生万事万物,描绘了一幅宇宙生成图,而在整个宇宙中,作为人的最高代表,圣人"立人极",具有最高的位置。如前所述,在对这幅宇宙生成图的解说中,周敦颐特别强调:"圣人之道,仁义中正而已矣。"对此,陈代湘、周接兵诠释说:"圣人秉太极之全善,故有中正仁义之性,中就是中和,正就是善,合而言之,就是和善之性。圣人如果以这种中正仁义之性与太极合道,将天道之阴阳,地道之柔刚,人道之仁义统一到太极之中,就能达到'与天地合其德,日月合其明,四时合其序,鬼神合其吉凶'的天人合一的和善境界。"[①]基于这种诠释,他们强调:"人性的和善不仅是天道的体现,也是儒家成圣的基础。"[②]尽管张载、二程、陆王等人立论的角度不同,但总体上来说,主张和、崇尚善,

---

① 陈代湘、周接兵:《宋明儒学的和善意蕴》,《湖南师范大学社会科学学报》,2014年第 3 期。
② 陈代湘、周接兵:《宋明儒学的和善意蕴》,《湖南师范大学社会科学学报》,2014年第 3 期。

是宋明理学统一的思想基调。对中国人来说，和本身就是一种善，就是值得追求和珍惜的价值，而任何意义上的善最终也都体现着和，进而只有以内在的善去追求和，才能创造出最高意义、更大程度上的善。与人为善、和睦相处，是中国人最基本的人际交往原则。

"和美"是中国人在好或善的基础上对美好生活的更高追求。客观而言，美有很多标准、层次和境界，更有无穷的表现，但中国人倾向于万物和谐所造就的和美，认为和才能达到最高境界上的美。董仲舒在论述"中"与"和"的基础上，进而认识到"美"源自中和：

> 中者，天之用也；和者，天之功也；举天地之道，而美于和。
> (《春秋繁露·循天之道》)

周来祥强调："从美学上看，中和就是至美，从《尚书·舜典》之'八音克谐，无相夺伦'，史伯的'声一无听，物一无文'、'以他平他谓之和'，晏子的'和六律以聪耳'，《礼记·乐记》的'礼辨异，乐敦和'，到孔子的'乐而不淫、哀而不伤'，和儒家'发乎情，止乎礼义'及'温柔敦厚'的诗教，都言说着同一个观念：中和就是美。"[①]和美不仅是中国人在视觉中追求的美的最高境界，也是在社会伦理道德生活中追求的美的最高境界。

> 君子黄中通理，正位居体，美在其中而畅于四肢，发于事业，美之至也。(《易传·坤·文言》)

---

① 周来祥：《和·中和·中——再论中国传统文化的和谐精神及其审美特征》，《文史哲》，2006 年第 2 期。

在此,"黄中通理",实际上就是君子拥有了美德,而美德的表现就是内心达到德性上的和谐与协调。君子总能做到品德高尚、通晓事理,使自己处于正当的位置,而心怀美德,顺畅地体现于言行,表现于事业,就算达到了美的最高境界,因为他的美德实际上能够为他带来和顺的生活和快乐美好的情感体验。在董仲舒看来,社会安定和谐、人心气平静与天地阴阳造化紧密相关。

> 世治而民和,志平而气正,则天地之化精,而万物之美起。
> (《春秋繁露·天地阴阳》)

总之,只有坚持和谐,才能有美的发现和美的创造。

"和乐"是和谐的最高境界,追求全身心的愉悦和快乐,超越了单纯道德上的善和生活中的好。道德上的善和生活中的好,能够使人感动和感到温暖,使人生活舒服和便利,但并不一定能够给人带来全身心的愉悦体验。"乐"字既有音乐、礼乐的意思,又有快乐的意思,这两种意思既有区别,又有所联系。针对"礼乐"之"乐",《礼记》说:

> 故乐也者,动于内者也。(《礼记·乐记》)

"动于内"就是影响和作用于人的内心。然而,"乐"对人的实际影响却具有不同的效果,有些甚至能够严重地扰乱人的心思,引发人的邪念和欲望。孔子嫌弃"郑声淫"(《论语·卫灵公》),又无比深刻地领悟到《韶》的优美,沉浸于对《韶》的回忆竟然"三月不知肉味",自我感叹说"不图为乐之至于斯也"(《论语·述而》),即想不到欣赏音乐竟能达到如此境界。孔子强调:

乐则《韶》《舞》。放郑声,远佞人。(《论语·卫灵公》)

对于"乐",孔子讲究"尽善尽美",即在艺术水平和人伦教化上都达到极致,让人既得到艺术的享受,又能够实现心灵境界的提升。"和乐"之"乐",本质上是快乐之"乐",侧重于揭示人在面对、处理和解决各种生活事务、矛盾和冲突时能够最终达到全身心愉悦的效果。因此,全身心的愉悦本质上是身心自由的表现。当然,这还不是中国人所追求和向往的最高境界上的和乐。《礼记》说:

大乐与天地同和。(《礼记·乐记》)

因此,真正意义上的乐是大乐,是超越个人狭隘境界的乐,是实现与天地万物相和的乐。

地气上齐,天气下降,阴阳相摩,天地相荡,鼓之以雷霆,奋之以风雨,动之以四时,暖之以日月,而百化兴焉。如此,则乐者天地之和也。(《礼记·乐记》)

客观而言,天地既指整个人类所拥有和居住的大天地,也指每个人所拥有的小天地。尽个人的力量无法实现对所有人而言的大天地之和乐,但能够实现私人小天地的和乐。也就是说,能够实现真正属于自己的私人生活世界的和谐、和乐。为了实现这种意义上的和乐,《礼记》特别强调:

正声感人而顺气应之,顺气成象而和乐兴焉。倡和有应,

> 回邪曲直各归其分,而万物之理各以其类相动也。是故君子反情以和其志,比类以成其行,奸声乱色不留聪明,淫乐慝礼不接心术,惰慢邪辟之气不设于身体,使耳目鼻口心知百体皆由顺正以行其义。然后发以声音,而文以琴瑟,动以干戚,饰以羽旄,从以箫管,奋至德之光,动四气之和,以著万物之理。是故清明象天,广大象地,终始象四时,周还象风雨,五色成文而不乱,八风从律而不奸。百度得数而有常,小大相成,终始相生,倡和清浊,迭相为经。故乐行而伦清,耳目聪明,血气和平,移风易俗,天下皆宁。(《礼记·乐记》)

和乐所达到的至高境界是使得天下人的心志和情感得到滋润和涵养,使每个人都能够心情愉悦地融入群体和社会之中,融入与万事万物的和谐相处之中。事实上,道家同样追求与天相和的和乐境界。《庄子》外篇载:

> 与人和者,谓之人乐;与天和者,谓之天乐。(《庄子·天道》)

## 三、执中用权:适当权变以致中和

和是执中的最终价值诉求和理想境界,它引领着人们的思想和行动。为了实现这种理想境界,人们要根据具体的环境和形势自觉地进行适当的权变,即做到执中用权。

现实世界时刻处于运动变化之中,人必须根据客观形势、环境和条件的变化而调整和规范自己的行为。对中国人来说，这就是权变思想。

> 权，然后知轻重；度，然后知长短。（《孟子·梁惠王上》）

"权"原指秤锤，在此为动词：称重量，即事物只有用秤锤实际称一称才能具体判断出轻重。因此，对任何事物究竟如何的判定是具体的，而不是抽象的，是变动的，而不是僵死的。中国人深刻地认识到万事万物始终处于变化、变动之中，对事物的认识、把握和驾驭完全需要根据具体的情形来判定。就执中这一问题来说，孟子强调：

> 执中无权，犹执一也。所恶执一者，为其贼道也，举一而废百也。（《孟子·尽心上》）

这就是说，虽然要坚守中道，但如果没有灵活性，不懂变通，便是执着于一点。执着于一点而没有灵活变通的人，实际上是在损害道，因为他拿起一点就废弃了其余。杨伯峻强调："从孟子和以后的一些儒家看来，孔子'无必无固'，通权达变，'可以仕则仕，可以止则止，可以久则久，可以速则速'（《孟子·公孙丑上》），唯义是从，叫做'圣之时'。"①由此，中国人强调对待事情要善于随机应变。《庄子》记载了一个对中国人影响深远的故事：

> 尾生与女子期于梁下，女子不来，水至不去，抱梁柱而死。

---

① 　杨伯峻译注：《论语译注》，中华书局 2009 年版，第 36—37 页。

（《庄子·盗跖》）

尾生与女子相约，即使在女子违约未至而洪水已至的情况下，他也不肯轻易弃约而去，最终抱桥柱而死。后人对尾生的评价，褒贬不一。诸葛亮评价得极为准确：

> 尾生长于守信，不可以应变。（《诸葛亮集·论诸子》）

诸葛亮既肯定了尾生在信守诺言方面做得特别好，又指出了他并不善于灵活应变。而灵活地分析和解决问题、处理事务才是最值得推崇的。在此故事中，女子违约在先，在洪水到来之际，尾生放弃死守桥柱，并不算失信，不受失信道德谴责，灵活地应对洪水以及时逃生，才是最根本的生命存亡问题。

守信是社会伦理道德生活的基础，但人们同样需要灵活地处理具体问题。对后世影响深远的《易传》揭示了"唯变所适"的必要性。

> 《易》之为书也不可远，为道也屡迁，变动不居，周流六虚，上下无常，刚柔相易，不可为典要，唯变所适。（《易传·系辞下》）

"不可为典要，唯变所适"，就是强调"不可确立一个恒定不变的纲要，只能顺应变化的趋向"①。孔子则说："君子之于天下也，无适也，无莫也，义之与比。"（《论语·里仁》）"适"（dí），意为专注。现实生活无比复杂，

————————

① 李申主编：《周易经传译注》，湖南教育出版社 2004 年版，第 223 页。

千变万化，无论是客观的自然事物，还是主观的人情世故，都没有一成不变的。

> 且天下理无常是，事无常非。先日所用，今或弃之；今日所弃，后或用之。（《列子·说符》）
>
> 故制事者因其则，服药者因其良。书不必起仲尼之门，药不必出扁鹊之方，合之者善，可以为法，因世而权行。（《新语·术事》）
>
> 欲知《中庸》，无如权，须是时而为中。若以手足胼胝，闭户不出，二者之间取中，便不是中。若当手足胼胝，则于此为中，当闭户不出，则于此为中。权之为言，秤锤之义也。何物为权？义也。然也只是说得到义，义以上更难说，在人自看如何。（《二程集·河南程氏遗书》第十五）

因此，善于根据客观的环境、条件和形势而为人处世，就是一个人最高的生活境界，而究竟适宜与否，完全看自己如何，而不能局限于世俗所谓的"义"。

实际上，权变思想更好地体现在将帅战场上指挥千军万马时的临机决策。董昭说：

> 军事尚权，期于合宜。（《三国志·董昭传》）

即军事行动崇尚权变，以达到最适宜的效果。李世民说：

> 兵尚权，权利于速。（《新唐书·裴寂传》）

这里不仅强调用兵要权变,而且强调权变利于速战速决。李绛说:

> 夫兵不内御,要须应变,失毫厘,差千里。(《新唐书·李
> 绛传》)

这就是说,军队不能由身居朝堂中的人指挥,而必须让临场统帅来指挥,因为决策一定要随机应变,否则失之毫厘、差之千里,极易错失战机。

中国人擅长随机应变。任何变局都意味着新的情况和变化,意味着新的矛盾和冲突,意味着新的问题和任务,也意味着解决矛盾和问题的新的契机与可能。例如,在社会矛盾积聚而冲突不断的局势下,旧的帝王统治和社会制度就是需要突破和超越的。在这种情况下,如果一味固守原有的平静和秩序,对整个天下来说注定是一场灾难。中国人很早就形成了变革的思想。

> 穷则变,变则通,通则久。(《易传·系辞下》)

这一思想对中国人变革观念的形成有着极为深远的影响。不仅如此,中国人所追求的变革必须达到顺天应人的要求。

> 汤武革命,顺乎天而应乎人。《革》之时大矣哉!(《易
> 传·革·彖》)

所谓"顺乎天应乎人",就是突破了旧有格局和视野来看待问题的态度。因此,人当此之时必须跳出原有思维的框架,不能再局限于旧的环境、

事务和问题；应当站在新的高度，从更宏大的视野来看待当前的事情，如此一来，人们就会发现这些事情本身已经处于自身转化的关键阶段，即处于极具重要意义的量变乃至质变的时刻，处于与周围其他事物或人矛盾冲突的状态。然而，从人的整体生活、终生的生存和发展，乃至整个天地或生活世界的塑造来说，这种矛盾和冲突毕竟是相对的，而且具有积极的价值和意义。因此，面对这种矛盾、冲突和变化，人不应当仅仅看到它的外部表现，而应当在其中找到促进生活世界更加和谐的新的契机。随机应变不仅没有反对执中以致和的根本原则，反而是对这一原则的灵活运用。

当然，中国人虽然强调不能僵化地对待中和之道，需要根据具体情况执中用权，但"用权"不是无原则的。也就是说，当需要坚持原则的时候，就不能轻易地放弃原则，屈就现实中的事情乃至某个人。《中庸》记载子路问孔子何谓"强"，即什么才算得上坚强的问题，孔子回答说：

> 故君子和而不流，强哉矫！中立而不倚，强哉矫！国有道，不变塞焉，强哉矫！国无道，至死不变，强哉矫！（《中庸·第十章》）

在此，孔子实际上强调了坚强的几种情形或境界，即与人和气而不同流合污、保持中正立场而不偏颇走极端、坚持自己的立场和态度而不轻易改变，就是真正意义上的坚强。因此，中国人既不一味地固守原则，也不轻易无原则地强调权变。究竟如何坚持中正的立场和态度，是一个只能根据具体的客观情形或境遇来判断和抉择的实践问题，而不是一个抽象的形而上学问题。

# 第五章 时中：中国人的时间意识 与执中致和的时间智慧

　　从根本上说，人对时间的认识和感悟内在地蕴含着对自身生命的意识，而对自身生命的深刻认识注定体现为鲜明的时间意识。在五千多年的生存实践中，中华民族形成了自己独特的时间意识、时务意识和时机意识，凝聚着深刻的时间智慧。它们反映着中华民族对生死、生命和人生的深刻感悟，对各种复杂现实生活问题、社会政治问题的认识和驾驭，对人类社会历史发展趋势以及整个宇宙演化生成规律的深刻领悟和体验。这种时间智慧，从根本上着眼于现实世界，以现实事务和问题的解决为导向，体现了深刻的生命感悟，其核心思想在于强调识"时务"，充分发挥主观能动性，抓住"时机"，做到事事体现"时中"，即符合客观环境、形势、条件和时间要求，达到理想的人生境界。因时择中[1]，因时施智，从而执中致和，体现了执中致和方法论原则在现实生活中的灵活运用，是最高超的生存智慧，而"智者不失时"（《史记·仲尼弟子列传》），则是中国人心目中智慧之人的重要素养。

---

[1] 陈焱：《几与时：论王船山对传统道学范式的反思与转化》，上海人民出版社2016年版，第339页。

# 第一节　中国人的时间意识及其基本特征

无论中西,世界上各个民族都形成了自己的时间意识和时间观念。著名法国汉学家朱利安强调:"我对'时间的问题'感兴趣主要是因为我认为'时间问题'对哲学的课题来说是具有揭示性的;没有任何观念会比时间的观念更涉及哲学,而实际上我认为,除了时间的观念,也没有任何观念更能够把哲学带往它的局限。'时间的问题'掀开了哲学可能性的面纱,打量着哲学的热情与命运。'时间的问题'甚至比'存有'这个和它有一定联系的观念,更能显露出思想招致的风险,也更能够让我们看见思想为了避开风险而相继采纳的对策:时间之谜被塑造为成规,而时间问题的命运则不停地摆荡在谜团和成规之间。此外,若我在探究时间问题的过程中借道中国,并且让中国思想的外在性发挥作用,这是因为我必须让问题跳脱它的皱褶(plis)才能够去探查它。"[1]在朱利安看来,"时间"是整个生活哲学的要素,而中国传统哲学本质上是生活哲学,蕴含着特别的时间意识和时间观念。中华传统文化中的时间问题同样引起了德国学者埃里希·蒂斯的关注,他指出:"有一些体悟,是常到中国去且久留之人难免会有的。一个重要的、独具魅力的体会是对待时间的别样方式。"[2]在他看来,人们对时间的体验不能简单地为计时器抽象定义的时间概念所规定,时间有其自身的规律,这种生命体验

---

[1]　朱利安:《论"时间":生活哲学的要素》,张君懿译,北京大学出版社2016年版,第6—7页。

[2]　埃里希·蒂斯:《中国人的时间图像》,马绎、刘媛译,同济大学出版社2018年版,第6页。

中的时间是我们生活于其中的一个个形象,这些形象不仅指外在形式,而且指内心状态和生命过程[①]。全面地梳理中国人时间意识、时间观念的萌芽和发展,总结中国人时间意识的基本特征,更能透彻地理解中国传统生活哲学的性质及其蕴含其中的生活智慧。

# 一、中国人时间意识的萌芽与发展

中华民族具有五千多年的文明史,是人类最早认识宇宙变化、把握自然规律、认识时间本质的民族。中国人时间意识的萌芽和发展,既标志着中华民族对大自然演变规律和秩序科学认识的日益深化,也充分体现了中华民族对生产劳动和社会生活规则、秩序的自觉塑造,体现了每个中国人对自身生命价值和意义的积极创造。

从根本上说,时间意识早于语言意识,而语言文字的出现使时间意识得到明确的表达,时间意识的深化体现为时间词的日益丰富。人直接生活在天体在相互运动过程中构成的宏大空间体系里,但对于各个民族的初民来说,他们是生活在由大地和日月星辰构成的天地之间的。这对中华民族来说更是最直观的事实。太阳和月亮是天空中最耀眼、最显著的标志,是观察、计量时间的根据和最佳参照物。中国最古老的文字为甲骨文,甲骨文早就出现了指称太阳的"日"和月亮的"月"。在甲骨文中,"日"写作"☉""⊖"等,"月"写作"☽""☾"等。尽管日有盈亏,但日基本上总是圆形;而月则不然,月只有在满月时为圆形,其他时间则形象不一。许慎在《说文解字》中称"月"为象形字,而林沄强调:

---

① 埃里希·蒂斯:《中国人的时间图像》,马绎、刘媛译,同济大学出版社 2018 年版,第 6 页。

"许慎说象形是'画成其物，随体诘诎'（'诘诎'是弯曲的意思），但文字毕竟不同于写生画，已具有约定俗成的符号性质。……月亮时圆时缺，但为了和圆形的太阳相区别，规定只取新月形作为'月'这个词的记录符号。"[①]无论是以"⊙"指称太阳还是以"☽"指称月亮，这种意义上的字，具有图画的性质，也只是对外在自然天体的识记，还不是直接的时间词。也就是说，"日"和"月"只是直观地标记外在天体的象形字。当然，中华民族在文字形成的最早阶段创造出指称太阳和月亮的"日""月"二字，为进一步标记时间奠定了必要基础。

中华民族的先民们就是直接地立足在由日月及其他天体构成的生存空间里，通过仰观俯察，来感受天地万物的变化从而把握时间的。

> 仰以观于天文，俯以察于地理，是故知幽明之故。（《易传·系辞上》）

这就是说，通过观察天文和地理，先民们知晓了昼夜变化的原因。通过观察太阳或"日"，先民们发展出两个最基本的时间词，即"旦"和"莫"（古暮字）。甲骨文"旦"写作"旦"，《说文解字》释为："旦，明也。从日见一上。一，地也。"即日出于地平线，表示天亮，是会意字。甲骨文"莫"写作"莫"，《说文解字》释为："日且冥也，从日在茻中。"即日落于草莽之中，表示傍晚。"旦"与"莫"以太阳或日为描述对象，刻画的是太阳在两个特殊时刻的形象，实际上标志着白天与黑夜的分界点。因此，"旦"和"莫"已经由对日特定运动时刻形象的刻画变成标志时刻的时间词。

"昼"和"夜"出现于商代晚期到西周时期的金文中。相比直观的

---

①　林沄：《古文字学简论》，中华书局 2012 年版，第 21 页。

"日"和"月"以及会意的"旦"和"莫","昼"和"夜"显然是先民们时间意识深化的产物。甲骨文"昼"写作"🐝"，为形声字，在甲骨文、金文中从日，其中，形旁"日"表示太阳，声旁"聿"为会意字，从又表示手持笔，金文形象为"🐦"，在"昼"中表音。《说文解字》释"夜"为："舍也，天下休舍也。从夕，亦省声。"意为休息，天下各种动物处于休眠状态，其中"夕"的形符，亦省为声符。金文"夜"写作"🐦"，是个形声字，其中"亦"指人的腋窝，通过在"人"下加两点构成，而"夕"在殷商时与"月"同字形，即都是"🌙"，与"亦"组合时，占去"亦"右下一点。因此，"夜"字表示月亮悬挂天空。相比"月"指月亮，由"月"演化到"夜"，特指日落之后月亮悬挂天空的时段；当然，夜里并不一定都会出现月亮，"夜"则又延伸统指没有太阳光的整个时段。实际上，"昼"与"夜"是以"日"或"太阳"为根据和参照物而规定的两个最基本的时间概念，"昼"指有太阳照射的时间段，而"夜"指没有阳光照射的时间段，一昼夜构成了一天。一昼夜是地球沿着绕日轨道前进过程中自转一周（即一个恒星日）的时间间隔，古人因在这一段时间里又看到了一次太阳，因此也称这一恒星日或一昼夜为一"日"。这从根本上区别于英文中的表述，因为英文用"sun"指称太阳，而用"day"表示一日或一昼夜。同样，古人除以"日"或太阳为参照外，还以"月"为参照，根据月相变化形成了另一些时间概念。月亮存在着盈亏周期，古人进而将一个盈亏周期称为"月"。这也区别于英文，因为英文"moon"指称月亮，而"month"表示一个盈亏周期。这种意义上的"日"和"月"，已经不再是指称自然天体的象形字，而是表达特定时间间隔的时间词。换句话说，从"旦"和"莫"到"昼"和"夜"，再到表示时间间隔的"日"和"月"，标志着中华民族的先民们时间意识的萌芽和日益深化。可以说，中国人后来的时间概念或时间词，都是建立在这些时间观念和时间词基础上的。

中华民族的先民们在"日"和"月"、"昼"和"夜"、"旦"和"莫"这些基础时间观念上，发展出了更为复杂而详细的时间概念和时间词。古人还无法科学地认识太阳、地球、月亮之间的真实关系，但在他们看来，日月运行却造化着大地上的事物，江河涨落、草木荣枯、禽兽繁衍，无不存在着规律和秩序。尽管他们往往将这些现象神秘化，视为神灵主宰的结果，却已形成了深刻的时间意识。而谷物的发育与成熟，对于他们来说具有至关重要的意义，因为谷物满足着人们的生存需要，决定着人们的生命存在。他们认识到谷物从萌芽、生长发育到成熟的周期规律，与太阳的运行周期密切相关。由于古代生产水平较低，太阳运行一周期谷物一成熟。但太阳的运动周期与月亮也存在着一定的联系，太阳运行 1 个周期（实际为 365.2422 天，取整为 365 天），月亮大致运行 12 个周期，即大致 12 个月（实际为 354.3672 天，取整为 354 天，与 365 天相差 11 天）。谷物大致 12 个月一成熟，至西周时，周人便把太阳运行这一周期称为"年"。甲骨文"年"为"秊"，为会意兼形声，像人负禾之形，表示丰收、收获之义①。这是"年"的本义，在此虽然蕴含着谷物成熟的时间概念，但并不直接就是时间词。"年"作为时间词，是其本义的拓展。与"年"由表示谷物成熟变成时间词类似，用来指称天体"岁星"的"岁"也因为与度量时间相关而变成了时间词。岁星即木星。甲骨文"岁"（歲）写作"戉"，最初借用"戊"，写为"戉"，后加"步"，专门用来指称岁星。商人们认识到木星周天运行，而运行一周天大约相当于太阳运行 12 个周期，即约为周人所谓的 12 年。人们将周天划分为 12 个区域，称为 12"次"。据《尔雅》记载，这 12 次的名称为："星纪、玄枵、娵訾、降娄、大梁、实沈、鹑首、鹑火、鹑尾、寿星、大火、析木。"（《尔雅·释天》）

---

① 李学勤主编：《字源》，天津古籍出版社、辽宁人民出版社 2012 年版，第 639 页。

木星在每个太阳运行周期经行一"次",一"次"为一"岁",由此也把这一周期称为"岁"。这样一来,"岁"又引申为"年"。"周代以前称年为岁,取岁星运行一次之意。"[①]相比"日"和"月"、"昼"和"夜"这些时间概念,"年"和"岁"这些大尺度的时间概念的出现具有极为重要的意义,特别是,参照"岁星"的运动,在周天,即天赤道划分 12 个相等区域或次,就已经将整个太阳系的活动纳入更为宏大的宇宙空间体系之中,这为时间概念向内细化、向外拓展奠定了基础。

中华民族是世界上最早采用十进位制的民族,也是进一步将十进位制运用于时间计量和天文观测的民族。客观而言,人类很多民族的先民们采用十进位制来计量,显然直接受到人以及大多数灵长类动物均有五指(趾)的启发。然而,十进位制却无法准确地描述地球围绕太阳公转一周即一个回归年的时间间隔。参照着月亮的盈亏变化和运行规律,中华民族的先民们终于发明了特有的天干地支纪时法。在历史上天干地支纪究竟由谁发明创制还存在着学术争议。先秦古书《世本》载:

> 容成作历,大桡作甲子。(《世本·作篇》)

司马贞作《史记索隐》亦引述《世本》,在《历书·第四》篇中指出:

> 按,《系本》及《律历志》黄帝使羲和占日,常仪占月,臾区占星气,伶伦造律吕,大桡作甲子,隶首作算数,容成综此六术而著调历也。

---

① 李学勤主编:《字源》,天津古籍出版社、辽宁人民出版社 2012 年版,第 110 页。

郭胜强认为："《世本》是由先秦时期（亦有说汉代）史官修撰的，记载从黄帝到春秋时期的帝王、诸侯、卿大夫的世系和氏姓，也记载帝王的都邑、制作、谥法等。《世本》《史记》所载史料是真实可靠的，安阳殷墟出土之甲骨文所载商王世系与之所载几乎完全相同，验证了它们的真实性。因此，黄帝时代大桡作甲子是可信的。"①但据他考证："天干地支纪的始创制者是太昊伏羲氏，后世黄帝时期的大桡更进一步作了阐述发挥、演绎推广。"②"天干地支纪"核心思想是设定十"天干"和十二"地支"，使它们彼此搭配起来，形成周而复始的循环，用以无限地标识绵延不断的时日。"干"和"支"都取象于树木，"干"为树干，具体属阳，故称天干，"支"为树枝，具体属阴，故称地支。十天干为甲、乙、丙、丁、戊、己、庚、辛、壬、癸；十二地支为子、丑、寅、卯、辰、巳、午、未、申、酉、戌、亥。夏人已经学会用"天干"来纪日，当时称"天干"为"日干""十干"，将日在天上运行所处的不同时段和不同位置划分为十位，分别命名，称为"十日"，所谓夏人说"天有十日"，实指日在天上运行经历十个位次③。

商人在夏人基础上，发明十二"地支"，用天干地支来纪日。殷商甲骨卜辞中，存在着大量运用天干地支法纪日的例子。如"癸未王卜……在四月，佳王二祀"，又如"癸巳卜，贞王旬亡畎。在十月又二"。史常力认为："甲骨文对'时间'表现出了特别的重视，在标记时间方面已经形成了一套稳定的规范并广泛运用，这种纪时方式可以归纳为：干支纪日＋事件＋（月＋王祀纪年）。"④他强调："尽管纪时形式与后代相比较

①　郭胜强：《天干地支起源和含义之探讨》，《安阳师范学院学报》，2020 年第 6 期。

②　郭胜强：《天干地支起源和含义之探讨》，《安阳师范学院学报》，2020 年第 6 期。

③　蔡英杰：《〈说文〉对天干地支的说解刍议》，《河南科技大学学报（社会科学版）》，2007 年第 1 期。

④　史常力：《论中国古代前史书纪时方式的演变》，《学术论坛》，2017 年第 6 期。

为独特,但甲骨文作为我国最早的叙事文字,已经将时间作为记事的重要标示,而且也形成了较为稳定的纪时模式,这都为纪时方式的进一步发展准备了条件。"①甲骨文这种计时方式也体现于商早中期铭文中,但自殷商晚期开始出现向"先月后日"顺序纪时方法转变,史常力强调:"周代铭文纪时方式总的演进趋势比较明显,那就是绝大部分铭文都已经能够按照从大到小的顺序排列时间标示词,后代常见的'年、月、日'纪时方式已经开始形成。"②天干地支纪年法,能够对"年、月、日、时"全面标注,即年、月、日、时,都有对应的天干地支。无疑,自周人开始,中华民族的祖先们已经形成了比较完整的时间秩序概念,已经比较明确地形成了宇宙天地人世一体演化不息的观念③。

伴随着宇宙天地人世一体演化不息观念的形成,除了在时间观念上向外拓展外,中华民族的祖先们也推进了时间观念的向内细化。尽管先民们知道谷物每成熟一次所经历的时间为一"年",知道一昼夜为一"日",知道日出日落为"旦"与"莫"(暮),知道月亮盈亏一次为一个"月",但毕竟这些都依赖直观,还远远不是精确的时间概念。在年的基础上,商人形成了季节和物候的观念,但只有"春"和"秋"两季,周人则形成了完整的春夏秋冬四季观念④。周人根据月亮在一个盈亏周期里月相演变的规律,对一月进行了大致划分。王国维对此做了认真梳理,他说:"余览古器物铭,而得古之所以名日者凡四:曰'初吉',曰'既生霸',曰'既望',曰'既死霸'。"⑤实际上,"初吉""既生霸""既望"和"既死

---

① 史常力:《论中国古代前史书纪时方式的演变》,《学术论坛》,2017 年第 6 期。

② 史常力:《论中国古代前史书纪时方式的演变》,《学术论坛》,2017 年第 6 期。

③ 史常力:《论中国古代前史书纪时方式的演变》,《学术论坛》,2017 年第 6 期。

④ 高宏:《西周时期时间观述论》,《文史博览(理论)》,2008 年第 10 期。

⑤ 方麟选编:《王国维文存》,江苏人民出版社 2013 年版,第 399 页。

霸"既是一定的月相，又是一定的时间段。根据这种划分，周人采用过"月相纪时"法。高宏指出："月相纪时和星相的观察与系统化也是周人在岁时节令上的创造。用月相来标记某一月份的一个特定时段，这是周代历法的一大特色。西周历法和殷商相比，其重大进步便是以干支和月相配合，从而使人们知道该日在某月中的确切位置，使所记日辰比较准确。"①例如，"惟六月既生霸乙卯"，但后来这种月相纪时的使用逐渐减少，它实际上是物候历的遗留②。但这些也只是直观的结果，并不是精细的时间概念。特别是，如李申所指出的："人们晚上望月，月之圆缺最多起时钟的作用，并不关连农作物生长。'月令'按一年十二月安排农事，不仅粗疏，而且由于一年并非十二朔望月，这种安排有时并不合用。"③精确的时间概念只能得自科学而精细的观测。事实上，直到春秋战国时期，先民们才通过精细的观测，如通过观察、计量太阳两次直射北回归线的时间间隔，确定了一年的长短，进而确定二十四节气；用十二地支对一日或一昼夜进行精细划分，形成更精确的十二时辰。春夏秋冬四季观念的形成，二十四节气和十二时辰的确立，标志着中华民族的祖先们终于形成了一套科学完整的时间概念体系。

当然，先民们时间意识的真正成熟还取决于对时间本质的理解。商人已经形成了表达过去、现在和未来的时间概念，这体现在甲骨卜辞中。史常力指出："卜辞中已经有了比较复杂多样的时间指示系统，比如使用'昔日''之日'等表示'过去'，使用'今月''兹夕'等表示'现在'，使用'羽日''来岁''生月'等表示'未来'。可见，在卜辞时代关于'过

---

①　高宏：《西周时期时间观述论》，《文史博览（理论）》，2008 年第 10 期。

②　史常力：《论中国古代前史书纪时方式的演变》，《学术论坛》，2017 年第 6 期。

③　李申：《中国古代哲学和自然科学》，中国社会科学出版社 1993 年版，第 238 页。

去''现在''未来'的概念已经成熟,说明当时已经产生了相当成熟的线性时间观念。"①严格地说,这些还不是精确的时间概念,还没有深入时间的本质。殷商人甲骨文中已经出现"時"(时),写作"𣅼",日上有"𣥂",从日,之声,为形声字。"𣥂"(之)则源自"𣥂"(止),"𣥂"为象形字,表人之足形,表示走路或止步。在"𣥂"中,脚趾向外,因而表示离开现有位置。"𣅼"由日和"𣥂"构成,因而表示太阳的运行。

《周易》特别强调"时"的概念,很多彖辞、象辞都感叹"时","时之义大矣"是重要的观念,尤其重视与时俱进思想。

> 日中则昃,月盈则食,天地盈虚,与时消息,而况于人乎,况于鬼神乎?(《易传·丰·彖》)

因此,正如楼宇烈所指出的:"'时'是中国传统文化里非常核心的、非常重要的一个概念,也可以说是辩证法里的一个重要概念。"②实际上,真正能够揭示时间本质的,是墨子。

> 久,古今旦莫(暮)。宇,东西家南北。(《墨子·经说上》)

这里,墨子用"久"来表达一切时间,用"宇"表达空间,即形成了时空概念。此后,尸佼进一步明确提出了"宇宙"这一时空概念:"上下四方曰宇,往古来今曰宙。"(《尸子·卷下》)"宙"是一个明确的时间概念,其意义指时间的流动。相比而言,墨子虽然没有使用"时"和"宙"这样的为

---

① 史常力:《论中国古代前史书纪时方式的演变》,《学术论坛》,2017 年第 6 期。

② 楼宇烈:《中国的品格》,南海出版公司 2011 年版,第 141 页。

后人所熟悉的概念，而是用了"久"这个更让人感觉到描述时间过长的概念，这一阐释却非常深刻。

> 久有穷无穷。……行者行者，必先近而后远。远近，修
> 也；先后，久也。民行修，必以久也。（《墨子·经说下》）

所谓"修"，即强调远近的距离或空间概念，而所谓"久"，即强调"先后"的一段时间概念。墨子不仅认识到"行者必先近而后远"，而且认识到"行修必以久"，即行走一定的路程必须耗费一定的时间，归根结底是认识到了时间与空间的不可分离性。当然，除了"久"这一时间概念外，墨子也明确地用"时"来表达一般性的时间概念。

> 始：时或有久，或无久，始当无久。（《墨子·经说上》）

这里，墨子强调"时"有两种情况："或有久"指某一段时间是有限的，"或无久"则指整个时间是无限的。但无论哪一个方面，中国人都清醒地认识到时间源自日月星辰的运行，因而具有客观性，即时间源自客观宇宙自身的演化。

毫无疑问，这种对时间本质的揭示，表明中华民族的祖先们已经形成了非常成熟的时间意识和时间观念，而这本质上深刻地反映了中华民族源自生存实践的时间智慧。

## 二、中国人时间意识的基本特征

对任何民族来说，时间意识的萌芽、发展和成熟都经历了极为复杂

而漫长的历史过程,而对时间本质的深刻理解和领悟得益于各民族哲学思想的发展。但由于民族的时间意识都派生于本民族生产劳作活动,反映着人们特殊的生活态度、价值追求和生命体验,因而任何民族的时间意识都必然呈现出一定的基本特征。中华民族是农耕民族,先民们靠天生活,因而通过参照日月星辰运行规律,结合天地万物生长发育,特别是草木荣枯和谷物发育成熟规律,孕育、创造了民族独有的时间意识和时间概念。

概括说来,中华民族的时间意识具有以下基本特征。

第一,中国人时间意识的觉醒与对天地运行和万物生成演化规律的感悟是紧密地联系在一起的,体现着顺天应时的自觉性。

> 地气上齐,天气下降,阴阳相摩,天地相荡,鼓之以雷霆,奋之以风雨,动之以四时,暖之以日月,而百化兴焉。(《礼记·乐记》)
>
> 天有时,地有气,材有美,工有巧,合此四者,然后可以为良。……天有时以生,有时以杀;草木有时以生,有时以死;石有时以泐;水有时以凝,有时以泽。此天时也。(《周礼·冬官·考工记》)
>
> 五谷时熟。(《礼记·乐记》)

显然,中国古人已经认识到天地运行,百物化兴,人要根据天地运化的各种情形和条件,充分发挥主观能动性,一切要顺应天时;并认识到五谷的发育和成熟实际上就遵循着时间和季节的变化规律,要据此进行耕种和收获。许慎《说文解字》指出:"时,四时也。"在此,"时"指春夏秋冬四季。孔子曾强调:

> 道千乘之国，敬事而信，节用而爱人，使民以时。(《论语·学而》)

所谓"使民以时"，就是役使农民要在农闲时，而不能在农忙时。孔子认识到农忙时役使农民就会错过农时，耽误耕种和收获，造成生产劳动秩序和作息规律紊乱；相反，充分利用农闲时兴修农田水利或征战，则耕战两不误。这种思想在孟子、荀子那里得到延续和发展。孟子强调要"不违农时"(《孟子·梁惠王上》)，前文也详细阐述过荀子"养长时则六畜育，杀生时则草不殖"的思想。体现着黄老学派思想的《管子》，也有相关记载：

> 不务天时，则财不生；不务地利，则仓廪不盈。(《管子·牧民》)

这种思想影响深远，成为后来有识之士的普遍共识。蒋济说：

> 凡使民必须家隙，不夺农时。(《三国志·蒋济传》)

另有相关记载：

> 春不夺农时，即有食；夏不夺蚕工，即有衣。(《新唐书·来济传》)

"不夺农时"本质上在于"使民以时"，保障农民的劳动时间，维护整个社会生产劳动的规律和秩序，维护整个国家治理的安定与秩序。吴国盛强调:"适时者受益,背时者受损。时令、时节、农时等概念,正反映了中国人对顺天应时的自觉性。"①因此,中国古人深刻地认识到必须充分保障农民生产劳动的时间,从国家治理的角度来说,向农民征调劳役时应确保不影响其生产。特别是,如冯雷、刘晓然所指出的:"古人必须要顺其时进行农业活动,统治者也必须顺其时而进行政治和祭祀活动,因为春夏秋冬展现的万物生命循环的象征意义及其所蕴含的阴阳消长意义,不仅是天所主宰的,而且象征天所赋予的人事意义,在'天人感应'、'天人合一'的语境中,统治者必须上奉天时,才能大治。"②当然,这种顺时或奉时的思想进而贯彻到对民众的教化上。

> 天地之道,寒暑不时则疾,风雨不节则饥。教者,民之寒暑也,教不时则伤世。(《礼记·乐记》)
> 化不时则不生。(《礼记·乐记》)

第二,中国人顺天应时,将自身的生命活动直接融入天地运行、万物演化和四时耕种活动之中,因而时间关联着生命活动,意味着人的出场和在场,意味着人对自身生命的当下感悟。赵汀阳指出:"无人驻守的时间无意义,因此,历史就是意义的界限。人要守住人的意义,就必须守住历史的意义。"③针对古希腊以亚里士多德为代表的思想家从原始宇宙演化出发形成一种根据物体运动来测量时间的时间观,朱利安

---

① 吴国盛:《时间的观念》,北京大学出版社 2006 年版,第 36 页。
② 冯雷、刘晓然:《论中国传统时间观念对古代司法的影响》,《山东社会科学》,2018 年第 8 期。
③ 赵汀阳:《历史·山水·渔樵》,生活·读书·新知三联书店 2019 年版,第 152 页。

强调："无论如何，若中国未曾提供我们另一种思考自然之道，若中国没有从外部、透过思想的差距带领我们检视构成此抽象'时间'之均质概念的可能条件（让我们知道那不再是必要条件），那么我们或许会采信此思想。"[1]在朱利安看来，以亚里士多德为代表的思想家，所形成的时间观，体现为"时间—量值"思想方法，即根据物体进行位移的空间来思考和测量运动的时间。这种时间意识造就了近代科学，然而这种时间本质上与人的生命活动和生命体验无关。与之不同，中国人对时间的认识和理解正是基于自身的生命活动和生命的体验。吴国盛指出："值得注意的是，中国古人的测度时间体系始终不纯，始终带'场'出现。四时总是带着它们的象征，'春言生，夏言长，秋言收，冬言藏'（《吕氏春秋·十二纪》）。'朝气锐，昼气惰，暮气归'（《孙子兵法·军争篇》）。"[2]他强调："由于中国人对待生命和宇宙有着与西方人完全不同的看法，所以他们既没有很纯粹的测度时间概念，也没有对时间之流的那种痛彻心肺的感觉。中国人的时间观活跃在本源性的标度时间经验中，对'时'、'机'、'运'、'命'、'气数'的领悟，构成了中国传统时间观的主体。对这一本源性的标度时间经验的持守，又与中国人对生命对宇宙的特殊领悟有关。"[3]朱利安也深刻地认识到中国人的四时概念与西方的时间观念存在着极大的差异，他说："若我们像中国人那样重视四时，而舍弃在西方田园牧歌式的陈腔滥调里那些已变得僵化乏味的东西，那么我们便须知道：'四时'究竟为何？ 四时组织着生命的场景，而不只是（生活环境的）点缀。四时以平凡的样态迎向我们，而构成四时特征的

---

① 朱利安：《论"时间"：生活哲学的要素》，张君懿译，北京大学出版社2016年版，第9页。

② 吴国盛：《时间的观念》，北京大学出版社2006年版，第34页。

③ 吴国盛：《时间的观念》，北京大学出版社2006年版，第30页。

是它们性质上的差异:四时各自让一个主要元素起作用,而中国的对仗句法擅长让两者相互对应,如:雨(春)、阳(夏)、风(秋)、雪(冬);每个时节皆有它不可或缺不能延缓的劳动,如:春'耕'、夏'锄'、秋'收'、冬'藏';每个时节皆召唤着某种类型的活动、促成某种生活形态。"①此外,他还强调,中国人正是在四时相互接续之中体验到时间的变化和更迭,使生命的运行不断地返回自身而得到自行更新②。针对《论语》中记载的"子在川上曰:逝者如斯夫,不舍昼夜"(《论语·子罕》),吴国盛强调:"这是儒家始祖孔子对待时间之流的态度,肯定它但从容不迫,毫无惊恐之感。"③相比孔子,李白对时光流逝的感叹,就更能使人意识到生命的短暂:

> 黄河走东溟,白日落西海。逝川与流光,飘忽不相待。春容舍我去,秋发已衰改。(《古风》)

即时光像江河流水一样迅速消逝,绝不等待任何人,而随着时光流逝,青春岁月远去,人们不觉已经衰老。然而,正如吴国盛所指出的,"对万物流逝、变化和不断生成的欣然接受,是中国思想的特质"④,而"由于天人相通,顺天应时便成为一种必须遵守的生活原则,达到天人合一的境界,乃人生的至高理想"⑤。

---

① 朱利安:《论"时间":生活哲学的要素》,张君懿译,北京大学出版社 2016 年版,第 35 页。

② 朱利安:《论"时间":生活哲学的要素》,张君懿译,北京大学出版社 2016 年版,第 35 页。

③ 吴国盛:《时间的观念》,北京大学出版社 2006 年版,第 40 页。

④ 吴国盛:《时间的观念》,北京大学出版社 2006 年版,第 40 页。

⑤ 吴国盛:《时间的观念》,北京大学出版社 2006 年版,第 36 页。

第三，中国人顺天应时体现着对人的生命活动和生活事务的自觉控制与驾驭，因而强调在权衡时间流变和客观形势变化中做出选择和行动。

> 天有其时，地有其财，人有其治，夫是之谓能参。（《荀子·天论》）

这是说，大自然有四季、寒暑、昼夜、风雨、水旱等变化，大地有丰富的资源，人能主动地参与自然与社会治理，就叫作能和天地相配合①。荀子之所以说"天有其时"和"地有其财"，旨在于强调人的作为，即人能够主动地参与天地活动，根据天地既有的规律和条件实现治理，达到配合天地的最佳效果。人是完全根据自身的生存和发展需要来利用天地既定的规律和条件的，而不是完全依赖天地自身。荀子也正是在这种意义上强调：

> 不为而成，不求而得，夫是之谓天职。如是者，虽深，其人不加虑焉；虽大，不加能焉；虽精，不加察焉；夫是之谓不与天争职。（《荀子·天论》）

因此，在荀子看来，完全不由人参与而能够实现的，是根本不必深入考虑的，而人需要考虑的是如何配合天地。

> 是知因时制宜者，为政之上务也。（《北史·周室诸王传》）

---

① 参见楼宇烈主撰：《荀子新注》，中华书局 2018 年版，第 329 页。

这里明确提出了把"因时制宜"作为人所为政应当处理的首要任务的思想。"因时制宜"关键在于把握"时","时"是整个时间流程中的关节点，是内在地蕴含着事情发展变化的特别时刻。赵汀阳用"时间分叉"概念来解释"时"的这一特征。他强调："每件事的问题都围绕着时间分叉所定义的未来性而展开。时间分叉的未来总在唯一的'此时'中收敛为唯一性的事实，可是流逝的事实又在各执一词的叙事中分裂为复数的历史（histories）而复归时间分叉的状态。此时是转瞬即逝的现实，是个临界点：我们身前是分叉的未来，身后是分叉的历史。"[①]因此，转瞬即逝的时间临界点，正是人开启未来、创造历史的关节点，中国古人形成的因时制宜的思想，实质上就体现了对这种开启未来、创造历史的自觉选择。

第四，中国人深刻地认识到时间关联着人的生存和发展，关系着生命存亡和事业成败，归根结底关系着人的前途和命运，因而在中国人的时间意识中始终存在着吉凶祸福的价值判断。《礼记》说：

> 当其可之谓时。（《礼记·学记》）

所谓"可"，指适当、适宜、适合。实际上，"可"与"不可"都紧密地关联着人的事业、前途和命运的价值性判断。

> 养备而动时，则天不能病；修道而不贰，则天不能祸。
> （《荀子·天论》）

---

① 赵汀阳：《惠此中国：作为一个神性概念的中国》，中信出版社2016年版，第155页。

即供养充足，活动适时，自然不会生病，而遵循规律不违背，自然不会遭受灾难。

> 动静不失其时，其道光明。（《易传·艮·象》）

吴国盛指出："依照日月和五大行星之运动编写吉凶宜忌等内容，是中国古代历法的主要内容，而编制历谱只占极小的一部分。这是如何可能的呢？这只能解释为中国人的测度时间未脱原初的标度意味，中国人始终没有一个纯粹的测度时间体系。时日携带着它对人事的特定意义依次登场，中国的计时工作者（包括今日所谓天文学家、历法家、占星术士等等——也许本来就是一回事）所测定、所标记的时日，本来就是渗透着特定含义的时日。历书就是要将'时'中所包含的特定意义展示出来，这是中国'历'的题中固有之义。不仅历书如此，历谱也应作如是观，它只是比较简单的历书，而决不是纯粹的测度体系。"[1]实际上，正如吴国盛所强调的，中国人的春夏秋冬无法彻底地还原为时间数轴上无任何意义负载的一段时间，中国人没有像西方那样先从生活世界里剥离出一个科学世界，然后再用科学世界反过来解释生活世界[2]。相反，中国人的时间始终是现世的、在场的，与现世生活、人事活动紧密相关，表现为对"时"的刻意把握和精心运用[3]。因为时刻着眼于生活、生存和发展，着眼于生命存亡和事业成败，关系着前途和命运，这种在场的时间意识始终体现着价值考量。

---

[1] 吴国盛：《时间的观念》，北京大学出版社 2006 年版，第 34 页。
[2] 吴国盛：《时间的观念》，北京大学出版社 2006 年版，第 39 页。
[3] 吴国盛：《时间的观念》，北京大学出版社 2006 年版，第 42 页。

第五,中国人将生命紧紧地与时间联系在一起,认为时间不是单纯自然界均质的流动,而是人本身的生命活动,由此形成了珍惜时光的思想观念。时间是任何人生命构成的要素,中国人更认识到时间的存在与流逝直接影响着人生的价值和意义。如前所述,孔子自述说:

> 吾十有五而志于学,三十而立,四十而不惑,五十而知天命,六十而耳顺,七十而从心所欲,不逾矩。(《论语·学而》)

显然,孔子具有强烈的时间观念和生命自觉,对自己的成长和发展有着清醒的认识和反思。这种时间观念和生命自觉更深刻地体现在他因看到流水奔腾不止、一去不复返而对时光流逝的感慨。孔子所谓"逝者如斯夫! 不舍昼夜",就是在感叹"时光"像流水一样一去不复返,日夜不停地消失。孔子一生周游列国,到处向各国诸侯推销自己的治国安邦之道,结果处处碰壁,最终落魄回归鲁国专心从事文献整理,教书育人,以终天年。孔子对自己一生的描述,实际上就是对自己一生的人生价值和意义的反思和总结,反映了孔子对生命和人生的积极态度。李泽厚强调:"'逝者如斯夫,不舍昼夜',是对人生意义的执著和追求。"[1]对时光流逝所具有的这种强烈意识,催生了中国古人珍惜时光的自觉性。这样的例子很多。

> 来世不可待,往世不可追也。(《庄子·人间世》)

即来世不可期待,而已往的时光不可追回,这表达了对时间流逝的

---

[1] 李泽厚:《论语今读》,天津社会科学院出版社 2007 年版,第 3 页。

无奈。

> 男女贸功以长生，此圣人之制也。故敬时爱日，非老不
> 休，非疾不息，非死不舍。（《吕氏春秋·上农》）

此处表达了对时间的无比珍惜。陶渊明曾感叹说：

> 盛年不重来，一日难再晨；及时当勉励，岁月不待人。
> （《杂诗》其一）

陶渊明既看到了时间的流逝，认识到时间的宝贵，又以积极的心态对待时间，很有意义，影响深远。李益《游子吟》诗云：

> 人生当荣盛，待士勿言倦。君看白日驰，何异弦上箭？

即面对时间流逝，当积极勤勉有为。中国谚语"百岁光阴如过客"，正是中国人对时光短暂、生命易逝的深刻领悟与无奈感叹。如文嘉在《今日歌》中所言：

> 今日复今日，今日何其少。今日又不为，此事何时了？人
> 生百年几今日，今日不为真可惜。若言姑待明朝至，明朝又有
> 明朝事。为君聊赋《今日》诗，努力请从今日始！

这首诗非常有名，重在强调珍惜当下，做事莫拖延。中国谚语"百事宜早不宜迟"，就在于强调做任何事情都应该提前着手，才能够主动而不

被动。朱经《责己》诗云：

> 勿谓寸阴短，既过难再获。

这是强调要抓住片刻，不可浪费时间。据《晋书》记载：

> ［纪瞻曰］臣闻易失者时，不再者年，故古之志士义人负鼎
> 趣走，商歌于市，诚欲及时效其忠规，名传不朽也。（《晋书·
> 纪瞻传》）

即人应当认识到时光容易流逝，不再返回，要抓住难得的机遇使自己的才华受君主赏识，从而成就功名。在纪瞻看来，古代的志士义人，像伊尹负鼎以烹调道理晓喻汤以行王道，宁戚为求官击牛角唱商歌以引起齐桓公注意，都是认识到时光易流逝想及时效忠的人，都留传下了不朽的名声。魏源强调：

> 故志士惜年，贤人惜日，圣人惜时。（《古微堂·学篇三》）

魏源在此强调越是修养和智慧高超的人越懂得珍惜时光，越不愿意错过时光。

从根本上说，中国古人的时间意识和时间观念与近代以来科学意义上的时间观念差别较大，更具有人文意义。吴国盛指出："负载着原始意味、携刻着象征的'时'的概念的支配性，导致了中国思想中物理因果性概念的贫弱。只有当'时'之标度脱离具体的事物关系（即'机'，机遇、机缘）成为纯粹的测度时间，事物的关系才会独立出来，以作因果关

联的探究。中国思想家停留在对'时'的感悟上，它的形式化的标度体系，反而掩盖了事物之间的因果联系。比如，如果我们问为什么春天就导致生物的生长，这个问题的目的在于带出对原因的追究，然而，中国古人的思想并不沿着这个思路前行，在他们看来，春天导致生长是非常自然的，春天就其本来的含义而言，就其在'时'之标度体系之中的位置而言，本来就是生长的季节。因此，这个问题是一个奇怪的、不是问题的问题。意欲带出对因果性之追究的问题，在中国古代思想面前不是问题。"①因此，中国人对时间的认识并非基于对纯粹天体运行和物理关系的认识，所看重的是天地演化、季节变换、时势变迁的循环与更迭。因此，如吴国盛所说："'时'之标度体系是循环的。四时的循环，阴阳五行的循环，天干地支的循环，'五百年必有王者兴'，等等。但是，这些循环都不是严格意义上的，不是历史事件严格地再现，而是某种态势、倾向、气运等微妙因素的重演。"②

此外，受农耕生产靠天作息的影响，中国人也的确存在着悠闲散漫的习惯。作物生长有其自然规律，人们的劳作只能顺应天时，根据作物生长规律春播、夏耘、秋收，而在酷暑、严寒、狂风暴雨等极端天气下，只能居家休息或从事其他活动，由此也形成了一种无特定作息规律的闲散生活习惯。张岱年指出："中国过去长期处于农业社会，因而没有时间观念，不讲效率。在现在世界上，如果不讲效率，悠闲散漫，那是一定要失败的。封建时代的散漫习惯至今还有一定的影响。"③因此，如何克服不讲效率、悠闲散漫而确立适应现代社会发展要求的时间观念，依然

---

① 　吴国盛：《时间的观念》，北京大学出版社 2006 年版，第 39 页。
② 　吴国盛：《时间的观念》，北京大学出版社 2006 年版，第 47 页。
③ 　张岱年：《文化与哲学》，中国人民大学出版社 2009 年版，第 37 页。

是中国人必须面对的现实问题。

# 第二节　中国人执中致和的时间智慧

中国人对现实生活的热爱和对生命价值至高境界的追求,对时间的体验和感悟具有特殊的意义。中国人非常重视人在现实世界里追求和实现生命价值,因而非常重视在处理具体的生活事务中感受和把握生命的节奏,时时处处强调使自己处于最佳的状态。楼宇烈指出:"'时'这个观念,在儒家思想里面跟'中'一样,非常重要。《周易》里面就把'时'、'中'这两个字放在一起讲,又把'中'、'和'这两个字放在一起讲,'和'、'中'、'时'三个观念就成为了一个非常完整的处理问题的原则。"①这种对时的控制和驾驭,鲜明地体现为因时择中、执中致和的时间意识。《吕氏春秋·不广》载:"智者之举事必因时。"叶适亦强调要"因时施智,观世立法"(《民事》下)。因此,能否因时而举事是判定一个人是否具有智慧的重要标志,而高度地重视时间,尤其将事与时紧紧地联系起来,更是对时间意识的深刻理解。"时""中"与"和"从来不是固定的、僵化的,而是随着具体的人的当下事务而变化的,根据不同的时间追求和达到最佳的状态,实现中和,是中国人最高明的生存智慧。

---

① 　楼宇烈:《中国的品格》,南海出版公司 2011 年版,第 114 页。

# 一、时务：亟待洞识的当世要务

　　人每天所面对的现实生活无比复杂，这是最基本的生活事实，是人思考问题的基点。作为生活主体，任何人都必须针对自己当下的生活事务，根据自己所面对的环境、条件和形势，特别是根据自己的理想追求、价值原则、兴趣爱好、现实能力、审美趣味等等，做出自己的生活选择。显然，在自己的思考和选择中，最具有决定意义的是当下究竟面临着什么样的紧急事务。每个人所身处的社会环境和条件中存在着影响和制约人的生活和发展的最为重要而紧迫的当下重大事务，这就是"时务"。中国人向来强调"识时务者为俊杰"，这不仅体现了中国人对影响或左右整个社会发展趋势、国家安稳、国计民生的当世重大事务的认识，而且揭示了人在特殊的社会历史时期正确地认知和判断事态，并最终投身现实社会斗争，顺应历史和时代发展潮流而成就自身生命价值的高度自觉。

　　在农耕文明下的中国传统社会里，"时务"最初指根据时令季节变化而需要做的农事。《国语》说：

　　　　民不废时务，官不易朝常。（《国语·楚语上》）

陶渊明回归田园，亦曾赋诗云：

　　　　秉耒欢时务，解颜劝农人。（《陶渊明集·三·癸卯岁始春怀古田舍之二》）

农事之所以为时务,就是因为人们的耕种与收获必须顺应季节、时令和气候的变化,而错过和荒废农时就可能毫无收获。因而中国人向来强调不违农时,例如《左传》说:

> 谓其三时不害而民和年丰也。(《左传·桓公六年》)

与作为农事的时务不同,通常意义上的时务指在某一社会历史时期影响或左右整个社会发展和安稳的当世最重大的事务,即要务、要事。陈寿在《三国志》中记载刘备寻访诸葛亮的过程中遇到司马徽,向其求教世事,司马徽感叹说:

> 儒生俗士,岂识时务? 识时务者在乎俊杰。(《三国志·诸葛亮传》)

在此,时务即为在当时影响或左右整个社会局势和历史发展潮流、趋势的重大事务。这种意义上的重大事务或要事,已经远远超越了任何个人的控制和驾驭,任何一个人的前途和命运无不受其影响、控制和左右。事实上,这种意义上的时务,在此之前已经出现。

> 今之刑,非皋陶之法也,而有司请定法,削则削,笔则笔,救时务也。(《汉书·礼乐志》)

意思是说,根据社会历史客观形势的变化,通过适当修改法律而解决和处理社会重大事务。时务影响和左右整个社会历史发展趋势,控制和制约着社会上所有人的前途命运,因此,它既是当世必须面对、处理和解决的重大事务，是当前的要务、要事，又决定着任何人都应该胸怀天下、目光高远，自觉地认识、处理和解决这些重大事务或要事，从而把握自己的前途命运。

> 故知时者，可立以为长；无私者，可置以为政；审于时而察
> 于用，而能备官者，可奉以为君也。(《管子·牧民》)

即能够通晓时务且无私的人可以立为执政者。

中国人对时务的高度重视莫过于将对时务认识和思考的考察纳入科举考试范围之内。唐代科举考试，先试帖文，然后在口试经义阶段须答时务策三道，而进士则须答时务策五道。如此考察天下士人的做法，无疑在于让进入仕途的人们具有清醒的时务意识，不尚虚谈，直面社会现实问题，除天下之弊，兴天下之利，实现天下太平。清醒的时务意识，归根结底就是清醒的历史趋势意识和当下事务意识，更是自觉的生命意识和历史担当意识。近代史上，清末戊戌变法时期的维新派人士具有强烈的时务意识。戊戌维新时期，梁启超等人于光绪二十二年(1896)在上海创办《时务报》，并亲自任主笔；熊希龄、陈宝箴、黄遵宪、梁启超、谭嗣同等人于光绪二十三年(1897)在湖南长沙开办时务学堂，教导人们认识时务，宣传变法思想，研求治国道理；汪康年于光绪二十四年(1898)在《时务报》之外又创办《时务日报》，大力宣扬变法。对于当时的中国人来说，变法以救亡图强就是最大的事务，因为它决定着整个民族的前途命运，决定着每一个中华儿女的前途命运。无疑，上述人士之所以赢得世人的尊敬，就在于他们识时务，并在处理历史重大事务中贡献了自己的智慧和力量。

正如司马徽所说的"识时务者在乎俊杰"，中国人充分肯定那些真

正洞察时务并最终做出合理抉择的人。对于一个社会来说,究竟存在着什么样的发展趋势和潮流,究竟存在着什么样的重大事务或问题,不同的人会有不同的看法,然而只有那些真正地洞察并准确地把握了社会发展趋势和历史潮流,领悟了社会存在着的重大事务、问题或矛盾的人,才能称得上俊杰。《汉书》记载:

> 光(霍光)知时务之要,轻徭薄赋,与民休息。(《汉书·昭帝纪》)

针对"识时务者为俊杰"这句经典名言,楼宇烈强调:"这句话本来是正面的,俊杰非常能够识时务,所谓识时务就是能够把握时机。可惜后来多被用为贬义,变成投机取巧的意思了。"[①]客观而言,那些投机取巧的人,特别是在敌我矛盾尖锐的社会历史时期,错误地投靠敌人,成为叛徒、汉奸的人,都是些不能正确理解和把握时务的人,算不上真正意义上的俊杰。这些人不仅没有成就自己人生的价值,还成为国家民族的败类,被永远钉在历史的耻辱柱上,为后人所唾弃。

## 二、时机:不容错失的当下机遇

如前所述,时务是当世最重大的事务,是当前亟待处理和解决的要务、要事。然而当人身处事务之中,究竟如何控制和驾驭整个事务发展的趋势和节奏,合理地规范和协调自己的生活,却需要极大的智慧。赵汀阳指出:"生活的常态一般是对已有现实的复制,从不打扰时间的连

---

① 楼宇烈:《中国的品格》,南海出版公司 2011 年版,第 115 页。

续性，而创作意味着一种可能生活的开始或历史的一个开端。"①一般而言，如果没有特殊事情的出现，生活往往极为平静，它似乎每天都在遵循着既定的规律。然而，现实的生活实际上蕴藏着内在不断演变的矛盾，它并非像静静的流水。善于洞察生活或事物的细微变化，准确地判断可能出现的事情，进而预测整个事务发展的趋势和可能结果，从而抓住转瞬即逝的机会迅速行动则是人的生活和生存智慧。注重时机是中国传统时间观念的重要特点，认识到"机不可失，失不再来"，是中国人时机意识的深刻体现。

"时机"意识是"时务"思想的深化和具体化。对于身处一定历史境遇的人来说，各种因素相互综合地发挥着作用，为当下需要解决的事情生成着解决的契机。这一契机就是会随着时间的流变而瞬时消失的关键时间点，就是时机。赵汀阳指出："对于划时代事件的当事人，时机是个历史开端，而对于后人，则是历史线索的重返点，于是，无论对于当事人还是后人，伟大的时机都具有不可磨灭的当代性。"②一般而言，人们最喜欢编年史，总习惯按照年代或时间顺序来梳理历史发展脉络，因而往往以历史事件发生的时间，如具体的年月日乃至几时几刻，来标记事件发展的顺序。人们没有深入思考历史自身演变的流程，更没有进入历史事件生成和演化的内部，去分析和观察当事人究竟怎样根据当时客观的环境和条件，根据事件自身生成的原因、当下变化和未来趋势，判断当事人的思想、意志、抉择和行动，体会当事人在这些复杂活动和过程中的心理反应和情感体验。实际上，当事人时刻处于复杂的挑战之中，时刻在应对各种变化着的因素和挑战，在寻找和把握控制和驾驭

---

① 赵汀阳：《四种分叉》，华东师范大学出版社 2017 年版，第 29 页。
② 赵汀阳：《四种分叉》，华东师范大学出版社 2017 年版，第 30 页。

事情发展变化的契机,因此时刻都在评判着是否存在着可以利用的时机。赵汀阳指出:"时机在编年性的自然时序(Chronos)中突现而赋予时间一个历史性机遇。从事情的发生(happening)角度看,时序是自然时间的编年形式;从事情的生成(becoming)角度看,时机是时间的历史性形式。生成不可能无缘无故,而需要一个关键时刻的来临,它是历史的一个创建点或者转折点,也是思想或精神的可能重返点,谓之时间之枢机,简称时机。"①因此,我们不能简单地从"编年性的自然时序"来看待时间,而应当从事情发生的角度来认识时间作为历史性机遇的意义。

> 事之难易,不在小大,务在知时。(《吕氏春秋·首时》)

因此,"时机"不是单纯的自然时间,而是事情之中的时间,是由当事人所认识、捕捉和驾驭的时间,是当事人充分调动一切有利因素从而统筹事情发展和转化的时间,是"时间之枢机",是引发整个事件乃至人的前途、命运转机的时间。由于时间不是单纯的自然时间,赵汀阳指出:"时机既包括成熟的客观条件,也包括行为者的得当行动,两者合一便是正逢其时,也就形成一个变化的临界点,战争,革命,建国,立教,显灵,技术革新,艺术转向,都各有时机。"②"时机"在战争中具体表现为"战机"。《战国策》记载苏秦游说齐闵王时说:

> 语曰:"骐骥之衰也,驽马先之;孟贲之倦也,女子胜之。"
> (《战国策·齐策》)

---

① 赵汀阳:《四种分叉》,华东师范大学出版社 2017 年版,第 29 页。
② 赵汀阳:《四种分叉》,华东师范大学出版社 2017 年版,第 29—30 页。

"骐骥"指骏马，"孟贲"是战国时秦武王手下的勇士，力大无比，相传能生拔牛角。然而，骐骥在衰弱时，劣马也能超过它，而再强大的勇士在疲倦时，女子也能够胜过他。汉末皇甫嵩大破黄巾军，阎忠劝谏说：

> 难得而易失者，时也；时至不旋踵者，几也。故圣人顺时
> 而动，智者因几以发。(《后汉书·皇甫嵩传》)

"旋踵"，即掉转脚跟，比喻转身。这是说，时间难以得到且容易逝去，而一旦时机到来不等人转身就容易失去，所以圣人经常顺时而动，智慧的人则见机而作。顺时而动、见机而作，能够充分地调动一切有利因素，达到最理想的效果。罗隐《筹笔驿》诗云：

> 时来天地皆同力，运去英雄不自由。

这句诗所说的就是这样的道理。因此，战争或做事能否取胜，取决于对时机的把握，因为时机到来的各种力量综合发挥作用，能够达到单独作用时所不可能具有的效果。

> 善战者见利不失，遇时不疑，失利后时，反受其殃。故智
> 者从之而不失，巧者一决而不犹豫。(《六韬·军势》)
> 事贵应机。(《北齐书·司马子如传》)
> 时之反侧，间不容息；先之则太过，后之则不逮。夫日回
> 而月周，时不与人游。故圣人不贵尺之璧而重寸之阴，时难得
> 而易失也。禹之趋时也，履遗而弗取，冠挂而弗顾，非争其先
> 也，而争其得时也。(《淮南子·原道训》)

即做事贵在随机应变,时机难得,机不可失,失不再来,这种思想深入中国人的心中,体现于世人的日常生活之中。

实际上,不仅指挥千军万马行军作战需要善于抓住时机,在任人唯贤治理天下问题上,也需要善于捕捉时机。

> 得其人则治,不得其人则乱;分先定则安,不先定则危。此明白之理,皎如日月,得失之机,间不容发,于朝廷至大至急之务,孰先于此!(《司马光集·卷一六·请建储副或进用宗室第一状》)

就是说,治理天下关键靠人才,治乱取决于是否得其人,一旦朝廷出现至大至急的事务,能否恰当地使用人才就成为关键。"得失之机,间不容发",若关键时刻不幸用错人,很可能导致王朝覆灭和天下混乱。据《史记》记载,谋士蒯通曾对韩信说:

> 夫功者难成而易败,时者难得而易失也。时乎时,不再来。愿足下详察之。(《史记·淮阴侯列传》)

蒯通意识到汉王刘邦将危及韩信,建议韩信及时反叛,韩信没有听取,结果遭吕后诱杀。尽管此事多有争议,但蒯通作为谋士为其主出谋划策,具有强烈的危机意识和时机意识,却是值得肯定的。刘邦后来也没有因蒯通帮韩信谋划反叛而杀他,反而赦免了他。刘邦之所以宽恕蒯通,是因为他欣赏蒯通作为谋士坚守忠信,能够在主人危急之时出谋划策,而这样的人才是任何统治者都需要的。魏征在《魏郑公集三唐故邢国公李密墓志铭》中称李密就是能"应时机以鼓之,统群策以决之"的人物。吴国盛指出："中国人的实用理性，在处理世事中的灵活与机敏，全通过'时机'一词表现出来。不同的时候，该做什么，不该做什么，一旦做如何扣住机关，对此的明察是实用理性。"[①]无疑，这种从具体的历史境遇、事务中思考和认识问题的理性思维，是典型的实用理性思维，它需要时刻考虑事务的发展和演变，需要人时刻处于灵活和机敏状态，时刻认识、判别和把握随时可能出现的时机。

生活总是处于瞬间变化之中，任何人要想成为生活的主人就必须根据事物发展的适当时机而行动。

> 居善地，心善渊，与善仁，言善信，政善治，事善能，动善时。（《道德经·第八章》）

"动善时"就是强调人的任何行动都要根据当下的事务、具体的时机，顺应当下的环境、条件和形势而为。

> 时止则止，时行则行。动静不失其时，其道光明。（《易传·艮·象》）

因此，当行则行、当止则止，动静不失时，就能达到最佳的状态。王充说：

> 大贤之在世也，时行则行，时止则止，铨可否之宜，以制清浊之行。（《论衡·定贤》）

---

① 　吴国盛：《时间的观念》，北京大学出版社 2006 年版，第 38—39 页。

在此,"铨"指权衡,即权衡时势是否合宜,王充强调,圣人总是能够权衡时势来决定自己的行止,以确保自己的操行。

实际上,圣人之所以为圣,从行动的角度来说,就在于他总能够自觉地权衡时势,能够根据自己对时势的判断来计划、规范和协调自己的行动。陈鼓应指出:"从老学至黄老之学都十分重视时变,如《老子》第八章有言'动善时',而'时变'这一概念在《管子》四篇中屡见,如〈心术上〉讲'时适',〈心术下〉及〈内业〉论及'时变',而〈白心〉更突出地提出'以时为宝'、'知时以为度'的呼声。"①无论是"时变"还是"以时为宝",也无论是"时适"还是"知时以为度",都强调人的思想和行动必须根据时间的变化来规范和调整,人要根据时间来把握事务发展的度。《论语》记载,当时把持鲁国朝政的季氏家臣阳货质问孔子说:

> 好从事而亟失时,可谓知乎?(《论语·阳货》)

就是说,喜欢做事而又屡屡错失时机算得上聪明吗?事实上,中国古人非常重视时机,这体现于对"几"(幾)的体认和把握。墨子就强调:

> 春秋祭祀,不敢失时几。(《墨子·尚同中》)

《易传》更重视"几"的思想:

> 夫《易》,圣人之所以极深而研几也。唯深也,故能通天下之志;唯几也,故能成天下之务。(《易传·系辞上》)

---

① 陈鼓应注译:《管子四篇诠释》,商务印书馆 2016 年版,第 101 页。

所谓"极深而研几"，就是探究事物的深奥，研究变化的微妙，只有如此才能通达天下的心思，才能成就天下的事。荀子强调：

> 危微之几，惟明君子而后能知之。（《荀子·解蔽》）

即对于"危"（警惧、不自安）与"微"（微妙通神）的极其细小的区别，只有明智的君子或圣明的君主才能知道。陈忠说：

> 是以明者慎微，智者识几。（《后汉书·陈宠传附陈忠传》）

王廷相指出：

> 几，在事者也。（《王廷相集·慎言·小宗篇》）

即"几"是事的关键、枢要或精微，隐含于事之中，非当事人无法领悟和体察。当然，对中国人来说，"事"不仅指各种日常事务，还蕴含着伦理道德意义。王廷相进一步强调：

> 深省密察，以审善恶之几也。（《王廷相集·慎言·潜心篇》）

因此，真正的智慧者或圣人就是能够觉察事物的微妙变化而又能成事的人，而这样的人注定是善于掌控和驾驭时间的人。

同样，中国人尊称那些能够把握时机创造性地成就自己的生命价值的人为俊杰或圣人。孟子称孔子为"圣之时者"：

> 可以速而速，可以久而久，可以处而处，可以仕而仕，孔子
> 也。(《孟子·万章下》)

范蠡亦说：

> 圣人之功，时为之庸。得时弗成，天有还形。(《国语·越
> 语下》)

在此，"形"同"刑"，即圣人能建功立业在于善于利用时机，一旦得到时机而没有抓住，天还会施予刑罚。虞溥《江表传》称当时名士顾谭"精识时机，达幽究微"。

中国人高度重视时机，强调不能错失时机，认识到一旦错失时机必将抱憾终身，无法弥补。如上所述，鲁国季氏家臣阳货警示孔子应当出仕做官时曾说："好从事而亟失时，可谓知乎？……日月逝矣，岁不我与。"孔子感到阳货说得有理，回答说："诺；吾将仕矣。"(《论语·阳货》)就是说，通过阳货的一番话，孔子也认识到想要做某件事就必须紧紧抓住时机，否则将因时光流逝而错失机会，最终留下遗憾。

> 知者善谋，不如当时。(《管子·霸言》)

因此，纵使人再聪明善谋划，也不如紧紧抓住时机，做好当下需要做而且能做的事。王通《中说·关朗篇》记载仲长子光说："弛一机，万事堕。"即如果错过、放弃了一次难得的时机，就势必导致所有事情都遭到

败坏。陆贽强调：

> 是以兵贵拙速，不尚巧迟：速则乘机，迟则生变。此兵法
> 深切之诚，往事明著之验也。（《陆贽集·卷十一·论两河及
> 淮西利害状》）

陆贽充分认识到在行军作战的过程中迅速而灵活地调遣军队以及时抓住战机的必要性。许世绪也告诫说：

> 天辅德，人与能，乘机不发，后必蹈悔。（《新唐书·裴寂
> 传》）

机会往往是由各种自然因素和人事因素综合营造出来的，碰到千载难逢的机会却不知奋起抓住，过后注定懊悔不已。刘昼说：

> 成务虽均，机速为上；决谋或同，迟缓为下。何者？才能
> 成功，以速为贵；智能决谋，以疾为奇也。（《刘子·贵速》）

在此所强调的就是，做事一定要把握时机，迅速决策和行动。因此，真正有才智与否，关键在于能否抓住机遇而迅速决策和行动。正如冯雷、刘晓然强调："在中国传统时间观念中，时间除了被编成便于协调日常生活的时间体系外，还承载着丰富的精神内容和时机内涵。未丧失时机内涵是中国传统时间观念与近现代时间观念相比的最大特点。中国古人时间的时机内涵，通过自然环境构成的情境、形势来展现，并通过

人们领悟其意义完成。"①

## 三、时中：执中致和的当下智慧

时间看似对每个人都是一样的，但对具体的人来说，具有不同的性质、价值和意义，而人基于不同时间所做出的生活选择及其最终结果也千差万别。《吕氏春秋·察今》载："故凡举事必循法以动，变法者因时而化。"人之所以要"因时而化"，就在于认识到一切事务皆在时间中变化，需要根据变化顺势而为。因时而择中，即顺应自己所面对的环境、条件和形势而实现生活中的恰到好处，做到时时处处达到中，即"时中"，这就是中国人执中致和的当下智慧。据《宋史·岳飞传》记载："（岳）飞曰：'阵而后战，兵法之常，运用之妙，存乎一心。'"即兵法的灵活运用全在于审时度势。因此，作为方法论原则，"执中致和"的当下运用之妙，完全在于人能够因时而择中。

客观而言，人的现实生活无比复杂多变，究竟如何控制和驾驭自己的生命活动，如何处理生活中的各种事务，本身是一个极为棘手的问题。然而在中国人看来，所有这一切无不需要因时而择中，即准确地把握时机，做到时时处处执中以致和。冯友兰说："儒家书中，每说'时中'，盖以'中'为随时而异。如此则理智尤必须对于'时'有精确的知识，方能使我们知道如何为中。"②朱利安强调："理解'时'的人便可善用它：智者的策略在于，在所有情况下察觉当下的有利因素，包括最不利

---

① 冯雷、刘晓然：《论中国传统时间观念对古代司法的影响》，《山东社会科学》，2018 年第 8 期。

② 冯友兰：《人生哲学（外二种）》，中华书局 2014 年版，第 532 页。

的情况，且即便这些因素只是以空洞的或是以纯粹线索式的型态呈现；他们会让有利的因素发挥作用，让自己随着有利因素之发展而发展。"①柴毅龙指出："所谓'时'，就是识时务，就是懂得权变，就是不仅能'用中'，而且善于'用中'。随时随地、根据不同情况、不同时间地点，灵活地运用'中庸'原则。这种灵活运用'中庸'原则又被称为'时中'。'时中'可以说是中国人生命的大智慧。"②针对"时中"，陈来解释说："'时中'是'在事之中'，是'随时而中''做得恰好'，是针对个别事物、特殊境况的，这正是实践智慧在做事方面恰当运用的状态。"③因此，尽管"执中致和"本身是一个方法论原则，但执中只能因时而执中。对不同的人来说，"时"具有不同的观测点，也具有不同的意义，因而执中就势必出现各种具体的情形。张怀瓘强调：

> 智则无涯，法固不定。（《书议》）

即智慧本身没有极限，而方法也变化无穷，如何"执中"，一切都必须根据"时"的具体情形而定。曾仕强、刘君正指出："缅怀过去，主要在记取宝贵的教训。展望未来，重点在指引光明的前程。真正要把握的，则是转瞬即将消失的现在。现在介于过去和未来之中，所以我们在整体当中，特别重视中道，也就是此时此地最为合理的途径。我们所追求的，是高难度的'时中'，即是时时刻刻，都寻求当时的合理点，务求命中预

---

① 朱利安：《论"时间"：生活哲学的要素》，张君懿译，北京大学出版社 2016 年版，第 151 页。

② 柴毅龙：《尊道与贵德——中国人的价值观》，云南人民出版社 1999 年版，第 223 页。

③ 陈来：《儒家文化与民族复兴》，中华书局 2020 年版，第 143 页。

期的目标。"①又强调："为了时中，我们必须唯变所适，依据当前（现在）内外环境的变化，做出合理的调整，也就是《易经》所主张的'变易'。"②可以说，在从过去、现在到未来的整体时间流变中，缅怀过去、立足现实、展望未来、秉执中道、寻找做事和行动的恰当点、抓住转瞬即逝的机会、灵活地命中目标、将各种关系处理得到恰到好处，实在是中国人最高超的生活智慧。这种智慧与西方人始终强调敌我斗争、二元对立在旨趣上存在着天壤之别。中国人的这种智慧，亦为西方学人所欣赏。德国学者埃里希·蒂斯在阐释中国人的时间观念时，强调："为了恭敬、小心、谨慎、周到地与人和事物打交道，我们需要各自的时间、特定的时间，以便能对这些人和事公平——通常需要对抗客观流逝的时间。这也可以在中国学到。"③

时中是一种很高的生活境界，在中国古人看来，这是最具智慧的圣人才能达到的境界。《中庸》记载：

> 仲尼曰："君子中庸，小人反中庸。君子之中庸也，君子而时中；小人之［反］中庸也，小人而无忌惮也。"（《中庸·第二章》）

即只有君子才时时处处符合中庸的要求。在南怀瑾看来，子思作《中

---

① 曾仕强、刘君政：《易经的中道思维》，陕西师范大学出版社 2009 年版，序第 2 页。

② 曾仕强、刘君政：《易经的中道思维·前言》，陕西师范大学出版社 2009 年版，第 2 页。

③ 埃里希·蒂斯：《中国人的时间图像》，马绎、刘媛译，同济大学出版社 2018 年版，第 27 页。

庸》旨在继承祖父孔子的心传，阐述其师曾子在《大学》中所说的"大学之道，在明明德"的"内明"和"外用"之学，其中尤其强调"君子而时中"，做到"道"之"不可须臾离"的境界，而这种境界就体现为"知止而后能定"乃至"虑而后能得"①。他强调："换言之，学问之道，不是知识，更不是空言。它要在自己个人的心性身心修养上，'择善固执'，随时随地，处在'中和'、'知止而后有定'的境界。"②在此，南怀瑾所重点强调的就是君子应当在个人心性修养上达到时中的境界。如上所述，孟子称孔子为"圣之时者"。所谓"圣之时者"，就是说圣人是最能够适应时代形势发展的人。《易传》刻画了这种做到"时中"的圣人：

> 是故居上位而不骄，在下位而不忧，故乾乾因其时而惕，虽危无咎矣。（《易传·乾·文言》）

司马迁也描述了圣人因时变化守中的情形：

> 有法无法，因时为业；有度无度，因物与合。故曰："圣人不朽，时变是守。"（《史记·太史公自序》）

也就是说，章法或节度都必须随着时势的变化而成就和改变，而圣人的事业之所以不朽就在于其能把握时势的变化，这本身是尊重和遵守事物客观法则的表现。

---

① 南怀瑾：《话说中庸》，东方出版社 2015 年版，第 138—139 页。
② 南怀瑾：《话说中庸》，东方出版社 2015 年版，第 139 页。

> 是故圣人因时而安其位,当世而乐其业。(《淮南子·精神训》)

即圣人能够始终因时而保守自己的位置,顺应时势而成就自己的事业。与之相反,荀子则指出:

> 政令不明,举错不时,本事不理,夫是之谓人祅。(《荀子·天论》)

“人祅”即人为造成的混乱。这就是说,违背了时间和规律所施行的政令只能导致人为的社会混乱。基于这种认识,《礼记》总结说:

> 故事与时并,名与功偕。(《礼记·乐记》)

因此,任何人要想成就一番功名,成为君子乃至圣人,就必须始终做到自己的行动处处与时机相吻合。

当然,因时择中,莫如时时处处自然而然适中。也就是说,“择”本身还带有鲜明的主体选择性,还表达着一种主动的修为,而能够洞察事物发展的必然规律和趋势,从而自然而然地协调好与事物之间的关系,做到“不勉而中”,则是至高的境界。程颐说:

> “不勉而中,不思而得”,与勉而中,思而得,何止有差等,直是相去悬绝。“不勉而中”即常中,“不思而得”即常得,所谓从容中道者,指他人所见而言之。若不勉不思者,自在道上行,又何必言中? 不中,不勉,不思,亦有大小深浅。(《二程

集·河南程氏遗书》第十五)

因此,相比"勉而中"和"思而得","不勉而中""不思而得"则是更高的境界。"不勉而中"显然已经将人的自觉的、主动的选择转化为不自觉的、潜意识中的行动,已经与外在事物发展的必然规律和趋势实现了最佳的一致和协调。这种自然而然的、不期而然的最佳一致与协调,体现为时时适中。陈来强调:"《中庸》最后要达到的是诚者不勉而中、不思而得、从容中道的圣人境界。"①因此,"不勉而中、不思而得、从容中道"才是执中致和的最高境界,是时中的自然状态。而它之所以是最高境界,归根结底在于它体现了作为行动主体的人最终实现了意志自由与外在必然之间的完美结合,彻底解决了自由与必然之间的矛盾。

# 第三节　时中的具体情形

纯粹的宇宙、自然界是统一的,遵循着共同的规律和秩序,而每个人的生活却是丰富多样、千变万化的,人在文化意义上所拥有的私人天地更是千姿百态。每个人所处的时代、环境、条件和形势存在着根本性的区别,因而相对于具体的人来说,时间的表现总是不一样的。时间对每个人来说都是千差万别的,甚至同一个人在不同的时间里所处的情形也是非常具体的,因而他所追求实现的理想境界或各方面生活关系的恰到好处,即中,也注定因时间的不同性质而各具特色。赵汀阳指出:"所有成问题的事情都是'可能性'的展开:变化、生长、未来、不确定

---

① 陈来:《儒家文化与民族复兴》,中华书局 2020 年版,第 143 页。

性、互动性、合宜度、互补性……"①因此,人们应当具备鲜明的问题意识,在具体的事情中把握瞬时的可能性,找到需要契合的度。他进而指出:"《易经》是中国最古老的书之一,是中国思想的基石,也是孔子用来教育学生的六大教材之一,这本书的基本思想就是说,一切事物都在变化中,变化是一切事物的存在方式,因此重要的问题是何种变化才是合理的,对合理变化的理解就是智慧,就是懂得了存在之道。"②因此,人只能根据对事情变化的理解来判定自身究竟如何面对和驾驭事物。

# 一、随时

中国人向来重视对自然运行规律的认识,这尤其体现为对四季变换时序的认识。四季变换造成了温凉寒暑,而中国先祖们根据这一规律形成了春耕、夏耘、秋收、冬藏的生产生活节律。人们从大自然学得这些知识和规律,普遍地运用到生活的各个方面,指导着自己的思想和行为。遵循时间演化的规律,自觉地随着生活的发展控制和驾驭事物,遇事逢时、积极有为,进而使自己自然而然地随时而中,体现了中国人最朴素的生活智慧。

万事万物都随客观形势的发展而发生变化,任何人都必须根据客观事物的变化而判断自己的选择和行动是否合适,但这种判断、选择和行动存在着彼一时此一时的问题,即随时而执中的问题。赵汀阳指出:"意识到与时间同在,从而意识到意识自身的时间性,这就形成了当代

---

① 赵汀阳:《惠此中国:作为一个神性概念的中国》,中信出版社 2016 年版,第 148 页。

② 赵汀阳、德布雷:《两面之词:关于革命问题的通信》,中信出版社 2014 年版,第 10 页。

状态。"①实际上,"当代状态"就是当下状态,就是清晰地意识到与时间同在并且使自己的意识始终处于当下时间的状态。时间始终处于流变和绵延之中,人只有始终清醒地觉悟到时间的这种流变和绵延,意识到周围客观事物在整个时间流变中的生成、发展与演化,准确地把握事物变化的形势与节点,才能捕捉时机、科学地处理和解决问题。魏元忠警告说:

> 当事机之际也。皆随时而立功,岂复取贤于往代,待才于
> 未来也?(《旧唐书·魏元忠传》)

显然,"事机"是瞬息万变的,作为当事人、任事者,每个人都只能根据自己当下所处的环境、条件和形势做出自己的判断和选择,而无法寄希望于他人。因此,所谓"随时执中",就是作为生活主体的人顺遂时间演变科学地选择和行动,从而达成对问题的最优解。如果深究,"随时执中"遵循着时间的演化,归根结底遵循着人与诸多事物、他人彼此相互作用而生成的运动变化规律。现实生活中,事物的发展往往形成了一种客观趋势和潮流,任何人只有自觉地将自身快速融入其中,才能规范和协调好与周围一切事物和人之间的关系。自觉地快速顺应事物发展趋势,融入社会历史发展潮流,就是"随时"。随时执中,就在于面对已经形成或正在形成的社会历史发展潮流和万事万物发展趋势,根据自己生活和发展的主体性需要和理想目标,迅速地调整自己的心态和姿态,审时度势,将自身恰到好处地融入其中,在动态之中实现与周围一切事物和人之间的和谐。甚至,在此过程中,通过自己的主动作为,

---

① 赵汀阳:《四种分叉》,华东师范大学出版社 2017 年版,第 10 页。

洞察量变、质变的关节点,点石成金地、化腐朽为神奇地改变事物,四两拨千斤地引领形势发展,使事情朝着有利于自己的方向转化,乃是更高意义上的随时执中。从根本上说,随时执中反映了人作为生活主体的积极性和创造性。

中国人认识到遵循人与事物相互作用而形成的规律和趋势,因而顺时而为,就能够避免祸患,即避免受到客观规律的惩罚。

> 养备而动时,则天不能病;循(修)道而不贰,则天不能祸。
> (《荀子·天论》)

"动"而随"时","天不能病",就体现了遵循规律而不受自然规律惩罚的道理。实际上,下句"循(修)道"而"不贰"则"天不能祸"所反映的是同样的道理。

> 凡道之情,不制不形,柔弱随时,与理相应。万物得之以死,得之以生;万事得之以败,得之以成。(《韩非子·解老》)

在此,韩非子强调的"柔弱随时,与理相应",则更清楚地揭示了事物演变的具体状态以及对规律(理)的遵循。随时而行动,做到柔弱随时,与理相应,就能够得到成功。

> 随时以举事,因资而立功,用万物之能而获利其上。(《韩非子·喻老》)

因此,随时、顺时,能够充分地协调人与客观事物之间的关系,取得充分发挥自身主体性与外物相应功能的最佳效果。《易传》高度重视"顺"的重要性，而"顺"就体现为随时、顺时。

　　坤道其顺乎，承天而时行。（《易传·坤·文言》）

"坤"是《周易》中最主要的两个卦之一，与"乾"并列，乾为父卦，坤为母卦，其他卦都是从乾坤两卦派生出来的。乾卦卦德为刚健，而坤卦卦德为柔顺。坤道在于顺，而顺的关键在于"承天而时行"，即承顺自然天时行动。顺与逆，与吉凶、利弊、祸福紧密相关。《周易》对顺、逆的认识，是与吉凶、利弊直接联系在一起的。

　　《易》曰："自天祐之，吉；无不利。"子曰："祐者，助也。天
　　之所助者，顺也；人之所助者，信也。履行思乎顺，又以尚贤
　　也。是以自天祐之，吉，无不利也。"（《易传·系辞上》）

随时而动就能够吉利，就是得到了"天之所助"。当然，这种意义上的"天之所助"实际上就是顺应了大自然的时序和规律，而不是得到神秘之天的辅助。

　　因形而与之化，随时而与之移。（《淮南子·兵略训》）
　　知逆顺之变，避忌讳之殃；顺时运之应。（《淮南子·要略》）

这里所强调的实质上就是如何根据具体的客观形势，随时顺势而为，以达到顺利，避免灾殃。然而，要做到这一点，需要在复杂的局势中寻求和遵守中道。曾仕强、刘君正指出："阴极不行，阳极也不行，促使我们

在阴、阳之间,寻找出第三条路,那就是中道。中并不是刚好在中间,而是差不多在中间,合理就好。差不多可以在正中间,也可以稍微偏左或偏右。当然偶尔也会极左或极右,反正物极必反,偏到极端自然走不通,也就回头了。合理就好,合理不合理,标准在哪里? 谁说了算? 熟悉易理的人,自然心知肚明,一切随时势而改变。"①自觉地熟悉事物变化的规律和道理,坚持中道而不偏激,就应时时刻刻抱以谨慎的态度。

"终日乾乾",与时偕行。(《易传·乾·文言》)

即只有终日勤勉,才能做到随时执中,与时偕行。程颐说:"不席地而倚卓,不手饭而匕箸,此圣人必随时,若未有当,且作之矣。"(《二程集·河南程氏遗书》第十五)总之,圣人正是随时而创造了历史。

客观而言,任何人都面临着吉凶、悔吝以及顺逆等问题,会遇到各种困难、风险和挑战。自觉地调整心态,积极地迎接生活中的各种困难,而不是陷入怯懦、无奈、痛苦、麻木之中,就能够改变现状,达到理想的生活境界。

吉凶悔吝者,生乎动者也。刚柔者,立本者也。变通者,趣时者也。(《易传·系辞下》)

在此,"趣"即"趋",这就是说,所谓"吉凶悔吝",本身并不是必然的、凝固的,而是随着事物的运动和变化产生变化,当事物发生了改变,吉凶、

---

① 曾仕强、刘君政:《易经的中道思维·前言》,陕西师范大学出版社 2009 年版,第3 页。

悔吝同样发生改变。鉴于这种情况,人必须做到刚柔相济,必须紧跟着环境、条件和形势的变化调整自身,及时变通,这就是"趋时"的要义。刘勰强调:

> 趋时必果,乘机无怯。(《文心雕龙·通变》)

趋时而不为时所抛弃,才能泰然面对一切变化。

> 禹之趋时也,履遗而弗取,冠挂而弗顾,非争其先也,而争其得时也。(《淮南子·原道训》)

自觉地趋时而不因各种因素陷入茫然失措的混乱状态,就使自己处处达到了行事合乎时宜因而无过无不及的时中境界。

> 成己,仁也;成物,知也。性之德也,合内外之道也。故时措之宜也。(《中庸·第二十五章》)

即无论是成己还是成物,真诚的人内外德性统一,能够做到随时而动,处处做到恰到好处。这种随时而达到中或中和境界的人就是圣人。张栻指出:

> 所贵于君子之中庸者,以君子能随时以处中也。(《宋元学案·卷五十·南轩答问》)

针对孔子这样的圣人,《中庸》记载了对他"上律天时,下袭水土"的评价。即孔子能够遵循天时运行的规律,能够依据水土地理的环境,这充分肯定了孔子之所以为圣人的缘由,即圣人一定是善于遵循天时运行规律的人。范蠡向越王勾践阐释了圣人"随时以行"的道理,说:

> 夫圣人随时以行,是谓守时。天时不作,弗为人客;人事不起,弗为之始。今君王未盈而溢,未盛而骄,不劳而矜其功,天时不作而先为人客,人事不起而创为之始,此逆于天而不和于人。(《国语·越语下》)
>
> 臣闻从时者,犹救火、追亡人也,蹶而趋之,唯恐弗及。(《国语·越语下》)

随时执中在社会伦理道德生活中体现为对义的追求和坚守。周敦颐指出:

> 圣人之道,仁义中正而已矣。(《通书·道第六》)

朱熹释为:"中,即礼。正,即智。"[1]也就是说,仁义中正就是在礼义上达到最佳的效果,而能够达到这种效果就是最高的智慧。之所以这样说,就在于义与不义,是根据具体的时间和形势来判定的。马一浮指出:"盖义因时出,时出义成,随时变易以从道,乃所谓义也。若违道以从时,则不唯害义,亦不知时。时、义一也。"[2]也就是说,时与义本质上具

---

① 参见周敦颐:《周敦颐集》,中华书局 2009 年版,第 19 页。
② 马一浮:《复兴书院讲录》,载吴光主编:《马一浮全集》第一册(上),浙江古籍出版社 2013 年版,第 385 页。

有内在的统一性，义或不义取决于时，随时、适时本质上就体现了义。就死难问题，冯友兰说："不过儒士对于死难一点，似有时不如侠士之板执。孟子说：'可以死，可以无死，死伤勇。'（《孟子·离娄下》）盖儒家注重'时中'，'可以死，可以无死'，须视当时情形而定，不能执一一定的规律，以应一切的事变。"[①]这就是说，面对死的问题，不能僵化地以为一定要死，在可以死也可以不死的情形下，完全可以选择不死；相反，在这种情形下，非要坚持死，实际上就损害了勇敢。事实上，人的初心并不是为了死，而是为了成事。虽然名誉对人具有极为重要的意义，但儒家并不过分看重虚名，而是强调人应当实际地造福于社会和其他人。显然，当人做的事情还没有真正达到目的时，就应当妥善地保护好自身的生命。孔子强调"危邦不入，乱邦不居"（《论语·泰伯》），强调"道不行，乘桴浮于海"（《论语·公冶长》），孟子也强调"知命者不立乎岩墙之下"，认为这不是"尽其道而死"，算不得"正命"（《孟子·尽心上》），实际上都是儒家善于保护自己的体现，也都体现了在死难问题上能够根据具体情形而适当决断的自主性和灵活性。

因此，具有最高智慧的圣人能够做到随时执中，将任何事情都处理得恰到好处。

> 是故圣人与时变而不化，从物而不移。能正能静，然后能定。定心在中，耳目聪明，四枝坚固，可以为精舍。（《管子·内业》）

有弟子问朱熹："固是圣人无不可为之事。圣人有不可为之时否？"

---

① 冯友兰：《三松堂全集》第十一卷，河南人民出版社 2001 年版，第 307 页。

朱熹则回答说:"便是圣人无不可为之时。若时节变了,圣人又自处之不同。"(《朱子语类》卷九十三)因此,在中国古人看来,圣人能够根据时节变化而自有所处,无不可为。这也正如朱利安指出的:"对于懂得以智慧生活的人来说,无论在什么情况下,甚至在最残酷的环境中,所有当下都可以是(peut être)幸福的。"①

# 二、适时

人所生活的世界极为复杂,所面对的事物千变万化,如何根据其变化的适当时间节点做出最恰当的抉择,从而规范和协调好与其的关系,就是适时执中的问题。具有最高智慧的人、圣人,能够根据事物的发展变化而随时执中,即无论外界环境和条件如何变化都能够时时处处做到执中,纵使遇到困难和风险也能够化险为夷、创造奇迹;但对普通人来说,如何找准时机以在最恰当的时间点上做出适时、应时、及时而准确的抉择,从而规范和协调好与各种事物的关系,做到执中,是极难的事情。因此,相比随时执中,适时、应时执中,关键在于把握难得的机遇和时间节点。

客观而言,人们在现实生活中所遇到的许多事情往往是多种因素共同作用的结果,而很多事情的发展恰恰有一个过程,只有多方向的因素都充分具有条件时,人才能充分发挥自身的主观能动性,抓住机遇创造性地做成事情。如前所述,老子强调"动善时",就是指行动善于把握时机。这种善于把握时机的思想也为荀子所倡导:

---

① 朱利安:《论"时间":生活哲学的要素》,张君懿译,北京大学出版社 2016 年版,第 150 页。

政令法，举措时，听断公，上则能顺天子之命，下则能保百
姓，是诸侯之所以取国家也。(《荀子·荣辱》)

不慕往，不闵来。无邑怜之心，当时则动，物至而应，事起
而辨，治乱可否，昭然明矣！(《荀子·解蔽》)

"举措时"，指举措适时。在此状态下，荀子强调，人要做到既不羡慕过
去，也不担忧未来，无忧愁和怜惜的心情，只是适时而行动，事情来了就
及时应对，事情发生了就及时处理，由此治与乱、是与非就辨明得清
楚了。

"其应物也，若但偶之"，言时适也，若影之象形，响之应声
也。故物至而应，过则舍矣。(《管子·心术上》)

"时适"，就是适时。两者都强调"物至而应"，都在于强调要善于把握时
机，及时恰当地应对和处理事情。

适时、应时、及时地控制和驾驭自己的行为，使自己与天地万物协
调好关系，处理好自己的问题和事务，把握好最佳的度，就是适时、应时
执中。所谓"适时"或"应时"，就在于相应的季节、时节或时机到来，人
紧紧地抓住时机全面地驾驭和掌握整个事态的发展，以规范和协调与
周围一切事物或人之间的关系，做到恰到好处。适时、应时、及时是一
旦抓住时机就充分地利用的明智表现。《尚书》载：

食哉惟时！(《尚书·尧典》)

即不违农时，敬民授时。如前所述，中国古代是典型的农耕社会，民以

食为天,农作物的播种、生长、成熟、收获必须严格遵循四季变化规律,错过就导致严重的民生问题,因此必须高度重视农时,保障农民的生产劳动。《尚书》在社会伦理道德生活方面强调:

> 虑善以动,动惟厥时。(《尚书·说命中》)

即考虑要得当,而行动要适时。

> 君子进德修业,欲及时也,故无咎。(《易传·乾·文言》)

"欲及时"就是要及时抓住机遇,不可耽搁、延误。范蠡告诫越王勾践说:

> 得时无怠,时不再来,天予不取,反为之灾。赢缩转化,后
> 将悔之。天节固然,唯谋不迁。(《国语·越语下》)

这里,范蠡强调了一旦得时就不可懈怠的必要性,因为这样的时机不会再次出现,如果不能抓住反倒受害,必将后悔。李筌说:

> 时之至间不容息。先之则太过,后之则不及。见利不失,
> 遭时不疑;失利后时,反受其害。(《太白阴经·作战篇》)

《淮南子》载:

> 故得道者,志弱而事强,心虚而应当。所谓志弱者,柔毳

> 安静，藏于不敢，行于不能；恬然无虑，动不失时；与万物回周
> 旋转，不为先唱，感而应之。是故贵者必以贱为号，而高者必
> 以下为基。托小以包大，在中以制外；行柔而刚，用弱而强，转
> 化推移，得一之道，而以少正多。所谓其事强者，遭变应卒，排
> 患扦难；力无不胜，敌无不凌；应化揆时，莫能害之。（《淮南
> 子·原道训》）

在此，所谓"动不失时"和"应化揆时"，都在于强调得道的人能够谦虚而恬然地对待事情，彻底做到与万物的运化高度协调一致，从而达到成就事业、避免危害的理想境界。

当然，在事物发展和演化的过程中，人所能够利用和介入的时间节点往往是极少的，因此也是难以把握的。如前所述，中国古人称事物细微的变化为"几"（幾）。据《易传》记载，孔子说：

> 知几其神乎！君子上交不谄，下交不渎，其知几乎？几
> 者，动之微，吉之先见者也。君子见几而作，不俟终日。……
> 君子知微知彰，知柔知刚，万夫之望。（《易传·系辞下》）
> 知至至之，可与言几也。知终终之，可与存义也。（《易
> 传·乾·文言》）

这就是说，君子能够做到知几而作，绝不消极等待，而知道可以达到的目标而且达到了，就具有了预见细微变化的能力，知道应该何处终结而终结了，就是保持了正义或适宜。孔子所强调的依然是君子。

> 危微之几，惟明君子而后能知之。（《荀子·解蔽》）

> 见几则义明，动而不括则用利，屈伸顺理则身安而德滋。
>
> 穷神知化，与天为一，岂有我所能勉哉？乃德盛而自致尔。
>
> （《正蒙·神化》）

这里，荀子、张载直接强调能够真正达到见几而作、穷神知化、与天为一，都是君子的能力，是君子自身德性充沛的结果。

# 三、待时

事实上，人所面对的事情往往极为复杂。除了随时执中、适时执中，也存在着需要等一等、缓一缓因而待时执中的情况。待时往往是不得已的情况，因为客观的环境和条件还不具备，其目的还在于得时，从而应时而执中。然而在当下，人只能静待事物的变化，只能根据变化而采取适当的行动，这就是待时而执中，但这种自觉的待时并非消极等待，而是时刻准备着的积极心态。

毫无疑问，客观事物的发展往往不依人的意志为转移，它有自身的规律和节奏，而人只能根据事物发展的规律、节奏和状态来选择和决断自己的行动。

> 时不至，不可强生；事不究，不可强成。自若以处，以度天
>
> 下，待其来者而正之，因时之所宜而定之。（《国语·越语下》）

即时令不到，不能强迫植物生长，而条件不具备不能强求把事做成，这一原则强调要根据事物发展运动的客观规律办事，不可勉强，要等待时机，因时而动。然而，作为生活主体的人却有自己的意识，能够展望未

来，谋划自己的事。赵汀阳指出："如果没有内在时间，人就失去主体性，就只是与万物无异的自然存在。内在时间永无现时，因此超越了流失。自我意识以现时为原点和出发地，让意向性双向地投向过去和未来，在过去和未来里形成任意远近的意向落点，就是说，意向性可以任意安排事件的显现顺序。"[1]因此，如果事物的发展还没有达到预期的状态和结果，任何本身已经有所谋划或意图的人，只能待时而动，以便执中以致和。

> 知其事而不度其时则败，附其时而不失其称则成。(《旧唐书·陆贽传》)

《周易》中的"需"卦在此方面给我们以启示，"需"就是"等"，而"需"卦的核心精神就是"善于等待"。中国谚语"别为青枣去操心，到了时候自然红"，无疑就是在告诫人们要善于等待，不可急于求成，事物有其自身生长和发展的规律，而随着时间的变化或季节的更替，事物自然而然会达到人们所期望的结果。陈望衡强调："现代汉语，将待等同于等待。待有等义，但待不只是等。等是消极的、被动的、静态的、无智的，而待是积极的、主动的、动态的、有智的。待中有察，察时，察变；待中有思，思策，思动；待中有趁，趁机，趁时；待中有动，或避难，或进击。待之道大矣！"[2]无疑，这种意义上的待时而执中，依然是一种自觉而主动的行为，而不是消极被动的等待。在这种过程中，作为生活主体的人是在自觉地控制和驾驭自己，在等待最佳的机会和条件。因此，待时执中，既

---

① 赵汀阳：《四种分叉》，华东师范大学出版社 2017 年版，第 13 页。

② 陈望衡：《周易玄机》，东方出版社 2011 年版，第 39 页。

深刻地反映了人的战略眼光，又反映了人沉着而坚定的内在信念。

人们往往被眼前的利益所迷惑，执着于追求当下看得见的东西，而忽视了潜在的、更为根本的价值和利益。待时而动，往往是作为生活主体的人已经或初步具备了行动的基础和条件，但外部环境还不具备，条件还不成熟。《易传》载：

> 君子藏器于身，待时而动，何不利之有？（《易传·系辞下》）

而据《孟子·公孙丑上》载："齐人有言曰：'虽有智慧，不如乘势；虽有镃基，不如待时。'""镃基"为锄头，此句意思就是虽然自己已经或初步具有了一定条件，但由于整个环境、形势还不具备，因此还不如自觉地待时。王夫之对此进一步阐释说：

> 齐人之言功利者曰，智慧以立功，而有智慧而无可为之势，则不如乘时者之因机顺导易用其智慧；镃基以尽利，而有镃基者非可耕之时，则不如待时者之土膏疏发利用其镃基。天下事以效而言，有必如此者。（《四书训义》卷二十七）

这里，王夫之明确强调智慧的运用必须借助"可为之势"，即具体可以做事的客观形势，人一定要"乘时""因机顺导"，以便运用其智慧，如果时机或形势不具备，不如"待时"，即等待时机的到来或形势的变化。

> 时不至，不可强生，事不究，不可强成。自若以处，以度天下；待其来者而正之，因时之所宜而定之。……时将有反，事

将有间,必有以知天地之恒制,乃可以有天下之成利,事无间,时无反,则抚民保教以须之。(《国语·越语下》)

"须"指等待,言外之意是急不得。洪应明《菜根谭》:

> 浓夭不及淡久,早秀不如晚成也。

《淮南子》载:

> 以道为纲,有待而然。(《淮南子·精神训》)

这就是说,时机不到只能等待,而时机一到,皆自然而然。

> 溥博渊泉,而时出之。溥博如天,渊泉如渊。(《中庸·第三十一章》)

对此,程颐说:

> 古之伏羲,岂不能垂衣裳,必待尧、舜然后垂衣裳? 据如此事,只是一个圣人都做得了,然必须数世然后成,亦因时而已。所谓"溥博渊泉而时出之"也,须是先有溥博渊泉也,方始能时出。自无溥博渊泉,岂能时出之?(《二程集·河南程氏遗书》第十五)

因此,在时机还不成熟之际,人只有自觉地等待,待时执中所彰显的就是人的战略智慧和沉着心理。范蠡告诫越王勾践说:"人事至矣,天应未也。王姑待之。"(《国语·越语下》)因此,纵使根据人们的愿望在人力上做到了充分准备,也应充分地认识到,除人们自觉的努力外,成就事业还必须有赖于外在的客观环境、条件和形势,否则也无益事情的解决。

> 愚者暗于成事,智者见于未萌。(《战国策·赵策二》)

即真正的聪明人能够清楚地预测和判断形势的发展,能够提前做好准备,等待时机的到来。当此之时,只要充分做好心理准备,准备好各种策略,等待客观环境、条件、形势的变化,顺势而执中即可。因此,待时而执中并非消极无为的做法,而是呈现出明确的自觉能动性,也是自信的表现。

# 结 束 语

执中致和作为重要的生存智慧,是中国人的根本处世秘诀,是中国人生活哲学的方法论原则和根本精神,是最值得挖掘和阐发的中国智慧。中国的思想文化与世界上其他国家和民族的思想文化并不是截然对立的,相反,由于人类所面对的生存和发展问题基本相同,尽管核心理念和价值取向存在着一定程度的差异,但面对共同的生存和发展问题时,不同国家和民族的文化依然存在着能够达成共识的思想基础。在这一方面,以和为价值取向的执中致和思想就具有特别突出的意义。中华传统文化执中致和生活哲学所贯彻的"贵和尚中""和而不同"的价值原则与和谐精神,本质上就是中华民族最宝贵的文化智慧,既是中华民族繁衍生息的力量源泉,也是中华民族为人类社会发展、全球治理、人类命运共同体建设所能提供的最好贡献。坚持和而不同,做到求同存异,实际上既促进了不同文明之间、不同国家之间的共生共存、共同繁荣,最大限度地为人类共同发展凝聚了合力,又最大限度地减少了共同发展的阻力。

当前,中国已经成为全球治理和人类命运共同体建设的重要参与者、贡献者、引领者,在构建人与自然、人与社会、人与人以及人与自身的和谐关系上,越来越拥有话语权和影响力,中华优秀传统文化中的执中致和、贵和尚中、和而不同、求同存异的价值原则和精神追求,越来越多地赢得世界上不同国家和民族的接受、认可和欢迎,实际地造福于整个地球。在整个世界遭遇百年未有之大变局的时代背景下,通过各种途径和方式传播好中国文化,特别是中华优秀传统文化,深度挖掘和阐发其中蕴含的以执中致和为方法论原则和根本精神的中华传统生活哲学,为解决全球问题、推进全球治理、构建人类命运共同体贡献中华民族的智慧和力量,是我们中华儿女义不容辞的历史使命。

# 参考文献

## 一、图书类

埃里希·蒂斯:《中国人的时间图像》,马绎、刘媛译,同济大学出版社 2018 年版。

柴毅龙:《尊道与贵德——中国人的价值观》,云南人民出版社 1999 年版。

陈鼓应注译:《管子四篇诠释》,商务印书馆 2016 年版。

陈鼓应注译:《老子今注今译》,商务印书馆 2003 年版。

陈来:《儒家文化与民族复兴》,中华书局 2020 年版。

陈来:《中华文明的核心价值:国学流变与传统价值观》,生活·读书·新知三联书店 2015 年版。

陈来主编:《中华智慧的当代启示》,山东人民出版社 2019 年版。

陈焱:《几与时:论王船山对传统道学范式的反思与转化》,上海人民出版社 2016 年版。

陈瑛主编:《中国古代道德生活史》,中国社会科学出版社 2012 年版。

陈赟:《中庸的思想》,浙江大学出版社 2017 年版。

董京泉:《老子道德经新编》,中国社会科学出版社 2008 年版。

方同义:《中国智慧的精神——从天人之际到道术之间》,人民出版社 2003 年版。

冯天瑜编著:《中国传统智慧二十讲》,湖北人民出版社 2019 年版。

耿文辉编著:《中华谚语大辞典》,辽宁人民出版社 1991 年版。

郭齐勇:《中国人的智慧》,中华书局 2018 年版。

郭齐勇主编:《中国古典哲学名著选读》,人民出版社 2005 年版。

何天爵:《中国人本色》,张程、唐琳娜译,中国言实出版社 2006 年版。

贺麟:《文化与人生》,商务印书馆 2005 年版。

亨利·克劳德、约翰·汤森德:《过犹不及:如何建立你的心理界限》,蔡岱安译,海天出版社 2011 年版。

黄克剑:《老子疏解》,中华书局 2017 年版。

金克木著,黄德海编选:《文化三书》,东方出版中心 2008 年版。

李申:《中国古代哲学和自然科学》,中国社会科学出版社 1993 年版。

李申主编:《周易经传译注》,湖南教育出版社 2004 年版。

李泽厚:《论语今读》,天津社会科学院出版社 2007 年版。

梁漱溟:《东西文化及其哲学》,中华书局 2013 年版。

林语堂:《中国人的智慧》,陕西师范大学出版社 2007 年版。

刘梦溪:《传统的误读》,河北教育出版社 1996 年版。

刘思禾校点:《老子》,上海古籍出版社 2013 年版。

楼宇烈:《中国的品格》,南海出版公司 2011 年版。

楼宇烈主撰:《荀子新注》,中华书局 2018 年版。

南怀瑾:《话语中庸》,东方出版社 2015 年版。

彭富春:《论中国的智慧》,人民出版社 2010 年版。

普颖华、黄启宝编著：《白话孙子兵法》，时事出版社 1991 年版。

饶尚宽译注：《老子》，中华书局 2006 年版。

沙少海、徐子宏译注：《老子全译》，贵州人民出版社 1989 年版。

王弼注，楼宇烈校释：《老子道德经注》，中华书局 2011 年版。

韦政通：《中国的智慧》，岳麓书社 2003 年版。

习近平：《干在实处 走在前列》，中共中央党校出版社 2013 年版。

习近平：《高举中国特色社会主义伟大旗帜 为全面建设社会主义现代化国家而团结奋斗——在中国共产党第二十次全国代表大会上的报告》，人民出版社 2022 年版。

习近平：《论坚持推动构建人类命运共同体》，中央文献出版社 2018 年版。

习近平：《习近平谈治国理政》第二卷，外文出版社 2017 年版。

习近平：《习近平谈治国理政》第三卷，外文出版社 2020 年版。

萧兵：《中庸的文化省察——一个字的思想史》，湖北人民出版社 1997 年版。

亚瑟·史密斯：《中国人德行》，张梦阳、王丽娟译，新世界出版社 2005 年版。

杨丙安校理：《十一家注孙子校理》，中华书局 2012 年版。

易中天：《中国智慧》，上海文艺出版社 2011 年版。

余秋雨：《何谓文化》，长江文艺出版社 2012 年版。

曾仕强、刘君政：《易经的中道思维》，陕西师范大学出版社 2009 年版。

张岱年：《天人五论》，中华书局 2017 年版。

张岱年：《文化与哲学》，中国人民大学出版社 2009 年版。

张岱年主编：《中国哲学大辞典（修订本）》，上海辞书出版社 2014

年版。

张岱年主编:《中华的智慧》,中华书局 2017 年版。

张立文:《和合学:21 世纪文化战略的构想》,中国人民大学出版社 2006 年版。

张沛撰:《中说校注》,中华书局 2013 年版。

张岂之、杨君游主编:《众妙之门——中国文化名著导读》,清华大学出版社 2003 年版。

张岂之主编:《中华文化的底气》,中华书局 2017 年版。

张松辉:《老子译注与解析》,岳麓书社 2008 年版。

赵馥洁:《中国传统哲学价值论》,人民出版社 2009 年版。

赵汀阳:《惠此中国:作为一个神性概念的中国》,中信出版社 2016 年版。

赵汀阳:《历史·山水·渔樵》,生活·读书·新知三联书店 2019 年版。

赵汀阳:《四种分叉》,华东师范大学出版社 2017 年版。

赵汀阳:《天下的当代性》,中信出版社 2015 年版。

周桂钿:《高坛阔论——中国文化五十小讲》,重庆出版社 2008 年版。

# 二、论文类

陈忠:《马克思生活哲学的三重内涵——马克思"原点语境"中的"生活哲学"》,《社会科学战线》,2005 年第 6 期。

冯雷、刘晓然:《论中国传统时间观念对古代司法的影响》,《山东社会科学》,2018 年第 8 期。

黄卫星、张玉能：《"中"字的文化阐释》，《青岛科技大学学报（社会科学版）》，2018 年第 4 期。

江晓原：《时间简史之中国篇》，《文史知识》，2015 年第 3 期。

李文阁：《生活哲学的复兴》，《哲学研究》，2008 年第 10 期。

史常力：《论中国古代前史书纪时方式的演变》，《学术论坛》，2017 年第 6 期。

斯琴毕力格、罗见今：《太初历的纪年问题——太岁纪年法被淘汰的原因》，《科学技术哲学研究》，2012 年第 1 期。

杨楹：《马克思主义生活哲学的当代价值》，《三明学院学报》，2010 年第 1 期。

周来祥：《和·中和·中——再论中国传统文化的和谐精神及其审美特征》，《文史哲》，2006 年第 2 期。

# 后　记

　　智慧源于生活、源于实践、源于生产劳动,它深刻地反映了人们对事物更深层次的本质和发展规律的认识,为人类改善人与自然、人与社会、人与人、人与自身的关系提供了思路、策略和方法。世界上没有不热爱智慧的民族,也没有不热爱智慧的人,探索智慧的源泉、激活智慧的火花、传承智慧的火炬,是整个人类文明创新发展不竭的动力。中华民族是热爱智慧的民族,五千多年的中华文明史就是中华民族追求和探索智慧的历史,是中华民族努力改造世界、创造自身美好生活的历史,也是推动整个人类文明进步的历史。

　　中华文化博大精深,蕴含着丰富的生活智慧,为中华民族五千多年的繁荣发展贡献了无穷的力量,也注定能够为中华民族的伟大复兴提供源源不断的动力。深入学习和阐释中华文化所蕴含的生活智慧,揭示其核心精神,特别是方法论原则,做好宣传和普及,使之融入日常生活和思维,对当代中华民族的每个儿女而言都具有不可估量的价值和意义。然而,这种真诚的愿望要想落实下来,注定还会面临着极为复杂的困难和问题。众所周知,中华文化典籍浩瀚,很多文献更是年代久远、词句深奥、晦涩难懂,在当今时代,想皓首穷经治一学,相当不合时宜,冒此风险,最终能有多大收获,完全不能确定,因此,总会不时引发是否值得不顾一切投身其中的思考。

　　虽然我个人对哲学、对中华文化很早就有兴趣,但最终能够坚持下来,还是得益于我的硕士生导师——郑州大学刘太恒教授的教育、引导和鼓励。谈起对中华传统文化的学习,我不由得想起孔子的相关态度和认识。孔子曾探讨过人的智商与学习的关系,分出四类人:"生而知之者上也,学而知之者次也;困而学之,又其次也;困而不学,民斯为下矣。"所谓"生而知之者",就是不通过学习或别人的启蒙教导就能够直接领悟道理的人。显然,纵使有这种天才式的人物,也极为少见。现实中,绝大多数人都是"学而知之者",即通过努力学习,通过接受父母、老师的启蒙和教导或别人的启发而领悟道理的人。"困而学之"者,是指那些在现实生活中遇到了困难,认识到只有通过学习和掌握相应的知识、技能才能有效解决问题、摆脱困境的人。这些人虽然遇到了困难,但他们想着去克服困难、摆脱困境,因而即使最初被动,通过自觉的学习最终也能够解决自己的问题。虽然他们相比"学而知之者"次了一些,但总体而言还是值得肯定的。孔子遗憾地认识到现实中确实有一些人"困而不学",结果只能成为最下等的人。孔子是推崇知识文化教育的,他也并没有过分强调所谓的天才。就自己而言,他强调说:"我非生而知之者,好古,敏以求之者也。"在此,孔子不仅非常谦虚,强调"学",而且强调自己具有强烈的学习兴趣,非常"好古",非常勤奋、努力。尤其是,孔子还强调:"知之者不如好之者,好之者不如乐之者。"孔子本人就是乐学的榜样。叶公问孔子是怎样的一个人,他的弟子子路没能及时回答,孔子听说后对子路说:"女奚不曰:其为人也,发愤忘食,乐以忘忧,不知老之将至云尔。"当初读到孔子的这番论述,对照自己,发现自己既是"困而学之"者,也是"学而知之者",而随着学习的深入,也能够逐渐地感受到学习的快乐,虽不是完全地好古而敏求,但博大精深、魅力无穷的中华传统文化总能吸引着我,使我欲罢不能。实际上,很多时候,我总感觉自己对一些深奥的问题有了感悟,似乎抓住了实质,但往往在真正的专家面前闹出了无知的笑话,自认为深刻的感悟不过是一些皮相认识,甚至是一些错误认识。这些年来,如果说在中华传统文化的学习上有所进步,那也主要得益于刘老师的教诲和引导,没有导师的耳提面命,真不知自己现在如何。

自从参加了由刘老师主持的郑州中华之源与嵩山文明研究会"中华传统中文化研究"重大课题,本人先后完成了"中文化"近现代部分的文献资料整理工作,主持了子课题"中华传统执中致和生活哲学研究"(课题编号:ZD-1-09)。本书是此子课题的最终研究成果,能够公开出版,衷心感谢郑州中华之源与嵩山文明研究会、郑州市嵩山文明研究基金会予以立项和资助!衷心感谢研究会领导王文超先生及导师刘太恒教授的关心与指导!衷心感谢商务印书馆的支持及各位编辑的辛勤付出和卓越工作!本书的写作借鉴和参考了先哲时贤的研究成果,在此谨表示深深的谢意和敬意!

本书是本人学习中华传统文化的初步成果,很多观点可能很不成熟,对中华传统生活哲学和生活智慧根本精神的理解,特别是对"执中致和"根本精神的理解,可能还不够准确,甚至存在着明显的错误,恳请各位专家和读者批评指正!在此表示感谢!

鹿林

2023 年 3 月 6 日

# 作者简介

鹿林,河南沈丘人,哲学博士,现为河南农业大学副教授、硕士研究生导师,河南农业大学马克思主义与中华优秀传统文化研究中心执行主任,河南省儒学文化促进会副会长。主要从事马克思主义哲学、中华优秀传统文化、伦理道德研究。著有《博弈伦理学》《生命的超越与体验——马克思主义人生哲学新阐释》《生活世界论》《中华传统核心伦理精神的现代阐释》等,先后在《哲学研究》等核心期刊发表学术论文20余篇。